JN077378

伝えたい

学会名称変更 **20** 周年記念誌

福祉図書文献

編集・

日本福祉図書文献学会

Japanese Society for the Study of Welfare Books and Literature

学術研究出版

はしがき

20周年記念誌の発行に寄せて

　2020年（令和2年）の1年間は、記憶が追い付かないほどの速度で駆け抜けました。

　その1月後半から日本を侵襲し、病名co-vid19（新型コロナウイルス感染症）の蔓延、短期間で全世界に広がりました。

　繁栄の高速道路をハンドルに任せたままのドライブ中に、急ブレーキの音が私たちの耳を襲いました。わけのわからないまま、あちらこちらから鳴り響く急ブレーキの音と時間のきしむ音、人々は困惑と不安でいっぱいになりました。

　新型コロナウイルス（SARS-CoV-2）・新型コロナウイルス感染症（co-vid19）の影響は、我が国のあらゆる構造の見直しを必要とします。

　2021年（令和3年）になり、姿の少し見えてきたco-vid19の蔓延防止対策が社会的目標になっています。

　日常生活は日々の時間を重ねながら、個人や家族、近隣の人々を醸成します。本来、安心は多くの他の人と一緒に交流できることだったのかもしれません。

　現在、co-vid19（新型コロナウイルス感染症）にならないためにすることや、他の人にうつさないためにすることを生活や行動習慣に共有しています。福祉支援の必要な方たちの中には、その共有化が苦しい日常の人もいるにちがいありません。その人たちに大丈夫と言える日が来ることを、望んでいます。

福祉的見地から、社会福祉の歴史や生活支援を研究し伝えてくださる研究者の皆様、本学会誕生から 20 年、毎年の研究発表と企画を支えていただき、深く心より感謝申し上げます。

日本福祉図書文献学会

代表理事　中川　るみ

～日本福祉図書文献学会20周年記念誌の刊行に寄せて～

　「戦前から戦後にかけて、この国の福祉の基盤を作ってきた先達諸氏の著作を振り返る研究領域があってもいいね」。本学会の前身である「日本福祉士教育学会」の独自性をめぐり、新たな一歩を迫られていた2000年頃の学会役員会での発言である。

　かつて、戦後と呼ばれた時期から高度成長期にかけて、この国の福祉関連図書の出版状況は、今ほど豊富ではなかった。茶色のハードケース入りの数少ない専門書と、限られた出版社から刊行される学生向けのテキスト類がわずかに散見される程度ではなかったかと思う。

　この状況が一変するきっかけの始まりは、やはり1954年の日本社会福祉学会の設立ではないかと思う。この学会設立を契機として各地に福祉系大学や専門学校が設置されるようになり、あわせて日本社会事業学校連盟（1955年）が発足されたことで福祉教育の質的向上と教育内容の標準化をめざす道筋がつくられる。この流れは1980年代に入ると社会福祉士などの国家資格法の制定によって、さらなる均質化と標準化の時代を迎えることになる。

　一方、この動きに呼応するように福祉関連図書の種類や発行部数は飛躍的に拡大され、今日では、従来の専門書や学術書に加え、分野別の一般向け読本はもとより、複数の出版社より刊行される国試対策用の教科書や参考書、問題集などを含めると、ほぼ書店の書棚の一角全体を占めるほどの豊富な分量になっている。福祉教育に携わるものとして、これらの図書文献の出版傾向や活用法を分析しつつ、その成果を専門職養成に役立てていく視点が研究分野としても不可欠となってくる所以である。

　翻れば2006年に開催された本学会・第9回全国大会の席上で、たまたま参加されていた日本社会福祉学会名誉会員の右田紀久恵氏から、資格制度や方法・技術に関心が傾きつつある昨今の学界事情を受けて、「文献学のような地道な研究部門は本来、日本社会福祉学会の中にあってしかるべきもの」（学会だより6号 2007）とのお話しがあった。本学会の目的と運営に一定の評価と励ましをい

ただいたことが強く印象に残っている。

　このように、福祉図書の文献研究と専門職養成との検討を本学会の目的に据えて、すでに20年の歳月が経過した。この間の研究成果や辿った道のりを、一度じっくり振り返っておきたいとの思いから、今回、本書を刊行することになった。執筆を担当いただいた会員の方々には、最低限の制約を除けば、それぞれの専門的な視座や立場からみた"私の学会像"を自由に描いていただいたのではないだろうか。そして、その集合体こそが本学会の実相といえる。そこには、筆者個々の視座や視角の違いを超え、文献学が本来備えるべき読み解きの広がりや深みや原著者への想いなどが示唆されている。これらの取り扱い方を会員間で共有することの意義を、今回確かめられたらと思う。

　同時に、出版物として世に問うのは、紛れもなく私たちの学会の20年にわたる歩みの内実である。本書への内外からのご批判やご叱責を受けつつ、私たち自身もまた新たな20年の歩みに向け、そのスタートラインに立ちたいと思う。読者の皆様からの率直なご批判・ご指摘をお待ちしたい。

2021年7月7日
中野　伸彦

目　次

はしがき

第4部　『福祉図書文献研究』論文セレクション

あとがき

第 1 部

日本福祉図書文献学会の歩み

　日本福祉図書文献学会の歩みでは、日本福祉図書文献学会の役員として長く学会活動に携わっていただいた4名の会員に執筆をしていただいた。

　第1章では、現代表理事である中川るみ氏に、20年以上にわたる日本福祉図書文献学会活動の歩みを執筆していただいた。当時の古い記憶をたどりながら再現した貴重な資料である。ぜひご一読していただきたい。

　第2章では、現副代表理事である中野伸彦氏に学会誌『福祉図書文献研究』(『前研究紀要』)掲載論文等の分析を中心に執筆をしていただいた。約20年にわたり発刊された19巻・210本に関しての貴重な資料である。

　第3章では、現事務局長である谷川和昭氏に、「全国大会」を整理分析した全国大会総覧と「全国大会」でのターニングポイントの振り返りを執筆していただいた。登場回数の多い演者紹介と演題をリスト化していただいている。

　第4章では、現財務局次長(前財務局長)である坂本雅俊氏に、日本福祉図書文献学会学会員の図書出版活動を執筆していただいた。拝見する私たちにとっては一瞥するだけで会員諸氏の研究傾向などが把握できる貴重な資料であると思われる。

　第1部を読んでいただくことで、比較的最近入会していただいた会員や会員外の先生方にも、日本福祉図書文献学会20年の歩みが理解していただけると信じている次第である。

（編集委員　安田　誠人）

第1章 日本福祉図書文献学会の歩み
―自身の実践活動との関わりで―

中川　るみ（大阪地方検察庁）

Ⅰ．日本福祉図書文献学会との出会いと私

　日本福祉図書文献学会は 1998 年の 12 月発足の日本福祉士教育学会を前身としている。学会名称変更の経緯は次の記事に詳しく載っているのでご覧いただきたい。

　以来、日本福祉図書文献学会は、学術集会、機関誌やニュースの編集発行、学会員が中心となっての図書の刊行等、活動を積み重ねてきたのである。

　前身の日本福祉士教育学会の記念すべき第 1 回全国大会は、私が大会

本学会の「学術研究・実践」

代表理事　硯川　眞旬

　周知のとおり、本学会は一九九八年十二月創設された「日本福祉士教育学会」を前身にしております。創立時の会員は、「学びやすい、教えやすい福祉テキスト全国調査」（第四十五回日本社会福祉学会において「調査結果の考察・発表」やモデル・テキスト全十五巻の発行等にご協力くださった全国五十名余の福祉士養成校の教員有志を中心に立ち上げられスタートしました。

　したがって「福祉士教育」を中心命題とし、各研究分野（福祉、看護、介護、栄養調理、保健体育、医療、法律、心理、リハビリテーション、レクリエーション等）から教育理念・方法に関する多角的・総合的な研究・実践を展開しております。

　頭初、図書文献との関わりのなかで、福祉専門職教育をめぐる諸問題に限定した研究範域にしぼるべきではないか」という意見が多数をしめていた経緯もあり、発足後、こうした研究状況に力点を置く会員がほとんどとしめ、「研究範域の見直し」の必要性が生じ

て、二〇〇年十二月に「日本福祉図書文献学会」と名称を改めるとともに、この方向での理念・趣旨の確立がはかられ、今日に至っております。

　規約前文には、「福祉図書文献に関する研究、図書開発、文献作成等を通じて、保健・福祉・教育等の専門職の養成、育成のあり方について考察する。」という趣旨が掲げられております。

　こうした趣旨に支えられ、会員一九となっての研究・実践活動が、より一層活発化することを願って止みません。

日本福祉図書文献学会 第4回大会を振り返って

久留米信愛女学院短期大学教授
岡村　弘

久留米信愛女学院短期大学を会場に開催された第四回全国大会は、のべ

（出典）学会だより第1号、2002年10月発行

委員長を仰せつかり、1999年12月12日（日）、京都府立医科大学附属図書館ホールにおいて盛大に開催された。また当時、大会の事務局は、京都府立医科大学医療技術短期大学部の上野範子先生にご支援いただいたことを銘記しておく。

本学会と関わることになったきっかけは、当時佛教大学教授の硯川眞旬先生から、京都社会福祉士会の会長（当時）をしていた私へのご相談だったと思われる。

社会福祉学部の学部生や大学院生を指導されていた硯川先生が見据えた先は、日本において児童・高齢者・障害者等の様々な生活支援を必要する人々への虐待や権利侵害が顕在化し、社会的にそれらの人々への保護の必要性と福祉士教育の必要性であった。

その後の看護・医療分野の福祉教育（生活支援）を含め、目覚ましい福祉・医療サービス提供者への教育姿勢があり、児童・高齢者・障害者の立場に立った関わり方を捉えなおし、人々の持つ可能性を教授された。医療・経済の組織現場にいた私には、硯川先生の見据えた先が響いたのである。

学会機関誌の創刊号は、2002年7月27日に、日本福祉士教育学会から数えて5周年を迎える中で、発刊された。巻頭言をここに紹介する。

時代はやや遡るが、経済活動主軸の仕事において気持ちが離れ始めていた私には、1990年から夜学の「社会福祉士講座」を学び始め、医療大学出身の42歳は心を捕まえられたのである。今でも、熟年福祉デビュー者として、送り手ではなく受け手の立場で考える者にとって、社会福祉学の持つ、人びとに対する温かさは沁みた。

社会福祉士取得は1992年であった。当時、現在の職能団体の日本社会福祉士会（1993年設立）は結成されておらず、未来の見えない国家資格であったと思う。㈱リクルート本社の人事教育部・組織活性化研究所の

「巻頭言」

硯川眞旬（代表理事）（当時）

　「福祉」に関する研究は、より実践性をもっている。と申すよりも、「実践のための」研究と言うべきであろう。さらにもっと正確に申せば、「当事者」学といっても過言ではない。いわゆる当事者を基軸とした、あるいはまた、事例研究を出発点とした帰納法によって、実践を支える研究としてすすめていくことの重要性の認識が不可欠である。

　福祉実践は、「人間生存」の基本的な理解能力の程度によって、その有効性が左右されるといってもよい。また、人間や社会を対象とするだけに、「失敗」や「やりなおし」がきかない。そのような意味で、蓋然的効果をみこんだ「科学的・哲学的実践」であることが要請される。このように、科学的方法論は、哲学的方法論を伴ってはじめて、学問生をもつところとなり、「専門的実践」を可能にする。したがって、専門的実践は、福祉哲学（倫理）を基礎にして、専門知識を動員し、専門技術を駆使するなどの要素によって構成される。

　さて、この実践活動をより専門的にすすめようとする時、その媒体として、「図書文献」（単なる文章資料ではなく、積極的な意味をもつ）は不可欠なものとなり、この媒体は専門性を高めることに有益な成果をもたらす。したがって、有益で発展的な成果をもたらすような高精度な図書文献のつくられ方、あるいはまた、効果的な活用法などが重要なこととなる。

　本学会は、こうした観点に立って「福祉図書文献の解題・考察・開発等を通じて、福祉専門職の育成に関する教育のあり方について、科学的・哲学的研究を行う。」ことを目的に立ち上げられた学会である。

　創立5周年にあたり、ここに『研究紀要』を創刊し、創立目的の一層の進展を図りたい。今後とも「文献至上主義」に陥ることなく、所期の目的達成をめざし、学会員一同邁進する所存である。

2002年7月27日

トレーナーであった私は、「未来の見えない国家資格」から「未知への挑戦の国家資格」へと認識が変わっていくことができた。なぜなら、その頃から社会的狂乱のあとの不安が日本を覆い始めていたと言えるからである。

1992年、コンサルタント業務の主軸に置き、資格取得と同時に独立型社会福祉士事務所「みどりの森社会福祉士ファーム」を設立し、「かかりつけ医師」ならぬ「かかりつけソーシャルワーカー」を始めた。「独立型社会福祉士」は当時（2002年）、委員長を拝命していた日本社会福祉士会独立型社会福祉士委員会の取りまとめ役として、委員の意向をもとにネーミングしたことを確認しておきたい。

さて、後年出会った文章からも膝を打った。現・学会事務局長の谷川和昭（関西福祉大学）教授の研究であった。

福祉人材養成においては「福祉のこころ」を無視して考えることができず、ゆえに社会福祉学において「福祉のこころ」が正しく位置づけられなければならないこと、また「悪用問題」などの状況に対して、同情からの「憐憫」「献身」「自己犠牲」といったニュアンスの強い「古い福祉の心」を動機とした福祉実践に代わる「新しい福祉の心」を動機とした福祉実践の追求が必要であると述べている（谷川 2009）。（福祉人材養成と福祉の心（［日本社会事業大学社会福祉学会］第47回社会福祉研究大会報告）―（2008年度［日本社会事業大学社会福祉学会］大会テーマ投稿論文 福祉人材養成の軌跡と展望―社会福祉学部教育の50年、https://bit.ly/3kOSGX3、2021年1月参照）。

2007年8月、硯川眞旬先生（当時　熊本大学）のご都合から、日本社会福祉士会の副会長であった私に、学会の代表理事のお話があり、多くの大学教授の理事の方もご多忙なのでとの理由から、次の代表へのつなぎにとお引き受けした。早くも10余年になる。

Ⅱ. 私から見た文献学会

　事務局に依頼して、全国大会テーマのリストを取り寄せ、分析を試みた。

第 4 回　図書―福祉教育・研究に貢献するもの

第 5 回　図書文献―福祉教育・看護教育に貢献するもの―

第 6 回　図書文献―21 世紀の福祉教材―

第 7 回　21 世紀における子どもの保健・福祉と図書文献

第 8 回　教育と福祉図書文献

第 9 回　専門職の資質と図書文献

第 10 回　人間の幸福と経済〜福祉は格差社会にどう立ち向かうのか〜

第 11 回　福祉の未来を拓く〜変革の時代と図書文献〜

第 12 回　福祉教育機関の動向と教育の未来

第 13 回　福祉教育の在り方と福祉施設・機関等との協働と共同

第 14 回　3.11 後における新しい社会福祉の価値創造と転換

第 15 回　社会福祉における新自由主義の影響と払拭

第 16 回　福祉の新たな役割と支援のあり方

第 17 回　福祉図書文献研究、その先へ

第 18 回　社会福祉研究の可能性と方向性―文献研究と実践研究―

第 19 回　時代の変化に対応した福祉教育

第 20 回　学究諸家、その「本質認識」との出会い

第 21 回　"生きる"を支える社会福祉のあり方

第 22 回　一人一人が承認される社会を目指して

　大会テーマがどういう意味をもつのか、ワードクラウド生成サービスをおこなっているファンブライト＠ラボ（http://lab.fanbright.jp/wordcloud/text）を使って、分析してみた。これまで登場したキーワードの出現回数およびワードクラウドは以下のとおりであった。

全国大会のキーワードと出現回数

1	福祉	17	21	新た	1	41	看護	1	61	後	1
2	図書	8	22	役割	1	42	教材	1	62	承認	1
3	教育	8	23	支援	1	43	子ども	1			
4	文献	8	24	元	1	44	保健	1			
5	社会	6	25	影響	1	45	専門	1			
6	研究	5	26	実践	1	46	職	1			
7	～	4	27	可能	1	47	資質	1			
8	時代	2	28	方向	1	48	人間	1			
9	未来	2	29	転換	1	49	幸福	1			
10	性	2	30	変化	1	50	格差	1			
11	あり方	2	31	対応	1	51	価値	1			
12	機関	2	32	学究	1	52	の	1			
13	世紀	2	33	諸家	1	53	変革	1			
14	一	2	34	本質	1	54	動向	1			
15	21	2	35	認識	1	55	在り方	1			
16	人	2	36	出会い	1	56	施設	1			
17	もの	2	37	自由	1	57	等	1			
18	貢献	2	38	協	1	58	働	1			
19	主義	1	39	創造	1	59	共同	1			
20	払拭	1	40	経済	1	60	3.11	1			

　写真は、第5回全国大会の時の様子である。一番左端・手前に座っているのが私である。この時の大会長は竹村節子会員（看護学）で、第4回に続き90名超の参加があった。

　それまで本学会監事を務めていた私であるが、2006年の第9回大会時より副代表理事を仰せつかった。そして翌年から代表理事代行をしばらくお受けすることとし、2010年3月の理事会において全会一致をいただき代表理事に就かせていただいている。この間、多くの経験と学びをさせていただいている。

　学会賞学術賞は、井村圭壯会員が2007年度に受賞されたのを皮切り

に、以後、2009年度に中村剛会員（当時）、2011年度に立石宏昭会員、2019年度には杉山雅宏会員が受賞されている。また、2015年度には若手研究奨励賞に釜野鉄平会員が受賞されている。そして、2010年度に本学会初の功労賞を硯川眞旬前代表理事が受賞された。2014年9月には名誉会員に推挙、全会一致で承認された。次ページの学会賞の写真は学会だよりを出典としている。

　なお、機関誌の名称変更も行われた。井村圭壮会員の提案であった。2009年度の理事会・執行部会議において審議され、承認された。井村会員は創刊号から第10号まで編集委員長を務められた。第11号から第19号まで森山治会員、第20号より、三好明夫会員が編集委員長を受け継いでいる。

（出典）学会だより第4号、2005年11月発行

●学会機関誌の名称

『研究紀要』 ➡ 『福祉図書文献研究』に改称!!

　本年3月の執行部会議で、本学会の機関誌名が、第9号より『研究紀要』から『福祉図書文献研究』へと変更されることが正式に決定しました。変更の理由は『研究紀要』だと、査読付きの学術誌とはみなされにくい場合があるため。変更案として『福祉図書文献学』や『福祉図書文献学研究』などもありましたが、本学会の設置の趣旨に照らし、最終的に上記の名称に変更することが決まりました。今後は、投稿規定や執筆要領も順次見直す意向です。

(出典) 学会だより第8号、2009年9月発行

●平成21年度学会賞
中村剛会員
学術賞を受賞!!

第12回全国大会の会場で、中川代表理事代行より学術賞が中村会員に贈呈される。

●平成22年度学会賞
硯川前代表理事
功労賞を受賞!!

本学会の立上げと発展に寄与された硯川眞旬前代表理事が功労賞を受賞。

●令和元年度学会賞
杉山雅宏会員　学術賞を受賞!!

平成23年度学会賞
立石理事が学術賞を受賞

　2011年3月20日、定例の理事会・執行部会議において、学会賞(学術賞)に立石宏昭理事が推薦されました。その後、選考委員会の審査を経て理事会審議より授与決定、昨年第15回全国大会の折に開催された通常総会にて授与に到りました。

　立石会員の主な著書には、『地域精神医療におけるソーシャルワーク実践』(単著)(ミネルヴァ書房、2010年)、『保健・医療・福祉ネットワークのすすめ(第3版)』(編著)(ミネルヴァ書房、2010年)、『社会福祉調査のすすめ(第2版)』(単著)(ミネルヴァ書房、2010年)、『社会福祉学 - 人間福祉とその関連領域』(編著)(学文社、2007年)、『ボランティアのすすめ - 基礎から実践まで』(編著)(ミネルヴァ書房、2005年)などがあります。

　受賞対象となった文献『地域精神医療におけるソーシャルワーク実践』は、この分野におけるこれからの実践に一石を投じるものと言えましょう。

　立石理事から寄せられた、喜びのメッセージをお送りします。

（事務局）

　この度は、栄誉ある学術賞をいただきありがとうございます。ご推薦くださった先生をはじめ、審査委員・役員・事務局、そして私の研究を支援してくださった方々に心よりお礼申し上げます。実践の繰り返しから理論が構築され、理論のない実践は方向性を失うということを踏まえ、右往左往しながらも続けてきた研究が無駄ではなかったという気持ちです。今回の受賞を励みに今後も実証的研究を進めていきたいと思います。　（立石宏昭）

学会賞（研究奨励賞）受賞に寄せて

釜野鉄平（聖カタリナ大学）

この度、日本福祉図書文献学会第18回全国大会において、研究奨励賞をいただきました聖カタリナ大学の釜野鉄平です。

授賞式が行われた会場は、母校である道東大学でした。私が在籍していた頃は、道東の紋別市というオホーツク海に面した電車が廃線になるような小さな町にキャンパスがありました。バイトは漁師、敷地内に熊が出没すると熊休講になり、遊びと言えば流れ着いた流氷に登るという北海道の田舎ならではの学生生活を過ごしました。

そんな私が卒業から15年後に、ご指導いただいた先生方の前で賞をいただけたことに、大きな縁の力を感じます。

本学会には2010年に入会しました。振り返ると本賞をいただくまで、様ざまな縁に支えられ後押ししていただきました。本学会に入り、大学教員を目指すきっかけをくださったのは、京都ノートルダム女子大学の三好明夫先生です。さらに縁を巡り、大学2年生後期に再発した椎間板ヘルニアに苦しむ私に、「福祉に携わる仕事がしたいのであれば、教員という道もある」と大学院への進学を指導してくださったのは、道東大学の先生でした。

そして現在私は大学教員になり、学会で賞をいただくという一つの区切りができました。これを機に、これまで様ざまな先生方が縁をきっかけに支援をしてくださったように、今後は微力ではありますが、私より更に若い世代へと縁をつなげていきたいと思います。本当にありがとうございました。

Ⅲ. 再犯防止と社会福祉との連携について

　私は保護司として地域の更生保護（社会内処遇）に長年関わっているため、日本社会福祉士会ではリーガルソーシャルワーク委員会も設立をさせていただいた。1995年1月から「保護司」の委嘱を受け、地域において保護観察対象者の更生、保護観察を担っていた私に、司法と福祉の連携した社会福祉士会での本部委員会の設立準備が指示された。退任後は参事として厚生労働省、法務省と共にオブザーバーとして参加もしてきた。

　また、元奈良少年刑務所の就労支援モデルの元ヘルパー2級養成事業が始まり（2003年）、私が代表をしているNPO法人が関わることになった。

　当時、奈良少年刑務所は、総合訓練を行う総合訓練施設（全国に8施設）の一つに指定されていた。総合訓練として、板金科、溶接科、配管科、クリーニング科、機械科、電気工事科、建築科、工芸科、ホームヘルパー科、印刷科、左官科、理容科、短期理容科、情報処理科、農業園芸科、ビルハウスクリーニング科の16種目を実施していた。収容者の大半は20歳代前半であり、犯罪傾向が進んでおらず年齢が若いなど、更生の見込

みが大きいと考えられる者を中心に収容し、伝統的に矯正指導が盛んで
あった。

　本学会では、第10回全国大会（2007年）で、「更生保護制度について」
の講演の機会を得た。その後も、「社会内処遇について」「入り口支援に
ついて」など、司法と福祉にかかわる講演の機会は次のとおり連続で設
けている。

　第18回　修復型司法と再犯防止のあらまし
　第19回　刑余者等の社会復帰の多様性について
　第20回　高齢者及び精神障害のある者による犯罪について、
　　　　　近年の動向―再犯の防止等の推進に関する法律等―
　第21回　「釈放不安・出所不安」からストップ！再犯社会〜
　第22回　刑余者等の社会復帰の多様性について
　　　　　―検察庁アドバイザーから―

　大阪・京都地方検察庁の配属となった2014年、社会福祉アドバイザー
の起用は斬新であった。
　「更生保護法」は、2008年6月に施行され、2009年から社会福祉士の受
験科目に「更生保護制度」が、加わった。
　リーガルソーシャルワーク委員会の、当時の設立委員会メンバーの元
衆議院議員の山本譲司氏は、第16回全国大会 IN 大阪（2013年）の講演
者候補でもあった。山本氏は2002年の出所後、『獄窓記』『累犯障害者』
などの著書で刑務所の実態を世に伝えた。
　山本氏は衆議院議員時代に秘書給与流用事件で逮捕・起訴され、2001
年の一審判決に従って懲役1年6カ月の刑に服すのである。刑務所で出
会ったのは、認知症の高齢者、重い知的障害があり自分がどこにいるの
かさえ理解できない人、食事や排泄、入浴などを自分でできない人たち。

彼らの多くは身寄りがなく、仕事も家もないなか、万引きや無銭飲食などを犯して服役していた。刑務所といえば、凶悪犯の吹きだまりのようなイメージがあるかもしれないが、実際には福祉施設のような光景が広がっていたのである。

その頃は、高齢あるいは障害のある受刑者を支える仕組みがないに等しい状況であったのである。障害をもった受刑者にとっては、話し相手がおり、補助員がいる刑務所の中にいる方が幸せだったといえる。

現在では、 罪を犯したことをきっかけに社会復帰の支援者と出会い、そのメッセージを聴き、犯罪者や非行少年を矯正施設に収容することなく、一般社会において適切な指導者の指導監督と補導援護の下で、一般人と同様の生活を送りながら、自発的な改善更生・社会復帰を促進しようとするものとなっている。ソーシャル・ケースワークといった福祉的な特質を、きわめて色濃く有するものになった。

「福祉の文化化」への貢献
●学会代表理事・熊本大学大学院教授 硯 川 眞 旬

人々が生活をより文化的に向上せしめるうえで、図書・文献をはじめ、様々な情報、とりわけ今日的にはインターネット情報」等は、欠かすことができない最重要な要素である。

この学会にいう「図書文献」とは、福祉の向上（福祉の文化化）に資するあらゆる情報を指して言うものであり、福祉サービスの総合化・効率化を推進するための福祉情報の開発とその提供の体制整備をも含むことは言うまでもない。

こうした福祉の向上（福祉の文化化）に資するあらゆる情報を指して言うものであり、福祉サービスの総合化・効率化を推進するための福祉情報の開発とその提供の体制整備をも含むことは言うまでもない。

していくことである。あわせて、国際性やグローバルな視野に立脚した図書・文献等情報の研究分析とその活用である。

これらの点を再確認し、学問研究集団として、一層の切磋琢磨をすすめてゆかねばならない。

もちろん、初心を忘れることなく、福祉教育のための教材開発も本学会の重要な柱であることはいうまでもなかろう。

要は、研究の成果が実践現場を支え、実践現場の体験が研究をおしすすめていくように、図書文献、情報に関する研究を、福祉教育の現場を支えることにならねばならないし、また福祉教育における実践体験の積み重ねの中から、より価値のある福祉の図書文献・情報を産み出してゆくものである。

今後、本学会が果たすべきこうした社会的役割は、一層重大なものとなることを確認し、ご挨拶にかえたい。

思えば、本学会は、福祉教育の教材開発に関する研究に汗を流しあった仲間たちによって立ち上げられた。しかし、いまや、より価値のある教材のみにとどまらず、今日、これを含む「福祉情報」を渇望する国民ニーズに真正面から対応することが喫緊の課題と言えよう。

そのためにも、これに加えなければならないのは、これまでどおり、先行研究の図書・文献の解読考察と先師の足蹟に学び、これを現在・未来に活か

（出典）学会だより第2号、2003年6月発行

日本福祉図書文献学会に関わり、私の底流にあったものは、再犯防止と社会福祉とのまさに両者における連携であった。それは別の言葉で語れば、前代表理事が冠した「福祉の文化化」への貢献という想いに他ならないのかもしれない。

　私は日々、実践活動に当たる中で、「人は一人では生きていけない」を痛感している。かつて、私はある著書のはしがきで、「人はみんな、自分の欠けているところを埋めようと、いっしょうけんめい生きている」と書いたことがあるが、人間理解を改めて学ばせていただいた学会の20年の歩みでもあったことを付け加えておきたい。

参考文献

西谷裕監修『カウンセリングと心理検査』嵯峨野書院、1996年

第2章 学会誌に投稿された論文等のまとめ

中野　伸彦（鎮西学院大学）

Ⅰ. はじめに

　本学会の学会誌は、2002年7月27日、「福祉図書文献の解題・考察・開発等を通じて、社会福祉士、精神保健福祉士、介護福祉士、保育士、福祉専門職等の育成に関する教育のあり方を科学的に研究する」（学会規約第3条）学会の機関紙として産声を上げる。本学会の前身である日本福祉士教育学会の設立から通算するとすでに5年目を迎えていた。以来、2020年12月までの18年間にわたり、学会活動に寄りそうあり方で全19冊の学会誌が刊行されてきた。この間、学会誌の名称も『研究紀要』（1〜8号）から『福祉図書文献研究』（9号以降）へと、より学会の特色を前面に打ちだした名称へと変更されている。今回、学会名称変更後20周年目にあたり、これまでの学会誌の歩みを振り返りながら、その特色や傾向を総括的にまとめることで、今後の学会並びに学会誌のあり方を考える機会としたい。

Ⅱ. 掲載論文等のリスト

　2002年度の創刊以来、今日にいたる本学会の学会誌・全19冊に掲載されたすべての論文等のリストを本章の後半に掲載した。掲載項目は、①学会誌の号番号、②発行日、③論文等の区分（基調講演論文、論題指定論文、原著論文、実践報告等）、④論文等のテーマ、⑤執筆者名、⑥テーマに掲載された先達名、⑦記述された論文等の分野（日本社会福祉学会が自由研究の発表分野として設定している「理論／思想／制度・政策／方法・技術／児童／高齢」等の18分野を参考に、本学会用にアレンジした13分野で分類したもの）など7項目にわたる。

Ⅲ. 全19冊の概要

1. 区分別掲載本数

　全19冊に掲載されたすべての論文等（巻頭言を除くすべての執筆項目）の数は210本。その内、いわゆる「原著論文」に相当するものが131本（62.4%）、残りの79本（37.6%）は「研究ノート」や「実践報告」、「基調講演」、「文献解題」等となっている。（表1参照）

表1　区分別掲載件数

学会誌掲載論文等 （創刊号〜第19号）	論文	論文	5	131
		基調講演論文	8	
		記念講演論文	1	
		課題指定論文	34	
		自由課題論文	33	
		原著論文	47	
		シンポジウム論文	3	
	研究ノート		4	79
	調査報告		1	
	実践報告		48	
	実践図書報告		7	
	基調講演（報告・要旨）		4	
	特集：福祉図書文献解題		14	
	記念対談		1	
合　計	掲載本数		210	
	延べ執筆者数（巻頭言を除く）		315	

尚、過去18年の間には掲載区分の変更や新設などが複数回行われてきているが、その理由は、時々の投稿状態を踏まえた対応や編集責任者の交代による方針の変更等があげられる。ただし、①原著論文と、②実践（図書）報告の2区分については、おおむね創刊号からの一貫した掲載区分といえる。今回、全210本の掲載論文等の執筆者数を延べ人数でみてみると、315名（共著の場合は表記された著者数のみで算出）を数えた。本学会誌が、創刊時より査読規定をもつレフリー付きの学術誌でもあることを考慮すれば、これらの数字は、本学会の18年間にわたる学術的な歩みの跡を指し示したものといえる。

2. 掲載分野

　今回、掲載されたすべての論文等の内容については、18年間の推移や傾向をみるために、執筆されたテーマや素材に関わる分野の類型化を試みた。この分類の対象を、いわゆる原著論文だけでなく実践図書報告や基調講演などすべての掲載区分にまで広げたのは、本学会の活動目的に照らした実情を全体的に把握したいという個人的な関心による。その際、日本社会福祉学会が自由研究の発表分野として設定している「理論／思想／制度・政策／方法・技術／児童／高齢」等の18の分野を参考に、今回、本学会用にアレンジしてみたものが表2に示す13分野（「理論・思想」「制度・政策」「方法・技術」「生活保護・公的扶助」「児童・保育」「高齢・介護」「障害福祉」「女性・家庭」「医療・看護」「司法福祉」「地域福祉」「教育・実習」「国際福祉」）である。尚、過去の先達諸氏の思想や業績に光を当てることを特色とする本学会の場合、「歴史」の扱いが分類上困難になることが予想されたため、この「歴史」分野についてはあえて設けず、扱われるテーマや素材の領域による分類化を行った。

　また、実際に分類する際に、記述内容によっては複数の分野に関わっており、一分野に特定することが非常に困難なものなども少なからずあった。その場合は、本文等を吟味させていただき、テーマや素材と最

も関連の深い一分野に絞らせていただいた。この点については、必ずしも執筆者の了解を逐一得ているわけではないが、本学会（員）の関心領域の傾向やそれらの動向を大枠で把握するための便宜上の区分とお考えいただければ幸いである。

　尚、分類化の方法について、論文タイトルや本文中に使用される用語の出現回数等を計量的に抽出・分類することで内容の傾向を読み取る手法も考えたが、210本の全掲載文を対象にすると膨大なデータとなり、筆者の対応力と紙幅の範囲を超えることになりそうなので、今回は見送った。

　このような経過を経て、全210本の掲載論文等を13の分野ごとに分類した結果が表2である。これによると、最も多かったのが「高齢・介護」の36本、次いで「理論・思想」の31本、「方法・技術」の29本、「教育・実習」の22本の順となっており、本学会員の関心領域の傾向が窺える。尚、時系列的な推移の特徴や傾向は特にみられなかった。

表2　論文等の分野別掲載数

理論・思想	制度・政策	方法・技術	生保・公扶	児童・保育	高齢・介護	障害福祉	女性・家庭	医療・看護	司法福祉	地域福祉	教育・実習	国際福祉
31	14	29	6	17	36	14	9	7	1	19	22	5

3. 掲載数の多かった会員

　次に、延べ315名の執筆者の中で、掲載数の特に多かった会員は表3の通りである。主な傾向として、歴史研究の手法を基軸に、異なる地域の史料を抽出分析する研究や共著本の編集・執筆等の掲載による実践が目立っていた。

表3　掲載数の多かった会員（敬称略）

	執筆者	掲載数
1	井村　圭壯	31
2	小木曽　加奈子	18
3	谷川　和昭	11

4. 掲載された先達者一覧

　本学会の目的として筆頭に掲げている「福祉図書文献の解題」とは、一般的には〈福祉に関する特定の図書や文献をとりあげ、その形式や内容を紐解きながら、そこに表現されている筆者の想いや論点などを要約したり解説したりすること〉といえる。このため私たちがまず採り上げる必要のある文献については、「戦後、日本社会における福祉研究や社会福祉制度の土台や骨組みを築いてくれた私たちの先輩の世代にあたる先達諸氏が著した図書や文献ではないだろうか。今こそ、先達諸氏の図書文献に学び、そこに光を当てることで、今日的な課題の克服や将来の展望を拓く必要があるのではないか」。このような機運が高まったのは「日本福祉士教育学会」が「日本福祉図書文献学会」へと学会名を改称した2000年12月頃だったように記憶している。以来、本学会の年次大会や学会誌では「○○師の文献研究」等の表現で、先達諸氏の文献解題が毎年のように報告・掲載されるようになっていく。そこで今日までの本学会誌・全19冊に掲げられた先達諸氏の一覧表（巻頭言を除くすべての掲載区分が対象）を作成してみたところ、そこに掲げられた方々は総勢59名にのぼった。（表4参照）

表4　全19冊の学会誌で採り上げられた先達諸氏一覧（掲載順59名）

先達名	掲載誌	先達名	掲載誌	先達名	掲載誌
孝橋　正一	創刊号	國分　康孝	第5号	モンテッソーリ	第13号
嶋田　啓一郎	創刊号	一番ケ瀬　康子	第5号	黒木　利克	第13号
仲村　優一	創刊号 第4号	古川　孝順	第5号	呉　秀三	第15号 第16号
岡村　重夫	創刊号 第5号 第8号 第9号	Yea.Ann E.	第5号	マイケル・サンデル	第17号
ナイチンゲール	第2号	杉本　一義	第6号	長谷川　秦	第18号
浅賀　ふさ	第2号	アマルティア・セン	第7号	ローレツ	第18号
糸賀　一雄	第2号	鈴木　裕子	第7号	阿部　譲也	第18号
阿部　志郎	第2号	留岡　幸助	第7号	小川　政亮	第18号
久保　紘章	第2号	エリカ・シューハート	第8号	奥川　幸子	第18号
A.H.Katz	第2号	大林　宗嗣	第8号 第19号	チャールズ・A・ラップ	第18号
アリストテレス	第2号 第3号	刈谷　剛彦	第9号	佐藤　俊一	第18号
竹内　愛二	第3号	賀川　豊彦	第9号	新川　泰弘	第18号
岸　勇	第3号	E.　フッサール	第9号	京極　高宣	第18号
橋本　正己	第3号	小山　進次郎	第9号	千葉　雅也	第18号
小川　利夫	第3号	高木　憲次	第9号	山田　昌弘	第18号
R.C.キャボット	第3号	中園　康夫	第10号	戈木クレイグヒル滋子	第19号
I.M.キャノン	第3号	武井　麻子	第10号	土橋　敏孝	第19号
クレア・アンダーソン	第4号	太田　正博	第12号	早川　和男	第19号
茂木　俊彦	第4号	三友　雅夫	第12号	吉田　久一	第19号
親　鸞	第5号	ペスタロッチー	第13号		

ただし、学会誌の 10 号を過ぎたあたりから、先達の文献等を論じた掲載数は縮小傾向になっていく。この動きにブレーキがかけられ学会設置の趣旨を再確認させてくれたのが、学会誌 18 号・19 号に新たに設けられた「特集／福祉図書文献解題」という掲載コーナーではなかったかと思う。このコーナーが設置されたことで、文献解題の動きが再燃し“福祉図書文献学会”の主たる目的を思い起こさせてくれたように思う。編集に携わった方々のご対応に感謝したい。

5. 巻頭言

　最後に、巻頭言の執筆についても少しふれておきたい。この部分は特に執筆者の要件規定等があるわけではないので、慣例的に編集責任者による指名かまたは編集責任者自身によって執筆いただく状態ではなかったかと思う。表 5 に執筆者名と掲載号数を掲げた。内容については、学会設置の趣旨や方向性を指し示すものから、この国の不安定な福祉政策を憂うもの、更にはこの 18 年間に生じた未曾有の出来事でもある東日本大震災や新型コロナウイルスの脅威に触れる内容など、いずれも学会の歩みに、その時々の出来事を重ね合わせて振り返ることのできるようなトピックが記されている。

表 5　巻頭言執筆者（敬称略）

号	執筆者	号	執筆者
1 ～ 6	硯川　眞旬	13	谷川　和昭
7	中川　るみ	14	井上　深幸
8 ～ 10	中野　伸彦	15	曽我　千春
11	森山　治	16 ～ 19	森山　治
12	坂本　雅俊		

Ⅳ. これからの福祉図書文献学会と学会誌

　現在、時代はコロナ禍の真只中で、第3波の感染状況は収束の方向に向かいつつあるといわれてはいるが、依然として第4波の可能性や変異ウイルス等の広がりなどで予断を許さない。この時期は、学会としても遠方から参集いただく対面式の年次大会や役員会は開きづらい状況下にある。こうした時代だからこそ、私たちも、本学会の歩みについてじっくりと立ちどまり、振り返り、更にはこれからの進むべき道標を新たにしたい。本章後半に、かなりの紙幅を割いて掲載した論文等のリストが、そのためのお役に立てれば幸いである。

　たいへんご多忙な中、全19冊をかぞえる私たちの学会誌を、これまで、それぞれの時期において編集・査読・印刷・発送等の労をとっていただいた編集責任者並びに編集委員の方々のお名前を最後に記すことで、感謝の気持ちに代えたい。

表6　編集責任者／編集委員（敬称略）

号	編集責任者	編集委員（編集協力者）
1〜5	井村　圭壮	（宮本吉次郎）
6〜10	井村　圭壮	（谷川　和昭）
11	森山　治	吉弘　淳一、中村　剛、井上　深幸、（谷川　和昭）
12〜13	森山　治	吉弘　淳一、井上　深幸、（谷川　和昭）
14〜19	森山　治	井上　深幸、曽我　千春　（谷川　和昭）

『福祉図書文献研究』(『研究紀要』)第1～19号：掲載論文等リスト　2021.2　日本福祉図書文献学会

No	発行日	区分	論文等のテーマ	執筆者	先達名	理論・思想	制度・政策	方法・技術	生保・公扶	児童・保育	高齢・介護	障害福祉	女性・家庭	医療・看護	司法福祉	地域福祉	教育・実習	国際福祉
創刊号	2002年7月27日	巻頭言		硯川　眞旬														
		論文	孝橋正一師の文献から学ぶ：社会福祉研究の課題と意義	和田　要	孝橋　正一	●												
			社会福祉における嶋田理論の今日的意義	高間　満	嶋田　啓一郎	●												
			仲村優一師の文献について―『ケースワーク［第2版］』の解題と考察―	谷川　和昭	仲村　優一			●										
			介護福祉士養成機関における教員のストレスとバーンアウト	谷川　和昭													●	
		研究ノート	成年後見員制度における「身上配慮の義務」と社会福祉援助論の対応のあり方に関する一考察―岡村重夫先生の「社会福祉の分野論」を参考としてー	坂本　雅俊	岡村　重夫		●											
			「文献」の概念について―出版社の立場から―	村上　一朗		●												
			福祉教育に貢献する図書―当事者視点の必要性―	柿本　誠		●												
			福祉教育に関連する図書文献の提言（概要）	坂本　雅俊													●	
第2号	2003年7月9日	巻頭言	「福祉の向上と図書文献」	硯川　眞旬														
		論題指定論文	ナイチンゲールの文献に関する研究	上野　範子	ナイチンゲール									●				
			浅賀ふさの文献に関する研究	吉川　眞	浅賀　ふさ									●				
			糸賀一雄の文献についての研究―特に『愛と共感の教育』の解題と考察―	吉弘　淳一	糸賀　一雄							●						

No	発行日	区分	論文等のテーマ	執筆者	先達名	理論・思想	制度・政策	方法・技術	生保・公扶	児童・保育	高齢・介護	障害福祉	女性・家庭	医療・看護	司法福祉	地域福祉	教育・実習	国際福祉
第2号	2003年7月9日	論題指定論文	阿部志郎の福祉思想と福祉実践についての一考察―キリスト教福祉における聖書理解を中心として―	滝口 真	阿部 志郎	●												
		論題指定論文	家庭福祉学と文献―出発点としてのアリストテレス―	村上 学	アリストテレス								●					
		論題指定論文	文献から学ぶセルフヘルプ・グループ研究の足跡―定義と類型化に焦点を当てて―	宮内 克代	久保 紘章 A.H.Katz			●										
		自由論題論文	苦情の背景にある介護保険システムの課題―混乱期における実践現場から苦情解決の仕組みを再考する―	山下 裕史							●							
		自由論題論文	痴呆老人の在宅介護の現状と尊厳ある生活への専門的介入	藤丸 千尋							●							
		自由論題論文	ソーシャルワーク実習教育におけるセルフヘルプ・グループの意義	眞砂 照美													●	
		自由論題論文	保育実習における学習課題を用いた事前・事後指導の検討―子育て支援活動を中心として―	長野 弘行						●								
		自由論題論文	高校生の障害者理解を目的とした視聴覚教育	徳永 恵美子													●	
		自由論題論文	児童養護へのサポートシステムからのアプローチ―	鍋田 耕作						●								
第3号	2004年12月20日	巻頭言	「本質認識」ということの学問的重要性	硯川 眞旬														
		論題指定論文	竹内愛二の文献における価値の変遷～ソーシャルワークへの今日的意義	梅木 真寿郎	竹内 愛二			●										
		論題指定論文	公的扶助ケースワーク論争における岸理論の今日的意義	中野 伸彦	岸 勇				●									
		論題指定論文	橋本正己の文献に関する一研究―コミュニティ・オーガニゼーションに焦点として―	福本 幹雄	橋本 正己											●		

No	発行日	区分	論文等のテーマ	執筆者	先達名	理論・思想	制度・政策	方法・技術	生保・公技	児童・保育	高齢・介護	障害福祉	女性・家庭	医療・看護	司法福祉	地域福祉	教育・福祉実習	国際福祉
第3号	2004年12月20日	論題指定論文	小川利夫「教育福祉」論の今日的意義 —地域「福祉教育」の発展への視座—	宮内 克代	小川 利夫					●								
		論題指定論文	福祉国家と哲学 —出発点としてのアリストテレス—	村上 学	アリストテレス	●												
		自由論題論文	社会福祉援助における生活史把握の意義についての考察 〜高齢者の生活史調査とその分析を通して〜	伊藤 秀樹							●							
		自由論題論文	中国四国地方の養老院の社会統計学的評価 —「全国養老事業団体一覧」(昭和十五年六月末現在)からの分析—	井村 圭壮												●		
		自由論題論文	日常生活を支える権利擁護のシステムの構築—地域福祉権利擁護事業を中心として—	大屋 純子				●										
		自由論題論文	20世紀前半の医療ソーシャルワークとは何か? —R.C.キャボット、I.M.キャノンに関する文献からの考察—	眞砂 照美	R.C.キャボット I.M.キャノン			●										
		調査報告	地域福祉の視点からの企業ボランティア研究	井村 圭壮												●		
第4号	2005年8月21日	巻頭言	社会福祉「対象」論の存在性と学問者の姿勢	硯川 眞旬														
		論題指定論文	クレア・アンダーソンの文献についてジェンダーと家族介護	淺川 早苗	クレア・アンダーソン								●					
		論題指定論文	仲村優一の社会福祉教育思想—『仲村優一社会福祉著作集第六巻』から—	長野 弘行	仲村 優一												●	
		自由論題論文	茂木俊彦の障害論—『障害は個性か』に焦点をあてて—	山口 利勝	茂木 俊彦							●						
		自由論題論文	生活史を用いたアセスメントと援助実践に向けての課題〜アセスメントシートの検討と作業プロセスを通して〜	伊藤 秀樹				●										

No	発行日	区分	論文等のテーマ	執筆者	先達名	理論・思想	制度・政策	方法・技術	生保・公扶	児童・保育	高齢・介護	障害福祉	女性・家庭	医療・看護	司法福祉	地域福祉	教育・実習	国際福祉
第4号	2005年8月21日	自由論題論文	九州地方の養老院の社会統計学的評価—「全国養老事業団体一覧」(昭和十五年六月末現在)から—の分析	井村 圭壮							●							
			近畿地方の養老院の社会統計学的評価—「全国養老事業団体一覧」(昭和十五年六月末現在)から—の分析	井村 圭壮							●							
			地域福祉理論の新たな概念構成の試み	谷川 和昭												●		
		巻頭言	「世論喚起」財としての図書文献	硯川 眞旬														
第5号	2006年9月27日	論題指定論文	親鸞聖人の思想と福祉援助の思想との関係についての一考察	伊藤 秀樹	親鸞	●												
			國分康孝の文献に関する一考察〜「構成的グループエンカウンター」の教育現場における役割と今後の発展性〜	杉山 雅宏	國分 康孝			●										
			一番ヶ瀬康子の社会福祉思想を探る〜『一番ヶ瀬康子社会福祉著作集第五巻』から〜	長野 弘行	一番ヶ瀬康子												●	
			社会福祉における理論的枠組み構築の試論—古川理論の検討を通して—	中村 剛	古川 孝順	●												
			インクルーシブな発達障害児福祉実践に関する質的調査—岡村理論における開発的機能の側面から—	新川 泰弘	岡村 重夫	●												
		自由論題論文	認知症高齢者に対する療法的介入の歴史的変遷	井上 深幸							●							
			地域単位(市)での社会事業施設と団体の形成史研究—福岡市の明治期から昭和戦前期までの形成史を通して—	井村 圭壮												●		
			社会福祉と教育の連携に関する一考察〜障がい理解と福祉教育実践の視点から〜	滝口 眞													●	

No	発行日	区分	論文等のテーマ	執筆者	先達名	理論・思想	制度・政策	方法・技術	生保・公扶	児童・保育	高齢・介護	障害・福祉	女性・家庭	医療・看護	司法・福祉	地域・福祉	教育・実習	国際・福祉
第5号	2006年9月27日	自由論題論文	てんかんの包括ケアにおける医療ソーシャルワークとmoral order —医療ソーシャルワーカーの視点からのYeh論文の検討—	眞砂 照美	Yeh, Ann E.			●										
		実践図書報告	ソーシャルワーカーの専門職制の向上を図る	立石 宏昭				●										
		報告	対人援助の展望としての当事者論	中野 伸彦		●												
		巻頭言		硯川 眞旬														
第6号	2007年8月31日	基調講演	社会福祉の将来像—専門職にとって真に重要なこととは何か—	三友 雅夫		●												
		論題指定論文	杉本一義の文献による考察—人生福祉学の意義について—	中村 剛	杉本 一義	●												
		自由論題論文	岡山県における社会事業施設・団体の形成整理史 —明治期から昭和戦前期までの形成過程を通じて—	井村 圭壮												●		
			介護保険サービス利用者の事例調査研究 —在宅サービス利用による要介護者および要介護家族の効果について—	瀬川 早苗							●							
			「高校中途退学の原因」に関する調査研究	杉山 雅宏													●	
			精神障害者の就労支援に求められる精神保健福祉士の専門職制	立石 宏昭				●				●						
		実践図書報告	トランスセオレティカルモデルを活用した保育ソーシャルワーク研修の試み	荒川 泰弘				●										
			国民福祉辞典の概要	坂本 雅俊													●	

論文等の分野

No	発行日	区分	論文等のテーマ	執筆者	先達名	理論・思想	制度・政策	方法・技術	生保・公扶	児童・保育	高齢・介護	障害福祉	女性・家庭	医療・看護	司法福祉	地域福祉	教育・実習	国際福祉
第7号	2008年8月25日	巻頭言		中川 るみ														
		基調講演論文	「人間の福祉と社会保障－アマルティア・センの福祉経済理論に寄せて－」	田中きよむ	アマルティア・セン	●												
		論題指定論文	鈴木裕子師の女性労働の文献研究－播州織「女工」の労働運動との比較検討－	岩本真佐子	鈴木 裕子								●					
		論題指定論文	留岡幸助の文献についての一考察－エコ・システムの視点から『家庭学校を考える』－	福本 幹雄	留岡 幸助					●								
		自由論題論文	地方行政における社会事業施設と団体の形成史研究－福岡県の形成過程を通して－	井村 圭壮						●								
		自由論題論文	高校中途退学者の本音の分析－中途退学予防のための教師の意識変革の必要性	杉山 雅宏												●		
		自由論題論文	精神障害者の訪問型個別就労支援プログラムの課題－地域活動支援センターの実践を通して－	立石 宏昭								●						
		実践図書報告	地域福祉要件の分析とその体系化	谷川 和昭												●		
第8号	2009年9月15日	巻頭言	学びの原点にたち還る	中野 伸彦														
		基調講演論文	「キリスト教社会福祉文献について」	山城 順	エリカ・シューハート	●												
		論題指定論文	大林宗嗣師と優生思想－産児制限論と多性遺伝の根絶－	梅木真寿郎	大林 宗嗣	●												
		論題指定論文	福祉哲学としての『星の王子さま』－その可能性と限界について－	中村 剛		●												
		自由論題論文	岡村社会福祉理論の影響に関する一考察－社会福祉理論および文献から－	中村 利男／竹本 亮太	岡村 重夫	●												
		自由論題論文	中途退学者が語る理想の高校像およびインターネット検索の範囲から－中途退学予防のための教師の意識変革の方向性－	杉山 雅宏						●								

No	発行日	区分	論文等のテーマ	執筆者	先達名	論文等の分野 国際福祉	教育・実習	地域福祉	司法福祉	医療・看護	女性・家庭	障害福祉	高齢・介護	児童・保育	生保・公扶	方法・技術	制度・政策	理論・思想
第8号	2009年9月15日	自由論題論文	精神障害者の訪問型同型個別就労支援プログラムのコンテクスト—グラウンデッド・セオリー・アプローチを求めて—	立石　宏昭								●						
			高校福祉科教育のあり方と課題—福祉現場が目指す教育福祉科教育に期待することと高校福祉科教育が目指す教育との比較を通して—	日比　慎一			●											
		実践図書報告	社会福祉援助専門職となる援助の方法と理論体系	谷川　和昭												●		
		巻頭言		中野　伸彦														
		基調講演論文	介護福祉の課題と展望	奈倉　道隆	岡村　重夫								●					
第9号	2010年11月3日	論題指定論文	刈谷剛彦にみる文献について—福州繊工場の「集団就職」との関連—	岩本　眞佐子	刈谷　剛彦												●	
			賀川豊彦のセツルメントの特質—比較検討じた共通点と差異について—	梅本　眞寿郎	賀川　豊彦													●
			社会福祉学を支える基盤の研究 —基盤を探求する方法としての現象学—	中村　剛	E.フッサール													●
			生活保護法における「自立」規定に関する一考察—小山進次郎氏の文献分析を通じて—	村田　隆史	小山進次郎										●			
			戦前期における我が国の肢体不自由児施策と高木憲次の影響	森山　治	高木　憲次		●											
		自由論題論文	介護実習における自己評価と他者評価—「リフレクション」の視点からの考察	小木曽加奈子／今井　七重												●		
			ソーシャルワーク実践と介護サービスの第三者評価—情報のサポートによる社会資源の有効活用—	武田　英樹												●		

論文等の分野

No	発行日	区分	論文等のテーマ	執筆者	先達名	国際福祉	教育・実習	地域福祉	司法福祉	医療・看護	女性・家庭	障害福祉	高齢・介護	児童・保育	生保・公扶	方法・技術	制度・政策	理論・思想
第9号	2010年11月3日	自由論題論文	特別養護老人ホームの介護職員が必要とするスーパービジョンに関する研究 ―「Q府内へのアンケート調査、第I次結果のまとめ」―	三好 明夫												●		
		実践図書報告	ICFの視点に基づく高齢者ケアプロセスの実践	安藤 邑惠 小木曽加壽子									●					
第10号	2011年11月3日	巻頭言		中野 伸彦														
		基調講演論文	ケアの思想と対人援助	村田 久行														●
		論題指定論文	ノーマリゼーションの今日的意味―中園康夫師の文献より―	釜野 鉄平	中園 康夫											●		
			拝啓、ミセス・ルーズベルト〜歴史文献としての大恐慌時代のこどもたちからの手紙	西尾 敦史		●												
		自由論題論文	生活保護制度の制限扶助主義への転換と「第二次適正化政策」 ―1960年代「生活と福祉」の分析を通じて―	村田 隆史											●			
			感情労働としての介護労働と労働環境の検討―武井麻子の文献にみる感情労働を通じて―	吉田 輝美	武井 麻子								●					
		実践図書報告	佐賀孤児院の組織形態に関する史的研究	井村 圭壯										●				
			福祉における体系的人権理論の構築と人権学習	山本 克司														●
第11号	2012年11月3日	巻頭言	問われる具体的なあり方と地道な研究の大切さ	森山 治														
		基調講演論文	社会福祉学研究方法論序説	小田 兼三														●

No	発行日	区分	論文等のテーマ	執筆者	先達名	理論・思想	制度・政策	方法・技術	生保・公扶	児童・保育	高齢・介護	障害福祉	女性・家庭	医療・看護	司法福祉	地域福祉	教育実習	国際福祉
第11号	2012年11月3日	シンポジウム論文	自治体における原発震災対応と社会福祉施設等の自主避難 —被災地いわき市の現状と社会福祉にとっての課題—	原田　康美												●		
			震災における福祉施設の必要性と課題	難波　利光			●											
			災害におけるデジタル情報インフラの可能性と課題 —福祉の視点も取り入れた防災情報システムの提案—	佐々木直樹			●											
		原著論文	Lifetime of Outdoor Activities in Nature and the Development of a Healthy and Cultured Lifestyle	Shinshun SUZURIKAWA				●										
			ICFの視点を活用した介護過程の展開 —介護実習の学びの考察—	小森曽加奈子　樋田小百合							●							
		実践報告	社会福祉相談援助の原動力	谷川　和昭				●										
			子どもの豊かな育ちへのまなざし —スクールソーシャルワーク実践ガイドの実践—	今井　七重　小森曽加奈子						●								
			医療職と福祉職のためのリスクマネジメントの実践 —介護・医療サービスの向上を視野に入れて—	小森曽加奈子										●				
第12号	2013年11月3日	巻頭言	顧みることで感受性を磨いていく	坂本　雅俊														
		記念対談	日韓両国における社会福祉の市場化・営利化の現状と問題	横山　壽一　崔　太子　沈　潔　曽我　千春														●
		原著論文	愛媛県における社会事業施設・団体の形成整理史 —明治期から昭和戦前期までの形成過程を通して—	井村　圭壮														
			認知症の世界を生きる太田正博氏とその援助者の姿から考える援助のあり方	仲田　勝美	太田　正博						●							

No	発行日	区分	論文等のテーマ	執筆者	先達名	理論・思想	制度・政策	方法・技術	生保・公扶	児童・保育	高齢・介護	障害福祉	女性・家庭	医療・看護	司法福祉	地域福祉	教育・実習過程	国際福祉
第12号	2013年11月3日	原著論文	三友雅夫に関する文献解題と計量的内容分析 —その主要論文と文献タイトルに着目して—	谷川 和昭 / 井上 深幸 / 趙 敏廷	三友 雅夫	●												
		実践報告	相談援助実習の質を高める試みーケース研究の活用か らー	上原 正希													●	
			認知症がある人をケアするー BPSDによる生活場面の困難さ—	小木曽加奈子 / 佐藤八千子 / 安藤邑惠 / 坂喜佐統美 / 今井七重							●							
			自分心を鍛えよう	杉山 雅宏														
		巻頭言	実践を支える文献研究の認識と福祉設計	谷川 和昭														
		基調講演論文	罪を犯した人の更生における福祉の役割—刑務所が福祉施設化する現状とその解決策を探るー	浜井 浩一											●			
			大分県における社会事業施設・団体の形成整理史 —明治期から昭和戦前期までの形成過程を通してー	井村 圭壮												●		
第13号	2014年11月3日	原著論文	The Present situation of "irritability and excitement," "drug refusal, refusal of food, and rejection," "act of aggression (violence)," and "unhygienic behavior" in special nursing homes for the elderly	Kanako OGISO / Yasuko HIRASAWA / Satomi NEGI / Yachiko SATO / Satoe ANDO / Sirako AMASHTA / Nanae IMAI							●						
			介護福祉士養成教育におけるペスタロッチーの直観教授法の応用についての一考察 —ペスタロッチー全集に学ぶ—	中野 一成	ペスタロッチー												●	

論文等の分野

No	発行日	区分	論文等のテーマ	執筆者	先達名	論文等の分野												
						理論・思想	制度・政策	方法・技術	生活保護・公的扶助	児童・保育	高齢・介護	障害福祉	女性・家庭	医療・看護	司法福祉	地域福祉	教育・実習	国際福祉
第13号	2014年11月3日	原著論文	モンテッソーリ教育の文献から伝承される理論 —子どものこころの発見者—	保田 恵利	モンテッソーリ					●								
			福祉教育における保育学科学生の新聞記事検索の指向についての一考察	松井 圭三 今井 慶宗													●	
			社会福祉主事の構想をめぐる対立と専門性—黒木利克の文献分析を中心に—	村田 隆史	黒木 利克				●									
			日本の家族介護における家族の政策的位置づけの変遷—老人福祉法の成立期から10年毎区分の整理を通じて—	森山千賀子							●							
		研究ノート	戦後日本の最低生活保障の構想前史〜ヴァナリッジ報告の戦時中日本への紹介・評価を中心に—	冨家 貴子			●											
		実践報告	国政レベルにおける諸政党の介護保険政策の比較	松井 圭三 今井 慶宗			●											
			自分を育てるカウンセリング	杉山 雅宏				●										
第14号	2015年11月3日	巻頭言	「福祉図書文献研究、その先へ」	井上 深幸		●												
		基調講演論文	文献レビューの意義と方法 —「介入研究論文」を例として—	副田あけみ		●												
		原著論文	社会福祉史研究の視点と方法に関する検討—主体的事実、現象的事実、歴史学の文献を基盤として—	井村 圭壮				●										
			社会保障研究の方法論に関する一考察〜政策主体と社会運動の評価をめぐる対立を中心に〜	村田 隆史					●									
			認知症高齢者のBPSDに対するケアの指標の課題	小林曽加菜子 平澤 恵子							●							
		実践報告	特別養護老人ホームから見る社会福祉士の専門性に関する一考察	日比 眞一				●										
			ソーシャルワーク演習教材の共同開発研究	相澤 譲治				●										

No	発行日	区分	論文等のテーマ	執筆者	先達名	理論・思想	制度・政策	方法・技術	生保・公技術	児童・保育	高齢・介護	障害福祉	女性・家庭福祉	医療・看護	司法福祉	地域福祉	教育・実習福祉	国際福祉
第14号	2015年11月3日	実践報告	心の休養のための援助サービス実践	杉山 雅宏				●										
			ゆりかごから墓場まで	倉橋 弘			●											
			特別支援学校における個別教育支援計画の現状と課題—合理的配慮に応じた個別教育支援計画とは—	安田 誠人 / 吉丸 淳一 / 井村 圭壮								●						
			アクションリサーチによる介護福祉テキストの開発	谷川 和昭 / 目黒 輝美 / 鴇田 敏廷							●							
第15号	2016年11月3日	巻頭言	「今こそ試される福祉図書文献学会の力」	曽我 千春														
		基調講演	当事者研究の現代的意義と可能性—実践研究と文献研究—	向谷地生良 / 早坂 潔 / 山根 耕平								●						
		原著論文	徳島県の社会事業・団体形成史に関する文献研究—特に『社会課関係事務要覧』を基盤として—	井村 圭壮							●							
			我が国の精神科作業療法の導入における呉秀三の役割—日本の精神科作業療法における歴史的考察—	幸 信歩	呉 秀三									●				
			日本における父子家庭研究の動向と支援施策の課題—言説に見る問題の所在—	浅沼 裕治									●					
			離島の介護職員における健康関連QOLとストレス反応の関連性	田中 康雄											●			
			医療的ケアを学ぶ機会があった介護福祉士養成課程の学生の特徴	平澤 泰子 / 小木曽加奈子													●	
		実践報告	児童虐待防止法について	倉橋 弘						●								

No	発行日	区分	論文等のテーマ	執筆者	先達名	論文等の分野												
						理論・思想	制度・政策	方法・技術	生保・公扶	児童・保育	高齢・介護	障害・福祉	女性・家庭	医療・看護	司法・福祉	地域福祉	教育・実習	国際福祉
第15号	2016年11月3日	実践報告	特別支援教育現場における知的障害児に対する指導方法に関する一考察 —教員とスクールソーシャルワーカーとの連携事例から—	安田誠人 吉弘淳一 谷川和昭 梅木真寿郎 丸山あけみ 井村圭壮						●								
			日本の社会事業施設団体形成史研究の課題	井村圭壮			●											
			地方都市「消滅」を乗り越える！ —G県Y市からの提言—	宮崎淳 小木曽加奈子 田村愼章 今井七重												●		
			高齢者ケアの質を高めるICFを生かしたケアプロセス	小木曽加奈子 安藤邑惠 他12名							●							
			生きる自分心境	杉山雅宏				●										
		巻頭言	21世紀をになう福祉人材	森山治				●										
第16号	2017年12月	基調講演報告	時代の変化に対応した福祉教育	和田義人 猪熊ひろか 勅使河原隆行													●	
		原著論文	福祉実践現場におけるスーパービジョン研修の分析と課題	相澤譲治				●										
			滋賀県の社会事業施設・団体形成史に関する文献研究 —特に『滋賀県社会事業概要』を基盤として—	井村圭壮												●		
			障害当事者の自律と援助者のパターナリズムに関する研究	近藤益代								●						

No	発行日	区分	論文等のテーマ	執筆者	先達名	理論・思想	制度・政策	方法・技術	生保・公扶技術	児童・保育	高齢・介護	障害福祉	女性・家庭福祉	医療・看護	司法福祉	地域福祉	教育・実習福祉	国際福祉
第16号	2017年12月	原著論文	我が国の精神科領域の源流に関する歴史的研究 —呉秀三が精神科領域を選択するまでの一考察—	幸 信歩	呉 秀三									●				
			介護職の職務満足度と認知症ケアの実践：介護老人保健施設の介護職版職務満足度評価尺度とBPSDサポート尺度を用いた研究	小木曽加奈子							●							
			地方公務員における職業性ストレスと仕事の満足度に影響を及ぼす要因—区市役所の介護保険担当部署職員に焦点を当てて—	田中 康雄							●							
			学生が将来なりたいと考える介護福祉士～すべての介護福祉士養成課程を修了した学生に対する調査から～	平澤 恵子 小木曽加奈子							●							
		実践報告	現代の障がい児保育の課題と検討	相澤 譲治 井村 圭壮								●						
			現代の保育と家庭支援論の構築に関する検討	今井 慶宗 井村 圭壮						●								
			社会福祉の制度と課題に関する検討	鎌野 鉄平 井村 圭壮			●											
			地域包括ケアシステムの課題と検討	立石 宏昭											●			
			介護職のための医療的ケアの知識と技術—ポートフォリオを活用して自らの成長を育む—	平澤 恵子 小木曽加奈子 他9名							●							
			教育方法としてのNIE社会福祉記事ワークブック	松井 圭三 今井 慶宗													●	
第17号	2018年11月	巻頭言	「日本で働く」ということ—障害のある人への雇用「水増し」—	森山 治														
		基調講演要旨	権利擁護の実現のための弁護士によるアウトリーチについて	伊藤 岳				●										

No	発行日	区分	論文等のテーマ	執筆者	先達名	理論・思想	制度・政策	方法・技術	生保・公扶	児童・保育	高齢・介護	障害福祉	女性・家庭	医療・看護	司法福祉	地域福祉	教育実習	国際福祉
第17号	2018年11月	原著論文	宮崎県の社会事業施設・団体形成史に関する文献研究 —特に『宮崎県社会事業要覧』を基盤として—	井村圭壯												●		
			認知症高齢者のBPSDに対するケアと職務満足に関する文献検討に基づく今後の研究課題の考察	小木曽加奈子 伊藤康児							●							
			社会福祉活動のまっとうな評価 〜マイケル・サンデル『それをお金で買いますか』から始める福祉哲学〜	村上 学	マイケル・サンデル	●												
			離島地域の介護職における就労継続意識の状況とその影響要因	田中康雄							●							
			新任介護福祉士の医療的ケアの学びの現状	平澤泰子							●							
			介護福祉士実習指導者講習会カリキュラム等に関する考察 —ドイツにおけるPraxisanleiterの養成教育と比較して—	高木 剛														●
		実践報告	ボランティア活動のための学びと社会	立石宏昭													●	
			生殖医療と脱「出自」社会	宮嶋 淳										●				
			養介護施設従事者による高齢者虐待防止の課題と検討	吉田輝美							●							
			教育方法としてのNIE児童家庭福祉演習	松井圭三 今井慶宗													●	
			信頼関係を基盤とした「重度重複障害のある子どもを持つ母親」に対する支援方法に関する事例からの検討	安田誠人 倉橋 弘 丸山あけみ 井村圭壯				●										
			児童家庭福祉の相談援助に関する研究	伊藤秀樹 井村圭壯				●										

No	発行日	区分	論文等のテーマ	執筆者	先達名	論文等の分野												
						理論・思想	制度・政策	方法・技術	生活保護・公的扶助	児童・保育	高齢・介護	障害福祉	女性・家庭	医療・看護	司法福祉	地域福祉	教育・実習	国際福祉
第17号	2018年11月	実践報告	現代の保育と社会的養護の課題と検討	相澤譲治 / 井村圭壮						●								
			保育実践と家庭支援論の課題に関する研究	今井慶宗 / 井村圭壮									●					
			社会福祉の基本と課題に関する文献研究	井村圭壮 / 相澤譲治			●											
		巻頭言	「人手の確保か質の向上か－介護の仕事に従事するということ－」	森山治														
第18号	2019年12月	基調講演	「AI化社会でも『利他的に生きる』を支えるために」	早坂三郎		●												
		原著論文	富山県の社会事業施設・団体形成史に関する文献研究 ―特に『富山県社会事業要覧』を基盤として―	井村圭壮												●		
			明治初期における作業を介在させた治療法導入に関する一考察 ―長谷川秦とローレンの書簡から―	幸信歩	長谷川秦 ローレン									●				
			認知症高齢者に対するシームレスケアに関する文献研究：文献展望にもとづく今後の研究課題の考察	小木曽加奈子 / 伊藤康児							●							
			認知症高齢者グループホームでのOJTによる外国人介護人材育成方法と課題	吉田輝美							●							
			障害のある利用者への支援者の支持的な関わりについての研究	近藤益代								●						
			離島地域の介護職における職務の魅力に関する基礎的研究―デキストマイニングによる探索的検討―	田中康雄							●							
			社会福祉サービスの利用者としての家族介護者と支援組織―英国の事例からの検討―	尹一喜														●
			中国における介護保険制度試行の現状と方向性に関する考察－中国寧波市を事例に―	梁卓慧														●

No	発行日	区分	論文等のテーマ	執筆者	先達名	理論・思想	制度・政策	方法・技術	生保・公扶	児童・保育	高齢・介護	障害・福祉	女性・家庭	医療・看護	司法福祉	地域福祉	教育実習	国際福祉
第18号	2019年12月	実践報告	戦後日本の社会保障における基本原理の形成過程	村田 隆史					●									
			子ども・子育て支援系NPOの特徴と進展	宮崎 淳						●								
			家庭支援の意義とシステム構築に関する課題研究	伊藤 秀樹／井村 圭壮／松井 圭三									●					
			現代の家庭支援システムに関する課題と検討	相澤 譲治／井村 圭壮									●					
			放課後デイサービスの活用に関する一考察による重度知的障害のある子どもへの支援～重度知的障害のある子どもに対する特別支援教育での支援の向上を目指して～	安田 誠人／吉弘 淳一／井村 圭壮								●						
			障がい児保育の基本体系と課題に関する研究	名定 慎也／井村 圭壮／今井 慶宗								●						
			社会福祉の基本体系と課題に関する研究	今井 慶宗／井村 圭壮			●											
		特集／福祉図書文献解題	阿部謹也著『ハーメルンの笛吹き男―伝説とその世界―』	森山 治	阿部 謹也	●												
			小川政亮著『増補新版社会保障権―歩みと現代的意義―』	村田 隆史	小川 政亮		●											
			奥川幸子著『未知との遭遇―癒しとしての面接』	森 千佐子	奥川 幸子			●										
			チャールズ・A・ラップ著（田中英樹訳）『ストレングスモデル（第3版）リカバリー志向の精神保健福祉サービス』	上原 正希	チャールズ・A・ラップ							●						
			佐藤俊一著『対人援助グループからの発見「与える」から「受けとめる」力の援助へ』	山田 克宏	佐藤 俊一	●												
			新川泰弘著『地域子育て支援拠点におけるファミリー・ソーシャルワークの学びと省察』	安田 誠人	新川 泰弘								●					

No	発行日	区分	論文等のテーマ	執筆者	先達名	理論・思想	制度・政策	方法・技術	生保・公扶	児童・保育	高齢・介護	障害福祉	女性・家庭	医療・看護	司法福祉	地域福祉	教育・実習	国際福祉
第18号	2019年12月	特集／福祉図書文献解題	京極高宣著『老いを考える—明日のライフデザイン』	谷川和昭	京極高宣						●							
			千葉雅也著『勉強の哲学 来るべきバカのために』	幸信歩	千葉雅也												●	
			山田昌弘著『結婚の社会学—未婚化・晩婚化はつづくのか』	浅沼裕治	山田昌弘								●					
		巻頭言	「withコロナの時代と居場所」	森山治														
		記念講演	"自分心"をいざなう文献と現場	杉山雅宏						●								
第19号	2020年12月	原著論文	ユニット型介護老人福祉施設のストレスマネジメントにおける課題分析	田中康雄							●							
			介護老人福祉施設におけるケアマネジメントに関する研究。居宅介護支援。介護予防支援費の利用者負担導入の議論を中心に—	藤田了							●							
			要保護児童対策地域協議会担当部署職員の職業性ストレスへ一属性との関連	丸谷充子						●								
			学校現場がスクールソーシャルワーカーに期待すること	日比眞一				●										
		実践報告	多文化家庭の子ども・保育者への支援を重視した「社会福祉」テキストの作成	中典子／小宅理沙／安田誠人／土橋宏造													●	
			地域包括ケアにおける高齢者に対するシームレスケア。ICFの視点を活かしたケアプロセス、退院支援・退院調整に焦点を当てて	小宅加奈子							●							
			保育実践と社会的養護の現状課題に関する文献研究	相澤譲治／井村圭壮						●								

No	発行日	区分	論文等のテーマ	執筆者	先達名	理論・思想	制度・政策	方法・技術	生保・公扶	児童・保育	高齢・介護	障害福祉	女性・家庭	医療・看護	司法福祉	地域福祉	教育・実習	国際福祉
第19号	2020年12月	実践報告	社会福祉の拡大と形成に関する構造的原理の研究—体系的構造分析を基本として—	今井慶宗 井村圭壮			●											
			認知症高齢者のBPSDに向き合うケア—あるがままを受けいれるタイダル・エイジングへの支援—	山下科子 今井七重 小木曽若苗 樋田小百合 渡邉美幸 小木曽加奈子							●							
			特別支援学校における自立活動の指導の充実～教育課程での基準からの検討～	安田誠人 中典子 小宅理沙 土橋宏道													●	
			社会福祉の実施体制と援助構造を基本原理とする文献研究—社会福祉基礎構造改革以降の論理形成を基盤として—	今井慶宗 井村圭壮			●	●										
		特集／福祉図書文献解題	戈木クレイグヒル滋子編『質的研究方法ゼミナール—グラウンデッドセオリーアプローチを学ぶ』	立石宏昭	戈木クレイグヒル滋子													
			土橋敏孝著『地域福祉の実践に学ぶ』	上原正希	土橋敏孝											●		
			早川和男著『居住福祉』	小出享一	早川和男											●		
			大林宗嗣著『セツルメントの研究』	梅木真寿郎	大林宗嗣	●												
			吉田久一著『新・日本社会事業の歴史』	村田隆史	吉田久一	●												

【『研究紀要』・『福祉図書文献研究』(第1～19号):掲載論文等の概要】

学会誌・発行冊数 2002年7月～2020年12月	論文等の数 (巻頭言を除く)	延執筆者数 (巻頭言を除く)	採り上げた 先達諸氏の数	論文等の分野												
				理論・思想	制度・政策	方法・技術	生保・公扶	児童・保育	高齢・介護	障害福祉	女性・家庭	医療・看護	司法福祉	地域福祉	教育・実習	国際福祉
全19冊 (創刊号～第19号)	210本	315名	59名	31	14	29	6	17	36	14	9	7	1	19	22	5

全国大会演者が織りなす文献学会
―異能異才集団としての多様性―

谷川　和昭（関西福祉大学）

Ⅰ. はじめに

　日本福祉士教育学会（1998年創設）を前身とする日本福祉図書文献学会（2001年）がその学会名を改称して最初の全国大会を開催したのは福岡県久留米市においてであった。前身学会から数えて4回目のこの大会は2001年11月23日～24日に久留米信愛女学院短期大学で盛大に開催された。あれから実に早いもので、20年の歳月が流れた。本学会が20周年を迎えたことは1つの門出であり、通過点でもある。

　そこで、これまでの学会大会を整理分析し、若干のコメントをすることを本章の役目としたい。そのためにⅡでは過去の大会プログラム内容を総覧する。Ⅲでは全国大会のターニングポイントとなるものを振り返ってみる。Ⅳでは本学会の大会発表3本柱としての「研究発表」「研究実践報告」「自由文献報告」について筆者なりに分析・総括し、演題・演者に関連してのコメントをする。

Ⅱ. 全国大会総覧

　日本福祉図書文献学会の全国大会について2001年度第4回から2019年度第22回までを範囲として、全国大会総覧を作成した。作成にあたっては過去の『大会プログラム・報告要旨集』からデータ収集した。当時の情報を基にして総覧の掲載項目は、各回毎（各年度毎）に「大会テーマ・開催校」「基調講演」「記念講演」「特別講演」「対談」「シンポジウム」「フォーラム」「研究発表」「研究実践報告」「自由文献報告」などを当てて記した。

　以上の作業を経ての掲載内容は、以下のとおりである。

第 4 回 (2001) 福岡大会　　　　　　　　　　2001.11.23-24

○大会テーマ・開催校

　図書—福祉教育・研究に貢献するもの　　　久留米信愛女学院短期大学

○基調講演

　聖書は人間本来の生き方を学ぶ文献である　　　　　　　高木　義行氏

○シンポジウム

　図書　—福祉教育・研究に貢献するもの—

　　　　　高士　興一・加藤　春樹・村上　一郎・柿本　　誠・坂本　雅俊

○研究発表

　孝橋正一師の文献について　　　　　　　　　　　　　　和田　　要

　社会福祉における嶋田理論の今日的意義　　　　　　　　高間　　満

　仲村優一師の文献について

　　　—『ケースワーク（第2版）』の解題と考察—　　　谷川　和昭

　小川政亮師の社会保障法理論の今日的意義

　　　—小川政亮先生との出会い—　　　　　　　　　　　森　　幸治

　阿部志郎師の文献についての一考察

　　　—阿部志郎の社会福祉観及び学問的貢献状況の視点より—　滝口　　真

○研究実践報告

　基本から学ぶ高齢者ケア　　　　　　　　　　　　　　　生野　繁子

　福祉教科教育法　　　　　　　　　　　　　　　　　　　砚川　眞旬

　芸術から福祉へのアプローチ（福祉芸術論）　　　　　　岡村　　弘

第 5 回 (2002) 和歌山大会　　　　　　　　　2002.10.12-13

○大会テーマ・開催校

　図書文献—福祉教育・看護教育に貢献するもの—　　和歌山県立医科大学

○記念講演

　過疎地在住高齢者における生活習慣病の予防　　　　　　有田　幹雄氏

○シンポジウム

　図書文献　—福祉教育・看護教育に貢献するもの—

　　　　　　　　宮本吉次郎・柴田　勝祐・武田　丈・森下　妙子

○研究発表

　ナイチンゲール師の文献について　　　　　　　　　　　上野　範子

　リッチモンド師の文献について　　　　　　　　　　　　杉本　敏夫

浅賀ふさ師の文献について　　　　　　　　　　　吉川　　眞
糸賀一雄師の文献について　　　　　　　　　　　吉弘　淳一
北里柴三郎師の文献について　　　　　　　　　　中川　るみ
大関和師の文献について　　　　　　　　　　　　上坂　良子
○研究実践報告
ヒューマンケア入門　　　　　　　　　　　　　　山根　節子
医療福祉学　　　　　　　　　　　　　　　　　　硯川　眞旬
新しい介護概論　　　　　　　　　　　　　　　水主千鶴子

第6回 (2003) 大分大会　　　　　　　　　　　　2003.11.1-2

○大会テーマ・開催校
図書文献―21世紀の福祉教材―　　　　　　　　日本文理大学
○基調講演
最近の痴呆ケアと予防のあり方　　　　　　　　村上　元庸氏
○シンポジウム
図書文献　―21世紀の福祉教材―
　　　　　　上坂　良子・酒向　省二・佐藤　サチ・井村　圭壯
○研究発表
小川利夫師「教育福祉」論の今日的意義
　　―地域「福祉教育」の発展への視座―　　　　宮内　克代
薄井坦子師の文献について　　　　　　　　　　　島　　京子
橋本正巳師の文献について
　　―コミュニティ・オーガニゼーションに焦点化して―　福本　幹雄
ベント・ロル・アナセン氏の文献について　　　　朝田　千恵
浦辺史日本福祉大学名誉教授の文献について
　　―轍　福祉の道をあゆむを中心に―　　　　　柿本　　誠
竹内愛二師の文献について
　　―専門社会事業の社会学的考察と新実存主義の視点から―　梅木真寿郎
福祉国家と哲学―出発点としてのアリストテレス―　村上　　学
河野正輝の文献について　　　　　　　　　　　　佐伯　陽治
R.C.キャボット師の文献について　　　　　　　　真砂　照美
岸勇の文献について
　　―公的扶助ケースワーク論争から学ぶもの―　中野　伸彦
田中定・平野鎧・大関和の文献について　　　　　上坂　良子

○研究実践報告

介護等体験における人間理解―教師を志すあなたへ―	河内　昌彦
福祉教科教育法	硯川　眞旬
看護ケアと理論の活用の実際	竹村　節子

第 7 回（2004）滋賀大会 　　　　　　　　　　　　　　2004. 11.13-14

○大会テーマ・開催校

21 世紀における子どもの保健・福祉と図書文献　　　　滋賀文化短期大学

○基調講演

子ども家庭福祉の動向と課題　　　　　　　　　　　　　柏女　霊峰氏

○シンポジウム

図書文献　―子どもの福祉、今後の子どもの未来像―

嶋川　尚・梅沢　幸平・伊藤　琢美・横井　一之・幸重　忠孝

○研究発表

広井良典氏の文献について―日本の社会保障―	木下　泰子

柏女霊峰師の文献について

　　―子育て不安への対応に焦点を当てて―　　　　　　西内　香織

金井一薫先生の文献について―『KOMI理論』を中心に―　三上　直樹

L. マーゴリンの 'Under the Cover of the Kindness' について

　　―ソーシャルワーク実践家としてのマーゴリンをどう読むか―

真砂　照美

茂木俊彦の文献に関する考察―『障害は個性か』に焦点をあてて―

山口　利勝

クレア・アンガーソンの文献について―ジェンダーと家族介護―

粥川　早苗

桑原洋子教授の文献について	倉橋　弘

○研究実践報告

『国民福祉辞典』の紹介	坂本　雅俊

『ボランティアのすすめ―基礎から実践まで―（仮）』の取り組みについて

河内　昌彦

養老事業施設の形成と展開に関する研究	井村　圭壮
地域社会で支える精神障害者の就労訓練	立石　宏昭

第 8 回 (2005) 広島大会　　　　　　　　　　　　　　2005.11.12-13

○大会テーマ・開催校
　教育と福祉図書文献　　　　　　　　　　　　　　　　　広島国際大学
○基調講演
　寺子屋―そのテキストを福祉の視座で　　　　　　　　　奥戸　一郎氏
○記念講演
　中途失聴者と難聴者の世界　　　　　　　　　　　　　　山口　利勝氏
○研究発表
　岡村理論による社会関係における開発的機能について
　　　　―新しい社会福祉実践理論システム・モデルへのアプローチとの関連から―
　　　　　　　　　　　　　　　　　　　　　　　　　　　新川　泰弘
　親鸞聖人に関する文献―文献から福祉思想を探る―　　　伊藤　秀樹
　國分康孝先生の文献について　　　　　　　　　　　　　杉山　雅宏
　日野原重明師の文献についての一考察　　　　　　　　　水主千鶴子
　中園康夫の文献に関する研究
　　　　―『援助関係の基礎理論』について　　　　　　　井岡由美子
○研究実践報告
　養老院の社会統計学的評価　　　　　　　　　　　　　　井村　圭壯
　実践　障害児・者福祉
　　　　障害児・者に対する福祉臨床の現状と課題―(仮)　安田　誠人
　実践　障碍をもつ子どもの保育と福祉 (仮)　　　　　　吉弘　淳一
　社会福祉の課題と研究動向　　　　　　　　　　　　　　鍋田　耕作
　(仮) 情報のユニバーサルデザイン：誰もが参加できる情報社会へ
　　　　　　　　　　　　　　　　　　　　　　　　　　　尾場　　均
　社会福祉調査のすすめ―実践のための方法論　　　　　　立石　宏昭

第 9 回 (2006) 兵庫 (赤穂) 大会　　　　　　　　　　　2006.9.23-24

○大会テーマ・開催校
　専門職の資質と図書文献　　　　　　　　　　　　　　　関西福祉大学
○基調講演
　社会福祉の将来像
　　　～専門職にとって真に重要なことは何か～　　　　　三友　雅夫氏

○リレー講演

社会福祉の課題と研究動向

　―障害者福祉、スーパービジョン、社会福祉哲学・思想―

真砂　照美・吉弘　淳一・中野　伸彦

○研究発表

大林宗嗣師の文献について	梅木真寿郎
杉本一義師の文献について	中村　　剛
岡本千秋師の文献について	丸山　　晃
井上友一師の文献について	宗貞　秀紀
岡村重夫師の文献について	下薗　　誠
浅井春夫師の文献について	吉川　知巳

○研究実践報告

福祉への道標～教職のための社会福祉～	福本　幹雄
介護演習テキスト・指導マニュアルの作成	越智　久恵
ソーシャルワークの基礎理論～人間行動と社会システム～	井上　深幸

第 10 回（2007）高知大会　　　　　　　2007.9.29-30

○大会テーマ・開催校

人間の幸福と経済～福祉は格差社会にどう立ち向かうのか～

高知県立総合看護専門学校

○基調講演

人間の福祉と社会保障～アマルティア・センの福祉経済理論によせて～

田中きよむ氏

○リレー講演

社会福祉の課題と研究動向―更生保護、貧困と排除、社会福祉政策―

中川　るみ・片岡　靖子・柿本　誠

○研究発表

柏木恵子師の文献について	鍋田　耕作
柏木哲夫師の文献について	水主千鶴子
留岡幸助師の文献についての一考察	
～エコ・システムの視点から「家庭学校」を考える	福本　幹雄
鈴木裕子師の女性労働の文献研究	
～播州織「女工」の労働運動との比較検討～	岩本真佐子
下田歌子師の文献について～女子教育と職業観の一考察	上坂　良子

山室軍平師の文献について～救世軍からみる社会事業思想～　福田　隆幸
○研究実践報告
保育園・幼稚園実習必携　子どもへの関わり～声かけ事例集～

吉弘　淳一

地域福祉要件の分析と地域福祉論の創造　谷川　和昭

第11回 (2008) 長崎 (諫早) 大会　　　　　　2008.10.18-19

○大会テーマ・開催校
福祉の未来を拓く～変革の時代と図書文献～　　長崎ウエスレヤン大学
○基調講演
ディアコニーと図書文献
　　～ドイツ・キリスト教社会事業の歴史に学ぶ～　　山城　順氏
○シンポジウム
新カリキュラムと養成教育の将来展望
　　　　　　　潮谷　有二・中川　るみ・真砂　照美・中野　伸彦
○研究発表
福祉哲学としての「星の王子様」　中村　剛
高田理論における社会福祉内発的発展論に関する考察
　　～キリスト教社会福祉の価値と思想の視点より～　滝口　真
　　番ヶ瀬康子師の文献について
　　～一番ヶ瀬康子師の社会福祉教育思想を探る～　長野　弘行
守屋　茂師の文献
　　～主に仏教社会福祉思想への展開について～　新谷　明
○研究実践報告
援助を求めないクライエントへの対応
　　～虐待・DV・非行に走る人の心を開く～　安田　誠人
新版　児童福祉論　吉弘　淳一
専門職能となる援助の方法と理論体系　谷川　和昭

第12回 (2009) 京都 (伏見) 大会　　　　　　　2009.9.19

○大会テーマ・開催校
福祉教育機関の動向と教育の未来　　聖母女学院短期大学

○基調講演

介護福祉の課題と展望 奈倉　道隆氏

○フィルム・フォーラム

高齢社会における地域づくり～小地域を対象にした介護予防サロンの

取り組み～ 井上　深幸・谷川　和昭

○研究発表

苅谷剛彦にみる文献について

～播州織工場の集団就職との関連～ 岩本真佐子

賀川豊彦師の文献について

～キリスト教社会福祉からのセツルメント実践 梅木真寿郎

我が国の肢体不自由児施策と高木憲次の影響

～高木憲次氏の文献をてがかりに～ 森山　治

○研究実践報告

保育所・幼稚園等での遊戯事故に関して 倉橋　弘

ICFに基づく高齢者ケアプロセスの実践　　安藤　邑惠・小木曽加奈子

地域福祉論の目的と方法 谷川　和昭

第13回 (2010) 京都 (左京) 大会 　　　　　2010.9.25

○大会テーマ・開催校

福祉教育の在り方と福祉施設・機関等との協働と共同

京都ノートルダム女子大学

○基調講演

ケアの思想と対人援助 村田　久行氏

○フォーラム

韓国福祉・医療事業調査研究

三好　明夫・吉田　輝美・山本　克司・趙　　敏廷・権　　泫珠

○研究発表

ノーマリゼーション原理の具現化と福祉実践の課題

～中園康夫師の文献より 釜野　鉄平

援助の受け手から主体者への可能性～認知症の世界を生きる

太田正博氏とその支援者の姿より～ 仲田　勝美

武井麻子師の文献について～感情労働と介護労働の関連を探る～

吉田　輝美

人権理論の構築～芦部信喜先生の理論から 山本　克司

世界のインクルーシブ教育における糸賀一雄の位置づけ　　栗山　昭子
○**研究実践報告**
ソーシャルワークとしての相談援助の原動力
　　〜適性の発見と形成〜　　　　　　　　　　　　　　　　谷川　和昭
社会福祉専門職教育に平和の視点を！
　　〜原爆被害の継承を手がかりとした取り組み〜　　　　　黒岩　晴子
福祉における体系的人権理論の構築と人権学習　　　　　　　山本　克司

第 14 回 (2011) 岡山大会　　　　　　　　　　　　　　2011.9.24

○**大会テーマ・開催校**
3.11 後における新しい社会福祉の価値創造と転換
　　　　　　　　　　　　　　　　　　中国学園大学・中国短期大学
○**基調講演**
社会福祉学の構成と研究方向　　　　　　　　　　　　　　小田　兼三氏
○**シンポジウム**
震災における福祉情報の必要性と課題
　　　　　　　　　　松井　圭三・原田　康美・難波　利光・佐々木直樹
○**研究発表**
福祉分野における理論的人権論の構築〜向井久了先生の憲法理論から〜
　　　　　　　　　　　　　　　　　　　　　　　　　　　山本　克司
社会福祉実践と偏見との関係について〜忍博次師の文献より〜
　　　　　　　　　　　　　　　　　　　　　　　　　　　釜野　鉄平
Richard C. Cabot 博士 (1921) の『医師と社会事業』と大正期における
内務省衛生局の施策動向　　　　　　　　　　　　　　　　坪井　真
社会福祉における介護労働観〜春日キスヨ師の文献から〜　吉田　輝美
ジェネリック・ソーシャルワーク理論と実践の行方を
　　〜高森敬久師の文献より〜　　　　　　　　　　　　　三好　明夫
○**研究実践報告**
保育現場の保護者支援・子育て支援について
　　〜保育領域におけるソーシャルワーク実践の可能性〜　永野　典詞
子どもの豊かな育ちへのまなざし〜スクールソーシャルワーク
　　実践ガイド〜　　　　　　　　　　　　今井　七重・小木曽加奈子
社会福祉の法律について　　　　　　　　　　　　　　　　倉橋　弘

医療職と福祉職のためのリスクマネジメント
　　〜介護・医療サービスの向上を視野に入れて〜　　　　小木曽加奈子

第 15 回 (2012) 石川 (金沢) 大会　　　　　　　　　　2012.8.25

○大会テーマ・開催校
　社会福祉における新自由主義の影響と払拭　　　　　　　　金沢大学
○記念対談
　日韓両国における社会福祉の市場化・営利化の現状と問題
　　　　　　　　　　　　横山　壽一氏・崔　　太子氏・沈　　明淑氏
○研究発表
　ホセ・ヨンパルト師の文献について―人間の尊厳 (個人の尊厳) の意義―
　　　　　　　　　　　　　　　　　　　　　　　　　　山本　　克司
　イルビーイングからウェルビーイングへの着想を切り開く
　　―三友雅夫師の文献と若干のコメント―
　　　　　　　　　　　　谷川　和昭・井上　深幸・趙　　敏廷
○研究実践報告
　社会福祉の法律について (2)　　　　　　　　　　　　倉橋　　弘
　メンタルヘルス1次予防　―簡単自分発見講座―　　　　杉山　雅宏
　子ども・若者支援の現状と課題
　　―子ども・若者ビジョンの視点から―　　　　　　　永野　典詞
○自由文献報告
　相談援助実習を深める教材　〜ソーシャルワーク実習領域で活用する
　　ケース研究の紹介〜　　　　　　　　　　　　　　上原　正希
　大学全入時代における社会福祉教育のあり方　　　　　田中　康雄
　東日本大震災被災地支援活動報告
　　―宮城県南三陸町での支援活動の状況と今後の課題―　三好　明夫
　介護保障から考える営利化政策の問題点
　　―高齢者保健福祉施策の動向から―　　　　　　　　曽我　千春

第 16 回 (2013) 大阪大会　　　　　　　　　　　　　2013.8.25

○大会テーマ・開催校
　福祉の新たな役割と支援のあり方　　　　　大阪保健福祉専門学校

○基調講演
　刑務所からみた司法と福祉の課題
　　―イタリアとノルウェーから考える―　　　　　　　　　浜井　浩一氏
○特別発表
　司法と福祉委員会の活動内容報告　　五百木孝行氏・京都社会福祉士会
○研究発表
　岡本栄一師の文献について
　　―ボランタリズムの現代的諸相と近年の動向との関係―　釜野　鉄平
　ベヴァリッジ報告は日本にどのように導入されたのか
　　―戦後日本の最低生活保障の構想を中心に―　　　　　　冨家　貴子
　モンテッソーリ教育の文献より
　　―陽だまりでの遊びの研究―　　　　　　　　　　　　　保田　恵莉
　社会福祉主事の構想をめぐる対立と専門性
　　―黒木利克氏の文献分析を中心に―　　　　　　　　　　村田　隆史
　高齢者虐待の定義の考察
　　―山口光治師　高齢者虐待とソーシャルワークより―　　山本　克司
○研究実践報告
　教育における社会福祉的視点
　　―生徒指導におけるソーシャルワーク技法の活用―　　　永野　典詞
　カウンセラーが職場に根付くための実践
　　―『ほっと心標』―　　　　　　　　　　　　　　　　　杉山　雅宏
　アクション・リサーチによる介護福祉テキストの開発　　　谷川　和昭
　教育における社会福祉的視点　課題事例を活用した
　　ソーシャルワーク演習の教材開発と活用法　　　　　　　中野　伸彦
○自由文献報告
　介護職員のストレスと唾液アミラーゼ活性値　　　　　　　田中　康雄
　認知症を支える地域形成と連携を継続するための試み
　　―認知症理解に取り組んだ3年間の足跡―　　　　　　　下薗　　誠

第 17 回 (2014) 愛知 (岡崎) 大会　　　　　　　　　　2014.9.14

○大会テーマ・開催校
　福祉図書文献研究、その先へ　　　　　　　　　　　　　　岡崎女子大学

○基調講演
　文献レビューの意義と方法
　　―実践に役立つ介入アプローチ開発のために―　　　　副田あけみ氏
○研究発表
　社会保障研究の方法論に関する一考察
　　―社会運動の位置づけをめぐって―　　　　　　　　村田　　隆史
　日本国憲法25条の形成過程とその思想　　　　　　　　冨家　　貴子
　植田寿之師のスーパービジョン
　　―物語で学ぶ対人援助職場の人間関係、自己覚知から成長へ―
　　　　　　　　　　　　　　　　　　　　　　　　　三好　　明夫

○研究実践報告
　福祉と教育の接点　―特別支援学校に在籍する知的障害児に対する
　　指導法の充実を目指して―　　安田　誠人・吉弘　淳一・井村　圭壯
　保育者の保護者支援についての学び
　　―保育ソーシャルワークで学ぶ相談支援―　　　　　永野　　典詞
　「ゆりかごから墓場まで」の社会保障　　　　　　　　倉橋　　　弘
　職員が今よりも少し元気になる出会いを模索して　　　杉山　　雅宏
　教育における社会福祉的視点　相談援助演習教材の開発研究　　相澤　　讓治
○自由文献報告
　社会福祉政策研究を振り返って―福祉政治論を中心に―　松井　　圭三
　子ども家庭支援センター職員における職業性ストレスの要因と
　ストレス反応及び修飾要因との関連性　　　　　　　　田中　　康雄

第18回 (2015) 北海道大会　　　　　　　　　　　　2015.9.20

○大会テーマ・開催校
　社会福祉研究の可能性と方向性―文献研究と実践研究―　道都大学
○基調講演
　当事者研究の現代的意義と可能性―実践研究と文献研究―
　　　　　　　　　　　　　　　　　　　　　　　　　向谷地生良氏

○特別講演
　修復型司法と再犯防止のあらまし　　　　　　　　　中川　　るみ氏
○研究発表
　生活保護改善と社会運動の役割　　　　　　　　　　村田　　隆史

村田久行師の対人援助　援助者の援助
　　　一支持的スーパービジョンの理論と実際　　　　　　　三好　明夫
呉秀三と作業療法
　　　一明治期の精神科領域における作業療法の導入と展開一　幸　信歩
○研究実践報告
　傾聴による人間関係づくり　　　　　　　　　　　　　　杉山　雅宏
　「ゆりかごから墓場まで」の社会保障　2　　　　　　　倉橋　　弘
　軽度知的障害児に対する指導方法に関する一考察
　　　一クラス担任へのスーパービジョンの実施を通しての検討一
　　　　　　安田　誠人・吉弘　淳一・谷川　和昭・丸山あけみ・井村　圭壮
○自由文献報告
　「常勤換算方法」の研究　　　　　　　　　　　　　　　曽我　千春
　高齢者福祉施設職員の人権意識から考察する人権の法的研究の指針
　　　　　　　　　　　　　　　　　　　　　　　山本　克司・吉田　輝美

第 19 回 (2016) 千葉大会　　　　　　　　　　　　　2016.8.27

○大会テーマ・開催校
　時代の変化に対応した福祉教育　　　　　　　　　　　千葉商科大学
○基調講演
　時代の変化に対応した福祉教育
　　　　　　　　　　和田　義人氏・猪熊ひろか氏・勅使河原隆行氏
○特別発表
　復興支援活動報告（勅使河原隆行研究室）　　　　　勅使河原隆行氏
○特別講演
　刑余者等の社会復帰の多様性について　　　　　　　中川　るみ氏
○研究発表
　呉秀三と精神科一精神科作業に対する展望一　　　　　幸　　信歩
○研究実践報告
　高齢者の尊厳の保持と自立生活の支援
　　　一地域包括ケアシステムの構築　　　　　　　　　立石　宏昭
　地域包括ケアシステムにおける認知症施策推進の実践報告　吉田　輝美
○自由文献報告
　保育士養成教育における文章表現科目　　　　　　　　曽我　千春
　北海道におけるオレンジカフェの課題と可能性　　　　上原　正希

NIE教育実践報告—社会福祉教育を中心に—　　　　　　　松井　圭三

第20回 (2017) 長崎 (佐世保) 大会　　　　　　　　　　2017.9.2

○大会テーマ・開催校
　学究諸家、その「本質認識」との出会い　　　　　　　　長崎国際大学
○基調講演
　権利擁護の実現のための弁護士によるアウトリーチについて
　　　　　　　　　　　　　　　　　　　　　　　　　　伊藤　　岳氏
○論題指定発表
　竹中勝男師の文献について—キリスト教社会事業思想を中心に—
　　　　　　　　　　　　　　　　　　　　　　　　　梅木真寿郎氏
○特別講演
　高齢者及び精神障害のある者による犯罪について、近年の動向
　一再犯の防止等の推進に関する法律等—　　　　　　　中川　るみ氏
○研究発表
　社会保障の実現に向けた理論的・実践的課題に関する考察
　一関連文献の分析を通じて—　　　　　　　　　　　　村田　隆史
　社会福祉活動のまっとうな評価—マイケル・サンデル『それをお金で
　　買いますか』から始める福祉哲学—　　　　　　　　村上　　学
　中国都市部における地域ケアの概念規定に関する整理
　　一文献研究および現地調査の報告—　　　　　　　　梁　　卓慧
　中尾浩康氏の社会福祉運営管理
　　一誰も教えてくれない特養ホームの収益改善の鉄則集—　三好　明夫
　明治・大正期における呉秀三と加藤普佐次郎の作業治療の相違と発展
　　　　　　　　　　　　　　　　　　　　　　　　　　幸　　信歩

○研究実践報告
　知的障害のある子どもを持つ母親に対する相談事例から考える
　相談支援のあり方　　　　　　　　　　　　　　　　　安田　誠人
　養介護施設従事者を高齢者虐待から守るために　　　　吉田　輝美
○自由文献報告
　NIEにおける児童家庭福祉演習の出版事情　　　　　　松井　圭三
　ドラえもんの歌の示唆する人権体系
　　一わかりやすい人権教育を目指して—　　　　　　　山本　克司

第 21 回 (2018) 愛媛大会 　　　　　　　　　　　2018.9.8

○大会テーマ・開催校

　"生きる"を支える社会福祉のあり方 　　　　　　　聖カタリナ大学

○基調講演

　AI社会でも「利他的に生きる」を支えるために 　　　　早坂　三郎氏

○特別講演

　「釈放不安・出所不安」からストップ！再犯社会〜 　　中川　るみ氏

○研究発表

　社会福祉法についての一考察

　　　―荒木誠之師の文献をもとに― 　　　　　　　　　倉橋　　弘

　特別養護老人ホームにおける「看取り」ケア　―「看取り」ケアにおける

　　　クライエント・家族・対人援助職の葛藤― 　　　　山田　克宏

　中国における長期介護保険制度施行の現状と課題に関する考察

　　　―上海市の事例を通して― 　　　　　　　　　　梁　　卓慧

　小林堤樹による重症心身障害児への取り組み

　　　―慶應義塾大学医学部小児科教室からの影響― 　　森山　　治

○研究実践報告

　戦後日本の社会保障における基本原理の形成過程 　　村田　隆史

　知的障害のある子どもの保育に関わる福祉・教育の現状と課題

　　　放課後等デイサービスを中心として―

　　　　　安田　誠人・倉橋　弘・吉弘　淳一・丸山あけみ・井村　圭壯

○自由文献報告

　障害者就労支援における「利用者本人中心の支援」の課題と可能性

　　　　　　　　　　　　　　　　　　　　　　　　　近藤　益代

第 22 回 (2019) 熊本大会 　　　　　　　　　　　2019.9.7

○大会テーマ・開催校

　一人一人が承認される社会を目指して 　　　九州ルーテル学院大学

○記念講演

　"自分心"をいざなう文献と現場 　　　　　　　　　杉山　雅宏氏

○特別講演

　刑余者等の社会復帰の多様性について

　　　―検察庁アドバイザーから― 　　　　　　　　中川　るみ氏

◯研究発表

人生哲学に立脚した京極高宣師の文献について

　　　―『老いを考える』を拠り所として―　　　　　　　　谷川　和昭

日々野清師監修『わたしは盲導犬イエラ』から考える視覚障害者施策の今

　　　　　　　　　　　　　　　　　　　　　　　　　　　　森　千佐子

◯研究実践報告

保護者との相互理解と信頼関係の形成

　　　　　　吉弘　淳一・中　典子・小宅　理沙・上續　宏道・倉橋　弘

外国につながる子どもとその家庭への支援課題と展望

　　　　　　　　中　典子・小宅　理沙・安田　誠人・上續　宏道

保健医療サービスの文献について　　　　　　　　　　　坂本　雅俊

教育現場をよりよくするために　　　　　　　　　　　　杉山　雅宏

◯自由文献報告

社会復帰を目指している矯正施設で生活する成人男性受刑者の健康実態

　　　―健康問題からのケアニーズ抽出を目指して―　　　中谷こずえ

高齢者支え合いのコミュニティ形成への試み

　　　―オレンジカフェの発信より―　　　　　　　　　　上原　正希

第 23 回 (2020-21) 愛知 (名古屋) 大会　　　　　2021.9.11

◯大会テーマ・開催校

21 世紀の社会福祉学と文献研究　　　　　　　　　　愛知東邦大学

◯基調講演

社会福祉の現実世界と学問の臨界　　　　　　　　　丸岡　利則氏

◯特別講演

「各都道府県の再犯防止計画から」

　　　〜司法ソーシャルワークと家族支援〜　　　　中川　るみ氏

◯研究発表
◯研究実践報告
◯自由文献報告

　　　　　　　　　　　　　　　　　　　　　　　　（2021.2.26 現在）

Ⅲ. 全国大会のターニングポイント

1. 大会長のカラー

　全国大会総覧で日本福祉図書文献学会の開催地を確認すると、福岡県久留米市を皮切りに、和歌山、大分、滋賀、広島、兵庫（赤穂）、高知、長崎（諫早）、京都（伏見）、京都（左京）、岡山、石川（金沢）、大阪、愛知（岡崎）、北海道、千葉、長崎（佐世保）、愛媛、熊本、と続いている。同じ開催地・同じ開催校で繰り返しおこなったことはなく、主に役員等の持ち回りで年1回ずつ全国大会を開催していたことが分かる。

　第5回（2002）の和歌山、第10回（2007）の高知、第12回（2009）の京都で大会長を務めた方は女性であり、いずれの方も看護師で、社会福祉学というよりは看護学にバックボーンのある方々であった。このようにみると本学会は狭義の福祉にとどまらない射程を有していることが改めて感じられる。

　大会テーマも実に興味深い。その時々の大会長の想いが込められている。大会長の任にあたった方々のカラーが大会プログラムの全面に出ているように感じられる。たとえば、井上深幸会員の第12回では当該年度の介護福祉士・社会福祉士の新カリキュラム導入を踏まえて初のフィルム・フォーラムを開催、ドキュメント番組にテレビ出演した学生（卒業生）からのメッセージも会場内で共有された。

　松井圭三会員の第14回（2011）では、3.11後における新しい価値を求めて、震災における福祉情報のあり方や課題について研究されている方々をシンポジストに招き、福島の現状など被災対応について共有する時間が持てた。

　森山治会員の第15回（2012）では国際比較の観点から学会初の海外からの講師招聘ということで、韓国の先生お二人を招いて記念対談をおこなっている（ただし、第13回で日本の教育研究機関に勤める韓国出身の研究者2名に指定発言をいただいているので、あくまでも国外から招いたという点で最初という意味であることをお断りしておきたい）。韓国

から来日いただいたそのお二人とも日本社会事業大学大学院のご出身で日本語が流暢であった。懇親会の席で俎上に上がった学会支部を韓国に置く件は幻の企画になったが、新型コロナが収束した暁には韓国での学会開催も悪くないであろう。

仲田勝美会員の第17回（2014）では日本社会福祉系学会連合で当時会長を務められていた副田あけみ氏に基調講演をいただいた。この大会では大学院生を含む学会員以外の研究者が飛び入りで大勢参加して賑わった。

勅使河原隆行会員の第19回では当日のプログラムも大いに学びになったが、何より情報交換会での焼き肉パーティや学生スタッフの手際の良い対応が忘れられないという方も多いかもしれない。中川代表理事からの粋な高級食肉の提供が大会に花を添えた。

坂本雅俊会員の第20回では大会史上初のアーカイブ展示がなされ、終始和やかなムードで開催されていた。意外と知られていないが、留学生による発表もこれが初であった。

2. 大会開催の危機と克服

そんな全国大会であるが、幾度となく運営あるいは不開催の危機に見舞われてきたことも事実である。最も古くは第4回であった。あまりに想定していた以上の参加者数があり、配布資料が足りなくなってしまうという事態が生じた。追加印刷でも足りないほどであった。最近では第21回の大雨暴風警報という自然の猛威もあった。開催前夜、某居酒屋の屋根が破れて土砂降りに見舞われるという一幕も…。こうしたことは別としても、実際問題として、とりわけ第11回大会から大会そのものの運営・開催は難儀し、第12回、第13回と3年連続で綱渡りであったことをここで指摘しておきたい。

伏線は第10回高知大会である。前代表理事ご都合により大会への欠席・不在となり、急遽、現代表理事である中川るみ会員に代行を依頼し、

ピンチヒッターを務めていただいた。また、事務局長も交代後初めての役員会、通常総会ということでどうにか切り盛りするのがやっとであった。毎年大会が終わる度に次年度以降のことを考えただけで、ブルーにならざるを得なかった。しかし、そんなことよりも、この第10回では大会当日、大会事務局と学会事務局とで共同で依頼していたリレー講演の講師のお一人が事情で会場に来られなくなり、中川会員が神的対応で特別に講演をしてくださったことを明記しておきたい。なお、中川会員の特別講演はその後、第18・19・20・21・22回と5年以上連続で続いている。

　第11回は中野伸彦会員がお引き受けくださった。しかしである。基調講演、シンポジウム、研究発表、研究実践報告、どれも座長（司会進行）が未決定のまま当日を迎えてしまった。そこは基調講演とシンポジウムについては中野会員がうまく立ち回りされ、研究発表と研究実践報告についてはその場で出席役員に依頼をしてしまうという裏技が冴えた。実はこの第11回までが期間2日間開催での全国大会であった。その後、開催担当のなり手の確保を視野に1日開催もよしとする決定が役員会で承認されるも、当時としてはそれも限界でなかなか目処が立たなかった。

　第12回は事務局のネットワークを駆使してなんとか開催できたものの、第13回はとうとうお先真っ暗の状態になってしまった。そんなとき現れた救世主が現学会誌編集委員長の三好明夫会員である。他学会でお会いしたとき、「実はこういう学会の事務局をやっています。しかし来年、開催できないかもしれません」と小生がため息交じりに話したところ、まだ学会にもご入会されていない三好会員が「よければ自分がやりますよ」と……キセキの展開が待っていたのである。このご恩情には今も感謝している。三好会員からの紹介もあって、全国大会のご担当を引き受けてくださったり、大会そのものにご参加いただけた方も多い。

　こうした苦難を乗り越えたからというわけではなかろうが、全国大会の基調講演講師を務めてくださった先生方が本学会に入会されたケースも生じた。第14回の小田兼三氏と第15回の横山壽一氏である。

3. 大会の方法について

　全国大会で途絶えることなく毎年おこなってきているのは「研究発表」と「研究実践報告」である。この２つは大会の要といえる。しかし、発表エントリーの減少が懸念され、2012 年度の第 15 回金沢大会からは「自由文献報告」という新たな発表区分が設けられている。文献という概念を、報告書や DVD、冊子、教材など拡大解釈することで間口が広がった。

　また、そもそも第 8 回広島大会までは、「研究発表」「研究実践報告」の演者は理事会からの指名制であった。理事会・執行部会議で発表候補を選定し、依頼をしてきた経緯がある。とはいえ、それでは本学会に興味関心を抱き発表をしたい方が発表できないということになる。それ故、第 9 回兵庫（赤穂）大会から指名制ではなく試行的に募集制も取り入れることにしたのである。

　基調講演やシンポジウムは毎年必ず行われているものではない。基調講演はほとんど毎年行っているが第 5 回と第 22 回では執り行っていない。それぞれ基調講演の代わりに記念講演とした。とりわけ記憶に新しい第 22 回では、大会事務局と学会事務局が事前協議し、学会賞を受賞された杉山雅宏会員のお話を参加者でじっくり傾聴したいという趣旨で、十分な時間の確保をおこなった。

　2020 年度に開催を予定していた愛知東邦大学での第 23 回は、新型コロナ騒動の余波を受けて延期となっている。すでに開催日をホームページ上で公表していただけに痛恨の出来事でもあった。開催は 2021 年 9 月 11 日に延期されているが、学会初の Web 開催になるのは間違いのないところである。前年度よりご準備いただいている西尾敦史会員、そして基調講演予定者である丸岡利則氏には大変申し訳なく思う。丸岡氏の講演テーマは「社会福祉の現実世界と学問の臨界」が予定されているが、本来であれば会場にて直に拝聴したいものである。

　以上であるが、ここで、敬称を略すが、歴代の大会長の氏名を挙げておきたい。

岡村弘、竹村節子、宮本吉次郎、吉弘淳一、河内昌彦、赤木正典、西岡美作子、中野伸彦、井上深幸、三好明夫、松井圭三、森山治、中川るみ、仲田勝美、上原正希、勅使河原隆行、坂本雅俊、釜野鉄平、永野典詞の各氏に敬意を表し感謝を申し述べる。

Ⅳ. 演題・演者の分析とコメント

1. 演題数の推移

第4回から第22回までの過去19回にわたる全国大会の演題数（発表

演題数の推移

	研究発表	研究実践報告	自由文献報告
第 4 回（2001）	4	3	—
第 5 回（2002）	6	3	—
第 6 回（2003）	11	3	—
第 7 回（2004）	7	4	—
第 8 回（2005）	5	6	—
第 9 回（2006）	6	3	—
第 10 回（2007）	6	2	—
第 11 回（2008）	4	3	—
第 12 回（2009）	3	3	—
第 13 回（2010）	5	3	—
第 14 回（2011）	5	4	—
第 15 回（2012）	5	3	4
第 16 回（2013）	3	4	2
第 17 回（2014）	3	5	2
第 18 回（2015）	1	3	2
第 19 回（2016）	5	2	3
第 20 回（2017）	5	2	2
第 21 回（2018）	4	2	1
第 22 回（2019）	2	4	2
合　計	90	62	18
平　均	4.7	3.3	2.3

件数）をカウントすると、研究発表 88 題、研究実践報告 62 題、自由文献報告 18 題であった。平均すると、それぞれ 4.7、3.3、2.3 であった。前節でも述べたとおり、第 11 回までは二日間の日程での開催で、第 12 回以降は一日開催の日程となっている。また、自由文献報告は大会用のカンフル剤として第 15 回から適用している。このような前提はあるものの、最も演題数が多かったのは第 6 回大分大会の 14 演題、次いで第 15 回金沢大会の 12 演題となっていた。第 7 回、第 8 回の滋賀・広島の両大会がそれぞれ 11 演題、第 17 回愛知（岡崎）大会、第 19 回大阪大会もそれぞれ 10 演題を数え二桁に上っていた。

　なお、ここに確認しておくこととするが、「研究発表」「研究実践報告」「自由文献報告」は次のように概念規定されている。

A　研究発表

　福祉関連の領域で影響力のあった著名な先達諸氏の文献や著作をとりあげ、その解題を分析や分析を通して、著作が果たした歴史的意義や今日的課題などに光を当てていきます。

B　研究実践報告

　学会員が出版した、あるいは出版を予定している著書を、ご自分の「研究実践報告」という形で公表していただきます。

C　自由文献報告

　専門職教育・研修等の実践、社会的活動についての学会員自身による記録等※を、ご自分の「自由文献報告」という形で報告していただきます。

※「記録等」には、調査報告書、マニュアル、文集、会報、新聞、だより、記念誌、DVD、CD、授業や研修での教材等を含みます。

　このなかで、AとBの概念規定は第 11 回の際、中野伸彦会員が大会要旨集の中で整理されたものである。Cの概念規定は第 15 回にあたり、

事務局で追加させていただいて今日に至っている。

2. 研究発表にみる先達

研究発表で演者が研究対象にとりあげた先達は76名に上る。以下、敬称を略すが、発表順で記しておく。

①孝橋正一、②嶋田啓一郎、③仲村優一師、④小川政亮、⑤阿部志郎、⑥ナイチンゲール、⑦リッチモンド、⑧浅賀ふさ、⑨糸賀一雄、⑩北里柴三郎、⑪大関和、⑫小川利夫、⑬薄井坦子、⑭橋本正巳、⑮アナセン、⑯浦辺史、⑰竹内愛二、⑱アリストテレス、⑲河野正輝、⑳キャボット、㉑岸勇、㉒田中定、㉓平野鎧、㉔広井良典、㉕柏女霊峰、㉖金井一薫、㉗マーゴリン、㉘茂木俊彦、㉙アンガーソン、㉚桑原洋子、㉛岡村重夫、㉜親鸞聖人、㉝國分康孝、㉞日野原重明、㉟中園康夫、㊱大林宗嗣、㊲杉本一義、㊳岡本千秋、㊴井上友一、㊵浅井春夫、㊶柏木恵子、㊷柏木哲夫、㊸留岡幸助、㊹鈴木裕子、㊺山室軍平、㊻サン＝テグジュペリ、㊼高田真治、㊽一番ヶ瀬康子、㊾守屋茂、㊿苅谷剛彦、(51)賀川豊彦、(52)高木憲次、(53)太田正博、(54)武井麻子、(55)芦部信喜、(56)向井久了、(57)忍博次、(58)春日キスヨ、(59)高森敬久、(60)ホセ・ヨンパルト、(61)三友雅夫、(62)岡本栄一、(63)ベヴァリッジ、(64)モンテッソーリ、(65)黒木利克、(66)山口光治、(67)植田寿之、(68)村田久行、(69)呉秀三、(70)マイケル・サンデル、(71)中尾浩康、(72)加藤普佐次郎、(73)荒木誠之、(74)小林堤樹、(75)京極高宣、(76)日々野清。

このように、一度登場している先達がある一方で、⑤阿部志郎、⑧浅賀ふさ、⑪大関和、㉛岡村重夫、(69)呉秀三など複数回、光を当てられた先達もいる。先達のなかで最も影響力が高い人物として岡村重夫、阿部志郎が挙げられるかもしれない。とくに岡村山脈は大きく、全国大会の広告を福祉新聞で掲載いただいた際には、日本社会福祉学会・日本地域福祉学会の両名誉会員である右田紀久恵氏からも学会事務局に問い合わせの電話連絡が入ったほどである。そして、第9回全国大会が開催された関西福祉大学には右田氏はじめ大阪方面から多くの非学会員が参加し、

熱を帯びた。それは彗星の長い尾を引いているかのように大会番外編として ホテルに場所を移しての情報交換会でも冷めることはなかった。

　いずれにせよ、影響力のあった先達はこのほかにも大勢おり、ここに挙げられていない先達の著作については機関誌で取り上げられている場合もある。古今東西の先達諸氏の著作から、温故知新として私たちが学び得ることは多い。筆者自身も、最近になってだが（この全国大会では一番最初に発表テーマとなった）孝橋正一が、「ソーシャルワーカーの愛」について論じていることを知り、深く感動を覚えたところでもある。

3. 演者の登場回数

　全国大会に参加すると、馴染みの顔が増えてくる。演者として発表する・しないにかかわらず、年に1回であったり、何年かぶりでの邂逅というものがある。初回から最近の全国大会まで、すべての大会に参加した学会員は残念ながら皆無と思うが、20年という歴史の中で多くの関与をされてこられた方々がいるのもまた事実である。

　そこで、この学会で最も大会に登場した演者を調べてみると、5回以上登場された学会員が9名いることが分かった。単純に登場回数を集計すれば、倉橋弘会員と谷川和昭会員がそれぞれ9回、吉弘淳一会員が8回、安田誠人会員と山本克司会員がそれぞれ7回、杉山雅弘会員が6回、三好明夫会員と村田隆史会員、吉田輝美会員の3名が5回ずつとなっていた。また、「研究発表」に限定してみた場合では、山本克司会員、三好明夫会員、村田隆史会員の3名が4回ずつであった。ここに挙がっている演者を見ると、役員だけで名を連ねているというわけではないことが確認された。

　ちなみに、登場回数の多かった会員について、その演題をリスト化してみた。このリストには演題の種類や演題名だけでなく、単独／共同の区分も入れた。ここから各会員の関心事がどこにあったのか、うかがえると言える。

倉橋　弘会員の演題

大　会	種　類	演　題　名	単独／共同
第 7 回	研究発表	桑原洋子教授の文献について	単独
第 21 回	研究発表	社会福祉法についての一考察 ―荒木誠之師の文献をもとに―	単独
第 12 回	研究発表	保育所・幼稚園等での遊戯事故に関して	単独
第 14 回	研究実践報告	社会福祉の法律について	単独
第 15 回	研究実践報告	社会福祉の法律について（2）	単独
第 17 回	研究実践報告	「ゆりかごから墓場まで」の社会保障	単独
第 18 回	研究実践報告	「ゆりかごから墓場まで」の社会保障2	単独
第 21 回	研究実践報告	知的障害のある子どもの保育に関わる福祉・教育の 現状と課題―放課後等デイサービスを中心として―	共同
第 22 回	研究実践報告	保護者との相互理解と信頼関係の形成	共同

　倉橋会員は、桑原洋子師や荒木誠之師の著作を対象に研究発表されている。また、社会福祉に関する法律、社会保障について主に実践報告されている。単著『社会福祉法概説』（晃洋書房、2011 年）を公刊するなど精力的である。

谷川　和昭会員の演題

大　会	種　類	演　題　名	単独／共同
第 4 回	研究発表	仲村優一師の文献について ―『ケースワーク（第 2 版）』の解題と考察―	単独
第 15 回	研究発表	イルビーイングからウェルビーイングへの着想を 切り開く―三友雅夫師の文献と若干のコメント―	共同
第 22 回	研究発表	人生哲学に立脚した京極高宣師の文献について ―『老いを考える』を拠り所として―	単独
第 10 回	研究実践報告	地域福祉要件の分析と地域福祉論の創造	単独
第 11 回	研究実践報告	専門職能となる援助の方法と理論体系	単独
第 12 回	研究実践報告	地域福祉論の目的と方法	単独
第 13 回	研究実践報告	ソーシャルワークとしての相談援助の原動力 〜適性の発見と形成〜	単独

大　会	種　類	演　題　名	単独／共同
第 16 回	研究実践報告	アクション・リサーチによる介護福祉テキストの開発	単独
第 18 回	研究実践報告	軽度知的障害児に対する指導方法に関する一考察 ークラス担任へのスーパービジョンの実施を通しての検討ー	共同

　谷川会員は、仲村優一師、三友雅夫師、京極高宣師の著作を対象に研究発表している。研究実践報告として、地域福祉、ソーシャルワークといったテーマを取り上げている。井村圭壮会員との共編で『地域福祉分析論』(学文社、2005) などを公刊している。

吉弘　淳一会員の演題

大　会	種　類	演　題　名	単独／共同
第 5 回	研究発表	糸賀一雄の文献について	単独
第 8 回	研究実践報告	実践障碍をもつ子どもの保育と福祉（仮）	単独
第 10 回	研究実践報告	保育園・幼稚園実習必携　子どもへの関わり 〜声かけ事例集〜	単独
第 11 回	研究実践報告	新版　児童福祉論	単独
第 17 回	研究実践報告	福祉と教育の接点ー特別支援学校に在籍する知的障害児に対する指導	共同
第 18 回	研究実践報告	軽度知的障害児に対する指導方法に関する一考察 ークラス担任へのスーパービジョンの実施を通しての検討ー	共同
第 21 回	研究実践報告	知的障害のある子どもの保育に関わる福祉・教育の現状と課題ー放課後等デイサービスを中心としてー	共同
第 22 回	研究実践報告	保護者との相互理解と信頼関係の形成	共同

　吉弘会員は、糸賀一雄師の著作について研究発表している。研究実践報告として、子ども家庭領域に関するものが多く、スーパービジョンについて造詣が深い。筆頭編者として『事例で学ぶスーパービジョン』(建帛社、2015 年) を公刊している。

安田　誠人会員の演題

大　会	種　類	演　題　名	単独／共同
第 8 回	研究実践報告	実践障害児・者福祉―障害児・者に対する福祉臨床の現状と課題―（仮）	単独
第 11 回	研究実践報告	援助を求めないクライエントへの対応 ～虐待・DV・非行に走る人の心を開く～	単独
第 17 回	研究実践報告	福祉と教育の接点―特別支援学校に在籍する知的障害児に対する指導法の充実を目指して―	共同
第 18 回	研究実践報告	軽度知的障害児に対する指導方法に関する一考察―クラス担任へのスーパービジョンの実施を通しての検討―	共同
第 20 回	研究実践報告	知的障害のある子どもを持つ母親に対する相談事例から考える相談支援のあり方	単独
第 21 回	研究実践報告	知的障害のある子どもの保育に関わる福祉・教育の現状と課題―放課後等デイサービスを中心として―	共同
第 22 回	研究実践報告	外国につながる子どもとその家庭への支援課題と展望	共同

　安田会員は、厚生労働省（前厚生省）の元技官というお立場から、ほぼ一環して障害児教育・福祉に関する臨床研究をおこなっている。代表的な共編著としては『福祉と教育の接点』（晃洋書房、2014 年）を公刊している。

山本　克司会員の演題

大　会	種　類	演　題　名	単独／共同
第 13 回	研究発表	人権理論の構築～芦部信喜先生の理論から	単独
第 14 回	研究発表	福祉分野における理論的人権論の構築 ～向井久了先生の憲法理論から～	単独
第 15 回	研究発表	ホセ・ヨンパルト師の文献について ―人間の尊厳（個人の尊厳）の意義―	単独
第 16 回	研究発表	高齢者虐待の定義の考察 ―山口光治師高齢者虐待とソーシャルワークより―	単独
第 13 回	研究実践報告	福祉における体系的人権理論の構築と人権学習	単独

大　会	種　類	演　題　名	単独／共同
第 18 回	自由文献報告	高齢者福祉施設職員の人権意識から考察する人権の法的研究の指針	共同
第 20 回	自由文献報告	ドラえもんの歌の示唆する人権体系 ―わかりやすい人権教育を目指して―	単独

　山本会員は、人権を基軸として研究されている。一般社団法人日本人間関係学会理事長を歴任し、現在、一般社団法人日本ヒューマンリレーション研究学会理事長としても活躍されている。主著に『福祉に携わる人のための人権読本』（法律文化社、2009 年）がある。

杉山　雅宏会員の演題

大　会	種　類	演　題　名	単独／共同
第 8 回	研究発表	國分康孝先生の文献について	単独
第 15 回	研究実践報告	メンタルヘルス１次予防　―簡単自分発見講座―	単独
第 16 回	研究実践報告	カウンセラーが職場に根付くための実践 ―『ほっと心標』―	単独
第 17 回	研究実践報告	職員が今よりも少し元気になる出会いを模索して	単独
第 18 回	研究実践報告	傾聴による人間関係づくり	単独
第 22 回	研究実践報告	教育現場をよりよくするために	単独

　杉山会員は、心理的支援に関する実践的研究を主に行っているが、コミュニケーション能力開発やカウンセリング・スキルにも関心を寄せている。〈自分心 BOOKS〉シリーズとして『ほっと心標』（東京六法出版、2013 年）など多くの著書を公刊している。

三好　明夫会員の演題

大　会	種　類	演　題　名	単独／共同
第 14 回	研究発表	ジェネリック・ソーシャルワーク理論と実践の行方を～高森敬久師の文献より～	単独
第 17 回	研究発表	植田寿之師のスーパービジョン―物語で学ぶ対人援助職場の人間関係、自己覚知から成長へ―	単独

大 会	種 類	演 題 名	単独／共同
第 18 回	研究発表	村田久行師の対人援助　援助者の援助—支持的スーパービジョンの理論と実際	単独
第 20 回	研究発表	中尾浩康氏の社会福祉運営管理—誰も教えてくれない特養ホームの収益改善の鉄則集—	単独
第 15 回	自由文献報告	東日本大震災被災地支援活動報告—宮城県南三陸町での支援活動の状況と今後の課題—	単独

　三好会員は、特定非営利活動法人とらい・あんぐる理事長の顔をもち、現場目線を大事にされている。単著として『老人ホーム介護人だからできること』（リヨン社、1994 年）から続く 3 部作目の『こんな介護人になりたいあなたへ』（リヨン社、2001 年）は今年、刊行 20 周年を迎えている。また編著に『介護福祉学—介護福祉士の専門性と独自性の探究』（学文社、2006 年）を公刊している。

村田　隆史会員の演題

大 会	種 類	演 題 名	単独／共同
第 16 回	研究発表	社会福祉主事の構想をめぐる対立と専門性—黒木利克氏の文献分析を中心に—	単独
第 17 回	研究発表	社会保障研究の方法論に関する一考察—社会運動の位置づけをめぐって—	単独
第 18 回	研究発表	生活保護改善と社会運動の役割	単独
第 20 回	研究発表	社会保障の実現に向けた理論的・実践的課題に関する考察—関連文献の分析を通じて—	単独
第 21 回	研究実践報告	戦後日本の社会保障における基本原理の形成過程	単独

　村田会員は、新進気鋭の若手研究者であるが、社会福祉・社会保障研究者のホープといえる。研究面だけでなく教育面でも、複数回の受賞歴を有しており定評がある。単著として『生活保護法成立過程の研究』（自治体研究社、2018 年）がある。

大　会	種　類	演　題　名	単独／共同
第 13 回	研究発表	武井麻子師の文献について 〜感情労働と介護労働の関連を探る	単独
第 14 回	研究発表	社会福祉における介護労働観 〜春日キスヨ師の文献から〜	単独
第 19 回	研究実践報告	地域包括ケアシステムにおける認知症施策推進の 実践報告	単独
第 20 回	研究実践報告	養介護施設従事者を高齢者虐待から守るために	単独
第 18 回	自由文献報告	高齢者福祉施設職員の人権意識から考察する人権 の法的研究の指針	共同

　吉田会員は、高齢者福祉分野の感情労働に関する研究をおこなっている。単著として『感情労働としての介護労働—介護サービス従事者の感情コントロール技術と精神的支援の方法—』（旬報社、2014 年）、編著として『地域で支える認知症—事例に学ぶ地域連携サポート—』（ぎょうせい、2016 年）がある。

　以上のように、登壇 5 回以上の演者について紹介コメントをおこなったが、回数が少ないからといって価値が低いであるとか、逆に多いからといって価値が高いとか、そうした意味において掲げたのではなく、発表者として、いかほど登場されたのか客観的な事実として受け止めておければという趣旨であるのでご理解願いたい。
　一方、学会の代表理事、そして事務局長もその立場からすれば、全国大会に参加することはほぼ間違いなく義務づけられていると言ってよい。また、役員も、前日や当日に役員会が開催される関係から大会参加へのインセンティブは一般の学会員よりも高い傾向がある。しかし、そのような前提があるものの、リストを作成し、見える化することにより、それなりに意義が見出せたのではないかと考えられる。

Ⅴ. おわりに

　20 年間のこれまでの学会大会を整理分析し、若干のコメントをしてきた。その役目を果たし得たかどうかは読者の判断に委ねるほかはない。しかしながら、今改めて、実感する。過去の全国大会総覧からは、どれほど多くの関係者にお世話になったことか。また、全国大会は学会として変容を迫られながらも、しなやかさを失わずにこれたのではないか。さらに、本章の題目である「全国大会演者が織りなす文献学会―異能異才集団としての多様性―」は、演題・演者についての分析（にとどまらず）、総括的にも改めて確認できたのではないか。

　今後も、異能異才の学会員が集い、福祉図書文献の解題・考察・開発等を通じて、人類福祉への寄与という目的を目指して遂行される全国大会であることを願うものである。

　最後に、これまでの全国大会の歴史において、座長、コーディネーター、指定発言者といった役割を務めてくださった方々のお名前を挙げさせていただく。

　敬称を略すが、竹村節子、阿部芳江、杣山貴要惠、中野伸彦、高市興一、谷川和昭、小嶋章吾、河内昌彦、宮本吉次郎、森下妙子、上野範子、久手堅憲一、坂本雅俊、上坂良子、福本幹雄、水主千鶴子、安田誠人、嶋川尚、村上学、平松正臣、丸岡利則、西内章、岩間文雄、井村圭壯、宗貞秀紀、西内香織、佐伯陽治、中村剛、三好明夫、眞砂照美、松井圭三、森山治、井上深幸、吉弘淳一、曽我千春、仲田勝美、梅木真寿郎、釜野鉄平、山本克司、西尾敦史、上原正希、勅使河原隆行、脇野幸太郎、山中康平、以上の方々に改めて御礼と感謝を申し上げる。

第4章　学会員の図書出版活動

坂本　雅俊（長崎国際大学）

Ⅰ. 実践図書報告

　学会員の出版活動の振興は、規約（事業）「第4条1　全国大会の開催、及び、第4条5研究紀要等の刊行物の発行」として、図書出版の活動を推奨している。

　全国大会の発表内容として会員の近著を紹介し、また、研究紀要（第1号～第7号）、福祉図書文献研究（第8号～）の紙面上で出版活動として掲載している。

　学会員の近著紹介は、2006年研究紀要から掲載が始まった。貴重な図書文献を収集し、先輩たちの膨大な社会福祉研究の著作物を語り合う学会であることから、学会員同士の著作を紹介するようになったのは自然の流れであった。

Ⅱ. 学会員の著作一覧と発表テーマ

1. 立石宏昭『社会福祉調査のすすめ―実践のための方法論―』ミネルヴァ書房 188頁 A5判、2005年2/1初版、単著（研究紀要第5号 2006年9月掲載）
2. 中野伸彦『福祉の輪郭と思想―退陣援助のパースペクティブ―』創言者 262頁 A5班 20001年3/21第1版、単著（研究紀要第5号 2006年9月掲載）
3. 坂本雅俊『国民福祉辞典』金芳堂、484頁、B6版、2003年12/1初版、共著（研究紀要第6号 2007年8月掲載）
4. 谷川和昭『地域福祉の概念分析―地域福祉の体系化と概念構成に関する研究』地域福祉推進研究会、108頁、B5版、2006年3月（本著

は関西福祉大学地域社会福祉政策研究所の平成 17 年度プロジェクト研究助成を受けての研究報告書として発刊）共著（研究紀要第 7号 2008 年 9 月掲載）

5. 谷川和昭『社会福祉援助の基本体系』勁草書房、190 頁、A5 版、2007 年 3 月初版、共著（研究紀要第 8 号 2009 年 9 月掲載）

6. 安藤邑惠、小木曽加奈子『ICF の視点に基づく高齢者ケアプロセス』学文社、168 頁、B5 版、2009 年 3 月初版、共著、（福祉図書文献研究第 9 号 2010 年 11 月掲載）

7. 山本克司『福祉に携わる人のための人権読本』法律文化社、172 頁、A5 版、2009 年 4 月初版、単著（福祉図書文献研究第 10 号 2011 年11 月掲載）

8. 秋山博介、谷川和昭、柳澤孝主（編著）『相談援助演習―ソーシャルワーク演習』弘文堂、B5 版、2008 年 11 月初版、共著、（福祉図書文献研究第 11 号、2012 年 11 月掲載）

9. 石原多佳子、今井七重、今井一、遠藤祥子、奥村太志、乙村優、小木曽加奈子、佐藤八千子、玉置真理子、ダーリンブル規子、徳広圭子、中島珠美、林崇子、桶下田邦子、松野ゆかり、丸山綾、三浦真理子、宮嶋淳、山田三裕、山田小夜子、山中恵美子、鷲見栄子、『子どもの豊かな育ちへのまなざし―スクールソーシャルワーク実践ガイド―』久美株式会社、238 頁、A4 版、2010 年 3 月初版、（福祉図書文献研究第 11 号、2012 年 11 月掲載）

10. 小木曽加奈子『医療職と福祉職のためのリスクマネジメントの実践―介護・医療サービスの向上を視野に入れて―』学文社、199 頁、B5 版、2010 年 4 月初版、単著（福祉図書文献研究第 11 号、2012年 11 月掲載）

11. 上原正希『実習で活用するケース研究の書式』医療・高齢者領域教材。（福祉図書文献研究第 12 号 2013 年 11 月掲載）

12. 佐藤八千子、小木曽加奈子監修『認知症がある人をケアする

—BPSD による生活場所の困難さ—』学文社、246 頁、B5 版、2012 年 10 月初版、共著、(福祉図書文献研究第 12 号 2013 年 11 月掲載)

13. 杉山雅宏『自分心を鍛えよう—華南単自分発見講座—』東京六法出版、178 頁、2010 年 10 月初版、楡木満生監修、(福祉図書文献研究第 12 号 2013 年 11 月掲載)

14. 松井圭三、今井慶宗『21 世紀の介護保険政策集—政党を中心に—』大学教育出版

15. 杉山雅宏『ほっと心評』悠々舎　東京六法出版、208 頁、A5 版、2013 年 4 月第 1 版、(福祉図書文献研究第 13 号 2014 年 11 月掲載)

16. 相澤譲治、植戸貴子(編集代表)、大和三重、津田耕一、明路咲子(編集委員)『ソーシャルワーク演習ワークブック(第 2 版)』みらい刊、(福祉図書文献研究第 14 号、2015 年 11 月掲載)

17. 杉山雅宏『こころ WIN WIN チェック』東京六法出版、157 頁 A5 版、2013 年 9 月初版、(福祉図書文献研究第 14 号、2015 年 11 月掲載)

18. 倉橋　弘『NEXT 教科書シリーズ『社会保障』』弘文堂、256 頁、B5 版、2014 年 2 月初版、共著(神尾真知子、古橋エツ子編著)、(福祉図書文献研究第 14 号 2015 年 11 月掲載)

19. 安田誠人、吉弘淳一、井村圭壯『福祉と教育の接点』晃洋書房、181 頁、2014 年 4 月初刊、共著(福祉図書文献研究第 14 号 2015 年 11 月掲載)

20. 谷川和昭、目黒輝美、趙敏廷『現場に根差した介護と福祉—アクション・リサーチからの発信—』大学教育出版、2013 年、共著(目黒輝美、谷川和昭、小沼經子、石川立見子監修)(福祉図書文献研究第 14 号 2015 年 11 月掲載)

21. 倉橋弘『NEXT 教科書シリーズ『社会保障』』弘文堂、256 頁、B5 版、2014 年 2 月初版、共著(神尾真知子、古橋エツ子編著)、(福祉図書文献研究第 15 号 2016 年 11 月掲載)

22. 安田誠人『事例で学ぶスーパービジョン—対人援助の基礎知識・

技術を通して―』建帛社、168頁、2015年3月初刊、共著（吉弘淳一、横井一之編著）、（福祉図書文献研究第 15 号 2016 年 11 月掲載）

23. 井村圭壯『社会事業施設団体の形成史―戦前期の県社会課の『社会事業概要』を基盤として―』学文社、228頁、2015 年 10/15 発刊、単著、（福祉図書た文献研究第 15 号 2016 年 11 月掲載）

24. 宮嶋　淳『地方都市「消滅」を乗り越える！ 岐阜県山県市からの提言』中央法規出版、254 頁、B5 版、2016 年 2 月、共著（丹波英之監修）、（福祉図書文献研究第 15 号 2016 年 11 月掲載）

25. 小木曽加奈子『高齢者ケアの質を高める ICF を活かしたケアプロセス』学文社、218 頁、B5 版、2015 年 2 月第 1 版、共著、（福祉図書文献研究第 15 号 2016 年 11 月掲載）

26. 杉山雅宏『生きる自分心鏡』東京六法出版、157 頁、A5 版、2014 年 9 月第 1 版、単著、（福祉図書文献研究第 15 号 2016 年 11 月掲載）

27. 相澤讓治、井村圭壯『現代の障がい児保育』学文社、138 頁、A5 版、2016 年 1 月初版、共著、（福祉図書文献研究第 16 号 2017 年 12 月掲載）

28. 今井慶宗、井村圭壯『現代の保育と家庭支援論』学文社、152 頁、2015 年 9 月発刊、共著、（福祉図書文献研究第 16 号 2017 年 12 月掲載）

29. 釜野鉄平、井村圭壯『社会福祉の制度と課題』学文社、172 頁、A5版、2015 年 1 月発刊、共著、（福祉図書文献研究第 16 号 2017 年 12 月掲載）

30. 立石宏昭『実践のすすめシリーズ『地域包括ケアシステムのすすめ』―これからの保健・医療・福祉』ミネルヴァ書房、280 頁、A5版、2016 年 4/15 初版、共著、（福祉図書文献研究第 16 号 2017 年 12 月掲載）

31. 平澤泰子、小木曽加奈子『介護職のための医療的ケアの知識と技術―ポートフォリオを活用してみずからの成長を育む―』学文社、

149 頁、B5 版、2016 年 8 月第 1 版、共著、(福祉図書文献研究第 16 号 2017 年 12 月掲載)

32. 松井圭三、今井慶宗『NIE 社会福祉記事ワークブック』大学教育出版、145 頁、2016 年 4 月第 1 版、共著、(福祉図書文献研究第 16 号 2017 年 12 月掲載)

33. 立石宏昭『実践のすすめシリーズ『ボランティアのすすめ―基礎から実践まで』』ミネルヴァ書房、260 頁、A5 版、2017 年 4 月初版 9 刷、共著、(福祉図書文献研究第 17 号 2018 年 11 月掲載)

34. 宮嶋　淳『生殖医療と脱「出自」社会』ヘルス・システム研究所、204 頁、B5 版、2017 年 12 月初版、単著、(福祉図書文献研究第 17 号 2018 年 11 月掲載)

35. 吉田輝美『介護施設で何が起きているのか　高齢者虐待をなくすために知っておきたい現場の真実』(株) ぎょうせい、205 頁、A5 版、2016 年 10/1 出版、単著、(福祉図書文献研究第 17 号 2018 年 11 月掲載)

36. 松井圭三、今井慶宗『NIE 児童家庭福祉演習』大学教育出版、142 頁、2017 年 4/10 発刊、共著、(福祉図書文献研究第 17 号 2018 年 11 月掲載)

37. 安田誠人、倉橋弘、吉弘淳一、丸山あけみ、井村圭壯『保育士のための相談援助』学文社、172 頁、共著、(福祉図書文献研究第 17 号 2018 年 11 月掲載)

38. 伊藤秀樹、井村圭壯『児童家庭福祉の相談援助』建帛社、157 頁、2014 年 9/10 発刊、(福祉図書文献研究第 17 号 2018 年 11 月掲載)

39. 相澤譲治、井村圭壯『保育と社会的養護』学文社、128 頁、2014 年 1/20 発刊、共著、(福祉図書文献研究第 17 号 2018 年 11 月掲載)

40. 今井慶宗、井村圭壯『保育実践と家庭支援論』勁草書房、132 頁、2016 年 1/20 発刊、共著、(福祉図書文献研究第 17 号 2018 年 11 月掲載)

41. 井村圭壯、相澤譲治『社会福祉の基本と課題』学文社、147 頁、2015 年 2/20 発刊、共著、(福祉図書文献研究第 17 号 2018 年 11 月掲載)

42. 村田隆史『生活保護法成立過程の研究』自治体研究所、306 頁、2018 年 4 月発刊、単著、(福祉図書文献研究第 18 号 2019 年 12 月掲載)

43. 宮嶋 淳『子ども NPO 白書 2018(第 2 号)』エイデル研究所、267 頁、2018 年 9 月発刊、共著 (特定非営利活動法人日本子ども NPO センター編)、(福祉図書文献研究第 18 号 2019 年 12 月掲載)

44. 伊藤秀樹、井村圭壯、松井圭三『家庭支援論の基本と課題』学文社、133 頁、2017 年 1/10 発刊、共著、(福祉図書文献研究第 18 号 2019 年 12 月掲載)

45. 相澤譲治、井村圭壯『保育と家庭支援論』学文社、126 頁、2015 年 1/30、共著、(福祉図書文献研究第 18 号 2019 年 12 月掲載)

46. 安田誠人、吉弘淳一、井村圭壯『現代の保育と社会的養護』学文社、146 頁、2017 年 1/10 発刊、共著、(福祉図書文献研究第 18 号 2019 年 12 月掲載)

47. 名定慎也、井村圭壯、今井慶宗『障がい児保育の基本と課題』学文社、140 頁、2016 年 9/10 発刊、共著、(福祉図書文献研究第 18 号 2019 年 12 月掲載)

48. 今井慶宗、井村圭壯『社会福祉の基本体系(第 5 版)』勁草書房、156 頁、2017 年 2/10 発刊、共著、(福祉図書文献研究第 18 号 2019 年 12 月掲載)

Ⅲ. 実践図書報告者の発表論点整理

1. 立石宏昭氏の発表テーマは、ソーシャルワーカーの専門職性の向上を図るである。基礎からの学びと同時に、実践のための学びのポイントを、いかに変わりやすく的確に捉えるかを重視する構成を図っ

た。そこで、①理論に裏付けられた方法論の形成、②実践から学ぶ理論の構築という視点で、学習のステップの方向性を失わないように、双方向からの視点を大切にした。」とし、著書のなかでは、「網掛けのパーセント、段組みの工夫」や「イラスト、ソデの文章」などについていずれも著者が提案して作成した。また、「ソーシャルワークの発展を考えれば、実践の繰り返しから理論が構築され、理論のない実践は方向性を失うのではないだろうか」と述べ、社会福祉調査法がソーシャルワーカーの専門性の向上を図る上で重要だと示した。

2. 中野伸彦氏の発表テーマは、対人援助の展望としての当事者論である。福祉の輪郭と思想—対人援助のパースペクティブ—を意図して、「人が人を支えることが可能なのか」という疑問から、中野氏の福祉哲学を論じている。中野自身も、これが、福祉の「原理」や「思想」の領域に属すると示す通り、類書分析としては、さしあたり「原理」的な領域の対象としているとした。そして、福祉の問題は、支える側の「主体」にとわれている"生活課題"といえなくもないとの研究を示した。

3. 坂本雅俊氏の発表テーマは、国民福祉辞典の概要である。福祉を日常生活の基本知識として広めるため、中項目にはよみがな表記を行う等の配慮も加えており、共生社会を実現する一助となることの必要性を示した。

4. 谷川和昭氏の発表テーマは、地域福祉要件の分析とその体系化である。今日まで明確ではなかった地域福祉概念を明らかにし、地域福祉推進の論拠を示し、知識の体系化を論考と実践報告から把握することの研究的試みを示した。

5. 谷川和昭氏の発表テーマは、社会福祉援助専門職となる援助の方法と理論体系である。既存のテキストのなかに知識が網羅されていることから、学生の立場として活用できないものまであるようにみえ

る。そこで、専門職能となる援助の方法と理論体系について、基本体系、近縁類書との差別化、専門用語に共通認識をもてるような整理、の研究的試みを示した。

6. 安藤邑惠氏、小木曽加奈子氏の発表テーマは、ICF の視点に基づく高齢者ケアプロセスの実践である。利用査の QOL の高い生活送ることができるようにするためには、ICF の視点でのケアの実践について課題があるとしている。そこで、ICF という共通言語を用いて、高齢者ケアプロセスの理論展開を実践として、特に、看護職と介護職の協働にも触れ、今後さらに高齢者ケアの質が向上するための検討を加えている。

7. 山本克司氏の発表テーマは、福祉における体系的人権理論の構築と人権学習である。福祉専門職は、明確で精緻な理論を知らずして質の高いサービスは提供できない。そのためには経験測に頼る「福祉の専門性」などという曖昧な概念を排除し、しっかりとした法的知識と人権理論を身に着けるというコンセプトを踏まえる必然性を研究的に示した。

8. 秋山博介、谷川和昭、柳澤孝主各氏の発表テーマは、社会福祉相談援助の原動力である。社会福祉士としての相談援助の実践力を養い適性を形成することを目標として、段階的にグレードアップできるための教育方法研究について示した。

9. 石原多佳子、今井七重、今井一、遠藤祥子、奥村太志、乙村優、小木曽加奈子、佐藤八千子、玉置真理子、ダーリンブル規子、德広圭子、中島珠美、林崇子、桶下田邦子、松野ゆかり、丸山綾、三浦真理子、宮嶋淳、山田三裕、山田小夜子、山中恵美子、鷲見栄子各氏の発表テーマは、子どもの豊かな育ちへのまなざし―スクールソーシャルワーク実践ガイドの実践―である。チームとなる専門職が「子どもの豊かな育ち」を擁護するために、チームを組み立て、子どもの視点から専門的なサポートを行うのかについて、保健・教育・福祉の

領域から明らかにしようと試み、実践的研究を示した。

10. 小木曽加奈子氏の発表テーマは、医療職と福祉職のためのリスクマネジメントの実践―介護・医療サービスの向上を視野に入れて―である。医療職では医療安全学、福祉職ではリスクマネジメントとして、共通の学びの重要性が存在する。安全でそしてエラーを防いだコミュニケーション、ラポールづくりとそのための技法や分析モデル等の活用を研究的にまとめて示した。

11. 上原正希氏の発表テーマは、相談援助実習の質を高める試みである。実習で活用するケース研究の書式について、学生の実習にあたり、実習中のケース研究のマニュアルづくりについて研究的に分析し、その成果を示した。

12. 小木曽加奈子、佐藤八千子、安藤邑恵、祢宜佐統美、平澤泰子、今井七重各氏の発表テーマは、認知症がある人をケアする―BPSDによる生活場所の困難さ―である。認知症患者の人権を理論的に踏まえつつ、具体的なケア場面で直面する困難さの研究分析を行った。そして、的確にニーズを把握するために、根拠に基づいたアセスメントの視点を用いたケアの方向性を示した。

13. 杉山雅宏氏の発表テーマは、自分心を鍛えようである。これまでの待つ姿勢のカウンセリングだけでなく、ヒューマングロースとして、健康な者をも対象とすることで、産業カウンセラーとして職場に根付いて身近な存在になることの試みを示した。悩む者は悩む力があるとし、自己と向き合うこと、日常生活で自分らしい人生を創造するのに役立つ一人でできるワーク件空のまとめを示した。

14. 松井圭三氏、今井慶宗氏の発表テーマは、国政レベルにおける諸政党の介護保険政策の比較である。介護保険政策の立法過程は民主主義の問題に帰着するとし、強い政治的リーダーシップがなければ同法は成立しなかったとの分析を示した。特に福祉政治の観

点から介護保険制度の問題点について、諸政党の政策を比較しながら検討を加えて示した。

15. 杉山雅宏氏の発表テーマは、自分を育てるカウンセリングである。呼び出し面接やコラムの手法をはじめ、担当職場の昼休みを活用した"ミニ講座"での演習実践を紹介し、カウンセリングは人生をよりよく生きるための学びであることを広めてきた実践研究を示した。

16. 相澤讓治氏の発表テーマは、ソーシャルワーク演習教材の共同開発研究である。演習の教授法として、学生と指導者用の2種類の教材を研究開発し、学生が価値やアプローチについて学び、理論と実践の間隙を埋める教材研究の試みを示した。

17. 杉山雅宏氏の発表テーマは、心の休養のための援助サービス実践である。メンタルヘルス1次予防の観点から、健康な人全員に質の高い援助サービスの場を提供する実践研究のまとめを示した。

18. 倉橋　弘氏の発表テーマは、ゆりかごから墓場までである。社会保障の目的は支援も保障もでなくてはならないとし、人生全般を支える社会保障の在り方について、死期・お墓に関する法制度などの情報も含めての研究を示した。

19. 安田誠人、吉弘淳一、井村圭壯各氏は、特別支援学校における個別支援計画の現状と課題─合理的配慮に応じた個別教育支援計画とは─である。福祉と教育の関係性を歴史的な視点と臨床的視点から問い直すという目的の研究会から発し、教育と福祉の関連性、関係性に深く切り込んだ研究成果を示した。

20. 谷川和昭、目黒輝美、趙敏廷各氏の発表テーマは、アクション・リサーチによる介護福祉テキストの開発である。社会福祉法人はなさきむら介護福祉士ファーストステップ研修で行った各講師による講義を基に作成されたテキストである。アクション・リサーチの組織・社会を良くしたいという魅力を十分に活かし、問題解決

する手法などを幅広く研究し示した。

21. 倉橋　弘氏の発表テーマは、児童虐待防止法についてである。虐待者の多くが実親であり、貧困や疾病がその背景にあることについて、生活の身近な事例から事例検討を試みた上で、社会保障法制度が生活と密接につながっているのかを示した。

22. 安田誠人、吉弘淳一、谷川和昭、梅木真寿郎、丸山あけみ、井村圭壯各氏の発表テーマは、特別支援教育現場における知的障害児に対する指導方法に関する一考察—教員とスクールソーシャルワーカーとの連携事例から—である。特別支援教育現場における教員とスクールソーシャルワーカーとの連携や相談支援、スーパービジョンの現状理解や充実ための研究報告を示した。

23. 井村圭壯氏の発表テーマは、日本の社会事業施設団体形成史研究の課題である。近年の県単位の社会福祉の歴史書は記念誌、戦後の概要史であり、戦前期資本主義が形成される時代からを対象とした学術書は、近年、ほとんど発刊されていないと示した。そして、政策主体(国)と実践者と生活者との歴史的構造的関連の中で、個別の施設の原史料を基に、政策主体の圧力の中で、実践者がどのような苦悩と思想を含めて施設経営を行っていったか、個別の人物、施設を対象とした研究を積み重ねていくことが課題であるとした。

24. 宮嶋　淳氏、小木曽加奈子氏、田村禎章氏、今井七重氏の発表テーマは、地方都市「消滅」を乗り越える！ である。地方都市、あるいは農山村地域のソーシャルキャピタルの創造に資する実践を調査し、地方都市「消滅」への対応として普遍化可能な実践を探求し示した。

25. 小木曽加奈子、安藤邑惠、今井七重、緒形明美、佐藤八千代、高野晃伸、田村禎章、樋田小百合、中谷こずえ、祢宜佐統美、彦坂亮、平澤泰子、山下科子、渡邊美幸各氏の発表テーマは、高齢者ケアの

質を高めるICFを活かしたケアプロセスである。一人の高齢者は、その症状により、ケアプロセスがいくつかの機関・専門職にまたがる。看護職と介護職の協働においてもICFを用いたシームレス・ケアの実践として、根拠に基づいたアセスメントとケアが求められることを示した。

26. 杉山雅宏氏の発表テーマは、生きる自分心境である。カウンセリングの研究から、自分のありのままの姿を信頼できるようになると、悩みごとは減っていく、それは、不安からの解放であると示す。傾聴による人間関係づくりは、家庭、職場で必要であると明示し、人は心に生かされていることに気づくことが必要であるとの研究取り組み結果を示した。

27. 相澤譲治氏、井村圭壯氏の発表テーマは、現代の障がい児保育の課題と検討である。インテグレーション保育として、障がいへの理解、社会資源の活用、地域ネットワークづくりは、保育士が身に着ける課題であるとし、子ども同士のかかわり合い、育ち合いを支援のつながりから広げていくことを検討し示した。

28. 今井慶宗氏、井村圭壯氏の発表テーマは、現代の保育と家庭支援論の構築に関する検討である。社会がより良い未来を築くためには、社会の基盤である家庭に対する支援が必要であると示した上で、社会福祉学、教育学、心理学等、多角的な視点から保育と家庭支援の構築を試みており、男女共同参画、ワーク・ライフ・バランスなどのも含めた検討を示した。

29. 釜野鉄平氏、井村圭壯氏の発表テーマは、社会福祉の制度と課題に関する検討である。多様な主体がそれぞれの立場から社会福祉の共通認識や知識を理解することは、地域福祉を具現化につながる。地域住民も含めた包括的な支援システムが求められており、福祉教育やCCRCなど、地域福祉の在り方に内包されたものとして社会福祉は機能することが期待されていると示した。

30. 立石宏昭氏の発表テーマは、地域包括ケアシステムの課題と展望である。保健・医療・福祉の視点から地域包括ケアシステムや地域医療システムの実践課題を論じた。社会保障と税の一体改革を掲げた社会的背景は、社会保障費の急増に対応するものだが、その方策に関する研究的接近を試みて示した。

   『実践のすすめシリーズ『地域包括ケアシステムのすすめ』―これからの保険・医療・福祉』ミネルヴァ書房、280頁、A5版、2016年4/15初版、共著、（福祉図書文献研究第16号2017年12月掲載）

31. 平澤泰子氏、小木曽加奈子氏の発表テーマは、介護職のための医療的ケアの知識と技術―ポートフォリオを活用してみずからの成長を育む―である。介護福祉士の医療的ケア教育プログラムの創設と実践研究の取り組みから、学生や現場職員のリアリティショックや離職以降の低減にも繋がる養成教育の構築研究を試みた。そして、学生や現認者がポートフォリを活用し行動を顧みたり、自己の変化に気づける教育を受けることの意義を示した。

32. 松井圭三氏、今井慶宗氏の発表テーマは、教育方法としてのNIE社会福祉記事ワークブックである。新聞を教材とした福祉教育について、学生は新聞の形式に慣れることで、記事を味わう楽しさも覚えると示す。このためのワークブックは数が少なく、一般の教科書とは相当形式が異なるという。学生にとって、変化を続ける社会福祉の最新情報を収集できること、読んで感想を書けることは、将来に向かって、福祉の勉強を続けることにつながることを示した。

33. 立石宏昭氏の発表テーマは、ボランティア活動のための学びと実践である。その語源、理念、理論、法制度、実践活動、学習方法を踏まえた、社会貢献や相互扶助の役割を担うボランティア活動について、学生が学ぶことの必要性を説いた。特に、市民が社会を創っていく主体としてボランティアに参加する意味は、市民の福

祉教育や市民社会の意思決定、運営、評価についても総体的に経験できるためであると論じている。

34. 宮嶋　淳氏の発表テーマは、生殖医療と脱「出自」社会である。出自を知り、アイデンティティを確立することは、国連子どもの権利条約で認められたこどもたちの権利である。そうした子どもの権利を擁護するSWは、国際子どもSWの課題であるとし、その上で、第三者を介する生殖補助医療において生まれてくる子どもの法的地位保全の重要性を論じている。ニュージーランドの法・施策の動向を日本のそれと比較研究し、子の福祉を最優先するような法益の必要性について、論理的な研究手法で論じた。

35. 吉田輝美氏の発表テーマは、養介護施設従事者による高齢者虐待防止の課題と検討である。感情労働としての介護労働の研究者として、高齢者虐待防止策が介護職者にとって窮屈にさせるというイメージを払拭する願いを研究に込めた。介護職者が利用者との関係でストレスを受け、感情をコントロールするために、ミスコミュニケーションを理解し、適切な対処スキルを身に着けるための職場内部での研修方法を提案している。

36. 松井圭三氏、今井慶宗の発表は、教育方法としてのNIE児童家庭福祉演習である。新聞を教材として、学生が児童家庭福祉の最新の福祉情報を得ること、そのために、新聞情報の読み方の案内役による学習効果が期待できると説く。そして、学生は、読み、感想を書き、さらに解説を受けられる学習機会から、自ら課題にと陸うことができるようになることを示した。

37. 安田誠人氏、倉橋弘氏、吉弘淳一氏、丸山あけみ氏、井村圭壯氏の発表テーマは、信頼関係を基盤とした「重度重複障害のある子どもを持つ母親」に対する支援方法に関する事例からの検討である。保育の相談援助科目において、ソーシャルワークの実践力を有する保育士養成の必要性を端緒としている。信頼関係を基盤とした

「障害児の母親」への支援方法の事例検討を発表内容とし、児童を中心に保護者、保育士らが本音を言える関係形成のなかで、支援のずれを埋めていく展開を紹介し、本書作成の意図を明確に示した。

38. 伊藤秀樹氏、井村圭壯氏の発表テーマは、児童家庭福祉の相談援助に関する研究である。保育士養成科目の「相談援助」において、ソーシャルワークを事例から実践的に学習することで「保育」を問い直そうと試みている。それは、保育実践にソーシャルワークが必要となる意味について考察することが、すなわち、社会福祉学の社会的意義を明示することにもなるという本書の考えを示したものである。

39. 相澤譲治氏、井村圭壯氏の発表テーマは、現代の保育と社会的養護の課題と検討である。子どもは親だけではなく、社会的に養育、養護する視点で、支援する制度と実践が不可欠として検討を加えている。そして、子どもの最善の利益のために、社会全体で子どもを育むことが子どもの基本的権利保障と示した。その上で、社会的養護の理解が学習者に深まることを切望した基本図書として位置付けていることを示した。

40. 今井慶宗氏、井村圭壯氏の発表テーマは、保育実践と家庭支援論の課題に関する研究である。子ども・子育て支援新制度がスタートしたことに伴い、制度に込められた意義や目的を意識し、保育実践と家庭支援論の課題を、システムとして円滑に運用することを研究課題としている。そして、親子のボタンの掛け違いを修正するなど「関係性」に着目した課題とその軽減策を提示したことは、本件研究の軸ともなっている。

41. 井村圭壯氏、相澤譲治氏の発表テーマは、社会福祉の基本と課題に関する文献研究である。社会福祉とはなにかという根源的な部分について、本質論の側面からの論及に視点をあてたとしている。

特に、看護と社会福祉との連携について具体的有効的な事例を含めて論考を試みた研究理由について明らかにした。

42. 村田隆史　氏の発表テーマは戦後日本の社会保障における基本原理の形成過程で、家族や国民相互の助け合いで社会保障の基本原理を形成する推進法に改革の特徴と問題点を指摘した。

43. 宮嶋　淳　氏の発表テーマは、子ども・子育て支援系NPOの特徴と進展で、「居場所」という環境を創造するシステム等の全国の最新の取り組みを、3年毎に子どもNPOに係る理論と実践を紹介している。

44. 伊藤秀樹、井村圭壯、松井圭三　各氏の発表テーマは、家庭支援の意義とシステム構築に関する課題研究で、保育士が児相等と連携する家庭支援が必要となった歴史的・社会構造的な意義を研究し、家庭支援に向けた地域システム構築に関する課題についても論考している。

45. 相澤譲治、井村圭壯　氏の発表テーマは、現代の家庭支援システムに関する課題と検討で、保育士養成シラバスにおいて、社会全体で子育て家庭を支援する社会資源、子育てサービスについて示した。フィールドにおいて研究、分析が可能となる書である。

46. 安田誠人、吉弘淳一、井村圭壯各氏の発表テーマは、放課後等デイサービスの活用による重度知的障害のある子どもへの支援からの一考察で、保育と社会的養護について保育実践を踏まえた研究成果を示した。

47. 名定慎也、井村圭壯、今井慶宗　各氏の発表テーマは、障がい児保育の基本と課題に関する研究である。福祉型医療型の入所施設等の保育領域の変化が子どもの成長に十分な支援が届くための課題研究を示した。

48. 今井慶宗、井村圭壯　各氏の発表テーマは、社会福祉の基本体系と課題に関する研究である。生活と社会福祉、家庭児童福祉、障がい児福祉、生活保護、地域福祉等の各章節を通して、社会福祉の基本体系を探求し、日本の社会福祉の課題を明らかに示した。

第2部

文献研究の成果と課題

　文献研究の成果と課題では、日本福祉図書文献学会の役員として長く学会活動に携わっていただいた3名の会員に執筆をしていただいた。

　第5章では、現財務局長である梅木真寿郎氏に「学会における日本福祉図書文献学会の役割」のテーマで執筆していただいた。日本福祉図書文献学会の学術団体としての役割として、①社会福祉の「本質」に迫る文献研究、②実践としての文献開発の2点にあると位置付けている。本会の社会的価値に加えて学会活動の方向性も示唆している貴重な原稿である。

　第6章では、現理事である村上学氏に「社会福祉学における文献研究と哲学の要請」のテーマで執筆していただいた。具体的な内容については本文を読んでいただくとして、日本福祉図書文献学会が設立にかかわった関係者や参加者の共通する感覚を「社会福祉における『哲学』が足りない」としているのはとても興味深い指摘である。

　第7章では、現理事である立石宏昭氏に「研究方法論における文献研究の意義」のテーマで執筆していただいた。本稿では、「混合研究法による研究デザイン」の実践を中心に論述していただいた。混合研究法に興味ある方には熟読をお勧めしたい。

　第2部を読んでいただくことで、日本福祉図書文献学会の特徴を理解していただけると思われる。なお、第6章、第7章は研究分野が異なる方には難解な部分もあるかもしれないが、時間のある時に熟読されることをお勧めしたい。

（編集委員　安田　誠人）

第5章 学界における 日本福祉図書文献学会の役割

梅木真寿郎（花園大学）

Ⅰ. 日本における社会福祉系学会の広がり

　社会福祉の系譜というと、戦前の救済事業や社会事業から連なるものである。したがって、渋沢栄一が会長を務めたことで知られる中央慈善協会の全国社会事業大会や小河滋次郎による救済事業研究会、渡辺海旭らの仏教徒社会事業研究会をはじめ、宗教大学社会事業研究室や東洋大学、日本女子大学といった研究機関に、その萌芽を求めるべきところであろう。しかし、以下においては、紙数の制約もあるため、戦後における社会福祉系学会に対象を限定する[1]。また、「学界」とは、「学問の世界」「学者の社会」を意味する言葉であるが、「社会福祉系学会」は、大きく分けると、①志を同じくし、一定の会員資格を満たす希望者を広く受け入れる学術組織（学会・研究会等）と、②大学等の各研究機関が組織する学会（通称、学内学会）、③その他として、専門職等の職能団体が組織する研究会・学術集会等をあげることができる。ここでは、①を中心に概観することとしたい。

　戦後の社会福祉系学会の萌芽期としては、1948年の日本保育学会（初代会長・倉橋惣三）と1954年の日本社会福祉学会の創設（初代会長は、大阪社会事業短期大学初代学長の四宮恭二）があげられる。その後、1960年の日本キリスト教社会福祉学会（初代会長・竹内愛二）、1966年の日本仏教福祉学会、1973年の社会事業史学会（初代会長・吉田久一）が設立された。

　社会福祉系学会の拡大期の契機と考えるのは、1987年の社会福祉士並びに介護福祉士の国家資格化と考えられる。1984年に日本ソーシャルワーク学会（会長・小松源助）、1987年には、日本地域福祉学会（会長・

岡村重夫）・日本看護福祉学会、1989年の日本福祉文化学会（初代会長・一番ケ瀬康子）など、1980年代から1990年代に学会数が拡大している。同時期は、ゴールドプランなど国によるマンパワーの確保といった社会的背景も追い風となり、大学や専門学校などにおける高等教育機関において福祉専門職養成が活発化し、全国的にも福祉系の学科が多数新設された[2]。このことは、学会数拡大の一つの要因と考えられる。

　1995年以降の社会福祉系学会は、多様化し学際期[3]に移行した。社会福祉基礎構造改革に向けた規制緩和の流れの中、実践においても多職種連携が論じられるようになり、学術的にも学際的視点が強調されている。例えば、「日本福祉教育・ボランティア学習学会」の設立趣旨には既に学際的の言葉が盛り込まれている。また、「日本福祉のまちづくり学会」などは、極めて学際的学会であり、学術研究領域は17に及ぶ。但し、田代（2011：104-105）が、「これらの諸学会の研究成果がはたして社会福祉原則、原点とその実践に有効なコラボレーション貢献になるかどうか、厳しく検証してみる必要がある」と警鐘を鳴らしていることに加え、古川（2004：1-14）が、隣接諸科学との学際的連携下におけるディシプリンとしての「社会福祉学」[4]のアイデンティティに関する指摘をするなど、新たな課題も認識されるようになった時期でもあった。日本福祉図書文献学会（1998年）も、この学際的な社会福祉系学会の過程の中で、産声をあげることとなった。1990年代半ば以降の「学際的」機運の高まりは、その後現在まで継続しており、社会福祉系学会の中でも大きな位置を占めるに至っている。このような状況下において、「社会福祉系学会の学会活動の質の向上と社会貢献をめざすための情報交換ならびに連携を目的とする」日本社会福祉系学会連合が設立されている（2006年）。

　社会福祉系学会とは何かについて、その定義を厳密にすることは難しい。日本社会福祉系学会連合の加盟学会が22団体であり、田代国次郎が示した学会リストで30団体ある。また、日本学術会議の検索サイトである「学会名鑑」を活用し、「福祉」でキイワード検索をすると206件、「社

会福祉」で検索すると25件の検索結果となる。以下、表1～3は、それらのすべてを網羅することができないため、一部をピックアップしたものである[5]。

表1　萌芽期の社会福祉系学会

学会名	設立年	初代会長・代表
日本保育学会	1948	倉橋　惣三
日本社会福祉学会	1954	四宮　恭二
日本キリスト教社会福祉学会	1960	竹内　愛二
日本保育協会	1962	一万田尚登
日本仏教社会福祉学会	1966	橘　　覚勝
社会事業史学会	1973	吉田　久一

表2　拡大期の社会福祉系学会

学会名	設立年	初代会長・代表
日本ソーシャルワーク学会	1984	小松　源助
日本地域福祉学会	1987	岡村　重夫
日本看護福祉学会	1987	松本比佐江
日本福祉文化学会	1989	一番ケ瀬康子
日本保健医療社会福祉学会	1991	山手　　茂
日本介護福祉学会	1993	一番ケ瀬康子

表3　学際期（1995年以降）の社会福祉系学会

学会名	設立年	初代会長・代表
日本福祉教育・ボランティア学習学会	1995	大橋　謙策
日本在宅ケア学会	1996	島内　　節
日本福祉のまちづくり学会	1997	一番ケ瀬康子
日本福祉工学会	1998	岡田　勝蔵
日本保健福祉学会	1998	平山　宗宏
日本福祉図書文献学会	1998	硯川　眞旬
日本子ども家庭福祉学会	1999	高橋　重宏
日本感性福祉学会	2000	荻野　浩基
人間福祉学会	2000	岡本　　健
日本司法福祉学会	2000	山口　幸男
福祉社会学会	2003	副田　義也
日本福祉心理学会	2003	岡田　　明
環境福祉学会	2004	炭谷　　茂
日本社会福祉教育学会	2005	宮田　和明
日本学校ソーシャルワーク学会	2006	門田　光司
貧困研究会	2007	岩田　正美
日本精神保健福祉学会	2011	石川　到覚
日本教育福祉学会	2012	宮本　和彦
日本保育ソーシャルワーク学会	2013	伊藤　良高

※　設立年月日については、前身組織がある場合、当該組織の設立年とした。

Ⅱ. 日本福祉図書文献学会の特徴と位置

　学会の「役割」を述べるにあたり、まず「役割」という言葉を確認しておく。その意味するところは、「割り当てられた役目」「社会的要請に対する役割遂行」ということになる。第Ⅰ節で掲げた表1～表3にピックアップした各学会の規約をもとに目的や活動を比較検討してみると、社会福祉系学会に概ね共通する役割として、当然の結果であるものの次の点を確認できる。①社会福祉への寄与・貢献、社会福祉の発展、②社会福祉実践や研究の発展である。したがって、各学会の独自性を見い出そうとした場合、そのことを前提にした上で、各学会が射程とする研究対

象と、その研究対象に対して、どのような方法やアプローチを通じて目的達成に向けた活動を展開していくのかという点に違いがみられることとなる。例えば、日本キリスト教社会福祉学会の場合、「キリスト教の福音に基づいて社会福祉の研究と実践を推進」することであり、社会事業史学会の場合、「社会事業史の研究を通じて」行うこととなる。また、日本ソーシャルワーク学会でいうと、「ソーシャルワークの実践及び理論の研究及びに教育を通じ」て行うといった具合である。

　そこで、日本福祉図書文献学会の規約（第3条）に記載された目的を確認しておきたい。

日本福祉図書文献学会規約（目的）
　第3条　本学会は、福祉図書文献の解題・考察・開発等を通じて、社会福祉士、精神保健福祉士、介護福祉士、保育士等、福祉専門職の養成・育成等に関する教育のあり方について科学的研究を行う。

　日本福祉図書文献学会の規約（目的）からもわかるとおり、本学会は、社会福祉系「専門職養成の教育のあり方」を探求することを目的の一つとした学会である。この目的を達成するために行う方法が、本学会の学会名でもある「福祉図書文献」の取り扱いということになる。それでは、本学会における「福祉図書文献」とは、何かということになるが、本学会創設期の代表理事である硯川眞旬（2004：1）は、巻頭言の中で次のように述べている。すなわち「『図書文献』とは、人びとの福祉の向上（福祉の文化化）に資するあらゆる『情報』を指している。また、福祉サービスの総合化・効率化を推進するための福祉情報をも含んでいる」ものであると。そして、硯川（2004：1）は、続けて本学会の目的を次のように述べている。「本学会では、研究諸家が残した『図書文献』にみられる（中略）各々が認識した『本質』を確認し、一定の社会科学的な評価を与えようとすることを、その目的としている」。したがって、本学会では、この

「福祉図書文献」を通して、「社会福祉」研究の「本質認識」という学問的姿勢を重視することを一つの特徴としている[6]。それでは、具体的にどのように「本質認識」に対して向き合うのかというと、一つは、既存の福祉関連の文献に対する地道なレビューの作業であり、解題・書評を通じて考察を深めていくことにある。そして、専門職養成において、より適した福祉文献の開発を行うことにある。但し、この点については、2005年に設立された「日本社会福祉教育学会」など、他の学会と共通するところも少なくない[7]。それでは、日本福祉図書文献学会における特徴的な取り組みには、どのようなものをあげることができるのであろうか。

ここでは、次の2点についてあげることとしたい。それは、①社会福祉の本質に迫る文献研究と、②実践としての文献開発である。

まず、①社会福祉の本質に迫る文献研究についてであるが、「福祉は人なり」という言葉があるとおり、名もなき先達を含む多くの福祉的実践の営みの延長線上に、現代の福祉実践が存在する。決して、現代社会の社会福祉の事象を歴史と隔絶して理解することはできない。しかし、その当時は広く知られていた篤志家をはじめとした実践の数々は、時の経過とともに風化し、埋没していく。社会福祉の対象となる現象は、歴史的流れに応じて、次々に新たな課題が生成される状況にあり、常に未知の課題に対して、何らかの解決を求められる。シンギュラリティといった言葉があるとおり、ＡＩ技術を駆使した数理的解析が将来的には、現実味を帯びることも想定されるが、先人が一生を投げ出し、悪戦苦闘の上、導き出した「福祉の思想」や原理（先人の生きざま）というものは、新たな福祉的課題に対して示唆を与えてくれる。本学会は、創設当初、この人物に着目した文献研究を地道に積み上げてきた。この点は、他の学会には見られなかった取組として、評価できる点であると考える[8]。

もう一つが、②実践としての文献開発についてである。読み手にとって、著者が上梓した「文献」に対するかかわり方としては、書評などを介して対話することが一般的である[9]。本学会の場合は、原著者（編纂者）

が直接、自らの出版に至る過程を言論的実践として捉えた上で、学会報告のテーマの一つとするとともに、直接、学会の場で対話することを重視するものとなっている。このことは、著者にとっては、直接、読み手がどのように自らの文献を捉えているのかについて理解することを可能にしており、言論的実践の手ごたえを得る機会となるとともに、課題点・改善事項を受け取ることができる。また、読み手にとっても、文献の作成に至る過程を舞台裏も含めて知る機会となり、今後自らが言論的実践を展開する上で良くも悪くも一つのモデルとなることから、文研開発のノウハウを得ることができる。加えて、いわゆる "How to" としての文献開発に留まることなく、文献開発をする上での思想や理念、文献の中で直接語られることのなかった「背景」や「思い」などを共有する場となっていることは特筆に値する点であるといえよう。

Ⅲ. 日本福祉図書文献学会の社会的意義

　本節では、福祉系学会が全般に、社会的に期待されている要請（社会的要請）に対して、本学会が、どのような方法で、その期待に応えようとしているのか、その役割遂行の在り方を提示することとしたい。なお、この在り方については、前節で述べた二つの特徴である①社会福祉の「本質」に迫る文献研究、②実践としての文献開発について、具体事例を交えて述べることとする。

1. 社会福祉の「本質」に迫る文献研究

　本学会においては、文献研究を通じて社会福祉の「本質認識」を重視してきたことは既述したとおりである。社会福祉は、歴史的産物であり、歴史的な営みであることを鑑みた場合、まさに、ある特定の空間軸と時間軸の影響や制約を受けた先達が、社会福祉という事象に対して、向き合い紡ぎ出した知見（到達点）であり、福祉実践の過程である。そこで、社会福祉の「本質」に迫るにあたり、①どのような時代背景におけるど

のような人物の働きがあったのか、②どのような時代背景においてどのような地域社会における福祉実践の営みがあったのか[10]、③ ①や②を通して、現代社会における社会福祉の現状と課題を明らかにするといった取り組みを行ってきている。ここでは、①と③について以下、概観しておきたい。

(1) 人物に着目した文献研究

　人物に着目した文献研究とは、個人という人物を通して、その著者と社会福祉の本質について、対話することに他ならない。

　本学会では、これまで、戦前の社会事業でいうと、賀川豊彦や大林宗嗣、竹中勝男をはじめ、障害者福祉の分野での高木憲次、呉秀三の研究報告が行われている。また、戦後社会福祉においては、孝橋正一、竹内愛二、嶋田啓一郎、糸賀一雄、仲村優一、中園康夫、三友雅夫、阿部志郎、公的扶助分野の岸勇、小山進次郎、黒木利克、福祉教育で知られる小川利夫、医療ソーシャルワークの浅賀ふさ等の文献研究が行われている。個々の論文内容については、本学会誌に掲載されているので参照されたい。ここでは、「大林宗嗣の研究」を長年取り組んできた所見として、「人物に着目した文献研究の方法と意義」について以下、簡潔に述べておきたい。まずは、「なぜ、今・ここで」その人物を研究するのかという明確な目的の重要性である。このことは、今日的意義とも密接に関わってくる内容でもある。次に、時代背景と思想形成である。何らかの「福祉図書文献」を残すにあたり、個人が生きた時代・環境を把握した上で、その個人がどのような文献を読み、（人間関係を含む）教えを受けた上で、どのような思想が育まれたのか。そして、「どのような論文や著書」を著したのか、換言すると、どうしてその論文や著書を「書かざるを得なかったのか」にまで迫ると、その「論文や著書」は、どのような内容であり、その意図は何であったのかの輪郭が浮かび上がってくる。このことは、その「文献」を通じて先達と対話することを意味するものと考える。「人物に着目した文献研究」を展開した諸氏に共通するところであるが、そ

れらの取り組みは、現代社会における社会福祉まで貫かれる「本質認識」を試みるものとして位置づけることができる。

(2) 社会福祉の現状と課題の基礎研究

ここでは、本学会の会員によって共同執筆し、上梓された「硯川眞旬編『社会福祉の課題と研究動向』中央法規、2005年」をあげておきたい。本書は、全26章から構成されており、「戦後以降の社会保障・社会福祉の実態とその研究動向を振り返るとともに、昨今の研究動向を確認し、今後の研究課題を明確化し、将来『展望』を行うことを企図した」(同書、はしがき)ものである。それは、各専門分野・各領域別に基礎文献・資料の整理を行うとともに、社会福祉学の固有性と学際的連携に向けた課題を提示する試みであった。この試みは、本学会が、基本に立ち返って「福祉図書文献」を用いて「本質認識」を試みていこうとした学問的姿勢の出発点であるとともに、一つの成果として位置づけることのできるものであった。

2. 実践としての文献開発

この項での執筆事項としては、他の学会等でよく見られる「書評」や他の研究者からの「文献紹介」ではなく、実際に執筆した著者から「文献開発」の意図、ねらい、ノウハウなどを学会発表(実践図書報告)や機関紙『福祉図書文献研究』上での公表などについて総論部分として述べる。さらに、「文献開発」の具体例として、3つの出版事例を概観する。

まず、本学会では、文献開発を「実践図書報告」として位置づけており、井村圭壯・谷川和昭・安田誠人・小木曽加奈子らにより、精力的な実践活動が展開されてきた。ここでは、「井村圭壯・谷川和昭編『社会福祉援助の基本体系』勁草書房 2007年」を見ておきたい[11]。この「文献開発」においては、当時の社会福祉教育に使用されているテキストの現状を「あれもこれもと学ばなければならない知識をあまりに欲張り、網羅しすぎている」ものと位置づけた上で、その結果、かえって「最低限の知

識でさえも身についていない」ということを克服すべき課題として認識している。章構成については、序章を除き全15章より構成することで、高等教育機関におけるセミスター制の講義回数に対応させるといった工夫の跡が確認できる。また、本書籍名のタイトルのとおり、「基本体系」を明示することに重点を置き、百家争鳴的な専門書との差別化を図り、専門用語についても初学者が押さえておくべきものに限定し、表現についても一般化することに努めたものとなっている。このように、本学会における「文献開発」は、「社会福祉士、精神保健福祉士、介護福祉士、保育士等、福祉専門職の養成・育成等」に資する「福祉図書文献」を提示してきている [12]。

　次にあげておきたい文献が、本学会の中野副代表理事が編著した「田中英樹・中野伸彦編著『ソーシャルワーク演習のための88事例』中央法規2013年」である。この文献は、ソーシャルワーカーにとって、「数多くの課題事例にふれることが実践力を身につけるうえで大切である」との認識から88事例という多くの事例を収録している。本書の優れた点は、この点もさることながら、「相談援助の実践力を高める」ための工夫が随所に施されている点にある。具体的には、①「児童・高齢者・障害者」などの事例対象領域がバランスよく配置されている。②基礎から応用的理解までを4段階のSTEPに分類し [13]、段階的・系統的に学べるものとなっている。③すべての事例に「事例の学習目標」が付されており、学習者の視点に立った記述となっており、各事例の概要も「STEP1 ～ STEP3」が、B5判で1頁（1,000字程度）、「STEP4」が、B5判で2頁と分量もコンパクトにまとめられている。④STEP1については、各事例に「事前学習チェックリスト」が設けられており、主体的な学習を促す仕掛けがあるとともに、「ソーシャルワーカーの対応」について問題形式での記述となっており動機づけを高めるための工夫が施されている。⑤STEP2とSTEP4では、各事例にワークシートが付されており、演習教材としての便宜が図られている。本書は以上のような特徴を有した良書であり、編

者の「文献開発」への意気込みが感じられる一冊となっている[14]。

　3つ目の文献が、「吉弘淳一・横井一之編著『事例で学ぶスーパービジョン』建帛社 2015 年」である[15]。この文献は、「専門職者の自己研鑽として特に大切なのは、対人援助へ向かうためのエネルギーの蓄積とかかわることへの勇気を育むことである」(同書、はじめに) との認識のもと、第1部理論編・第2部実践編 (10 事例を収録) の構成からスーパービジョンの具体的な過程を提示するものとなっている。「文献開発」の側面から特徴的な工夫としてあげられる点が、第2部実践編における実践事例である。具体的には、スーパービジョンの過程における各局面を逐語記録で再現した上で、スーパーバイザーが捉えるべき視点を「スーパーバイザーのコメント」として、わかりやすく提示する方法を採用したことにある[16]。この点は、類書がほとんどないことから編者の「文献開発」上の大きな成果の一つと位置付けることができよう。

Ⅳ. 総括にかえて

　以上より、本学会の役割としては、社会福祉の本質に迫る文献研究 (「本質の認識」を試みた「文献開発」) ならびに、福祉実践と研究をつなぐ「文献開発」にあると位置づけておきたい。しかし、本学会における社会福祉の「本質認識」の取り組みは、いまなお途半ばの状況にあり、今後の更なる学術的研鑽が望まれるところである。

注

1) 戦前にも海野幸徳の『社会事業学原理』(1930 年) などの体系的学問が追求されたところであるが、古川 (2004：1) が「わが国における社会福祉学の研究が本格的に行われはじめたのは、1950 年前後であるといって支障ないと思われる」と述べていることもあり、ここでは戦後の社会福祉系学会について言及することとした。
2) 1991 (平成3) 年の大学設置基準の大綱化による規制緩和が、これに拍車をか

けた。

3) ここで、「学際期」としたのは、研究対象が複数の学術領域にまたがった学会が多数を占めていることから、便宜的に当該用語を充てることとした。

4) 古川 (2004：8) も「社会福祉学は社会学の応用部門として扱われている (中略) 学術機関のなかにおける扱いもそうである」と言及しているところであるが、事実、日本学術会議における「日本社会福祉学会」の学術研究領域は、「社会学」で登録されている。

5) 表の作成にあたり、社会政策学会や日本社会保障学会など隣接諸学会を含めると膨大な学会数となるため、今回は省略した。

6) 田代 (2011：33) は、「社会福祉研究の先行研究無視と風化に見られる状況」に対して、強い口調で警鐘を鳴らしている。

7) 日本社会福祉教育学会規約の第3条に、「社会福祉教育に関する実践及び研究の水準を上げ、教育法・教授法等の開発」が明記されている。

8) 社会事業史学会や日本社会福祉学会などにおいても、人物史を取り扱った研究も少なくない。但し、本学会においては、人物を取り扱うことを前提とした学会報告形式を採用しており、特徴的な取り組みであったといえる。

9) 日本社会福祉学会の場合、書評に対して、更に原著者からのリプライを行う試みをしており、この点は注目に値する。

10) 地域史を起点とした福祉施設の実践研究として、井村 (2019) 等をあげることができる。井村は、2004年以降、各地域の施設史を積み上げている。

11) 日本福祉図書文献学会編『研究紀要』第8号の93-96頁に掲載。

12) 本学会は、設立当初、「日本福祉士教育学会」の名称で立ち上げられた経過がある。なお、京都府立医科大学医療技術短期大学部で第一回全国大会 (研究大会) が実施されるにあたり、同大学の上野範子先生と告知用のパンフレット等の作成を行ったが、その際の学会名称は、「日本福祉士教育学会」であった。

13) STEP1 が、「掲載する事例を通してソーシャルワーカーとしての価値や倫理、支援に向けての基礎的な知識や対応を理解する基礎編」(24事例)、STEP2 が、「24種類の技法を、それぞれに対応する事例を通して学んでいく技法編」(24事例)、STEP3 が、「事例に即したアセスメントやケアプランの策定を自由に試みる援助技法等を養う応用編」(22事例)、STEP4 が、「チームアプローチやコミュニティソーシャルワークなどの総合的・包括的な実践力を養う展開編」(18事例) である。

14) 本書を実際の福祉士等の専門職養成における演習等において、テキスト・参

考文献として活用（採用）した経験から感想を述べると、STEP3については若干の使い難さがあり、この点は課題であろう。具体的には、教授するにあたり、教員の専門外の領域の事例については、当該領域に特化した専門的視点の解説は困難であることから、一般的な課題認識のレベルに留まってしまうことが懸念されるところである。

15）『福祉図書文献研究』第15号の77-80頁に掲載。

16）本書の共同執筆者として、事例作成を担った印象としては、一般的な事例の作成に比べて、実践事例が有する本質を相当緻密に作り込まなければならないことから、大きな労力を要するものといえる。

参考文献等

・井村圭壯、谷川和昭編著（2007）『社会福祉援助の基本体系』勁草書房.
・井村圭壯（2019）「富山県の社会事業施設・団体形成史に関する研究：特に『富山県社会事業要覧』を基盤として」『日本福祉図書文献研究』18、17-29.
・古川孝順（2004）『社会福祉学の方法―アイデンティティの探求』有斐閣.
・釜野鉄平（2011）「ノーマリゼーションの今日的意味：中園康夫師の文献より」『福祉図書文献研究』10、7-18.
・幸信歩（2016）「我が国の精神科作業療法の導入における呉秀三の役割」『福祉図書文献研究』15、35-43.
・森山治（2010）「戦前期における我が国の肢体不自由児施策と高木憲次の影響」『日本福祉図書文献研究』9、73-89.
・村田隆史（2010）「生活保護法における『自立』規定に関する一考察―小山進次郎氏の文献分析を通じて」『日本福祉図書文献研究』9、59-71.
・村田隆史（2014）「社会福祉主事の構想をめぐる対立と専門性：黒木利克の文献分析を中心に」『日本福祉図書文献研究』13、81-89.
・中垣昌美（2004）「『『日本仏教社会福祉学会年報』復刻版の刊行にあたって」日本文教社会福祉学会『復刻版　日本仏教社会福祉学会年報　第1巻』不二出版、3-6.
・日本キリスト教社会福祉学会50年史編集委員会（2009）『日本キリスト教社会福祉学会50年史』日本キリスト教社会福祉学会.
・島内節（2016）「日本在宅ケア学会設立の経緯と初期の活動」『日本在宅ケア学会誌』20（1）、5.
・硯川眞旬（2004）「巻頭言『本質認識』ということの学問的重要性」『研究紀要』3、1.
・硯川眞旬編（2005）『社会福祉の課題と研究動向』中央法規.

・田中英樹、中野伸彦編著 (2013)『ソーシャルワーク演習のための88事例—実践につなぐ技法を学ぶ』中央法規.
・谷川和昭、井上深幸、趙敏廷 (2013)「三友雅夫に関する文献解題と計量的内容分析」『福祉図書文献研究』12、53-65.
・田代国次郎 (2007)『社会福祉研究実践運動』本の泉社.
・田代国次郎 (2011)『社会福祉学とは何か—現代社会福祉学批判』本の泉社.
・梅木真寿郎 (2004)「竹内愛二の文献における価値の変遷—ソーシャルワークへの今日的意義」『研究紀要 (日本福祉図書文献学会)』3、3-14.
・梅木真寿郎 (2009)「大林宗嗣師と優生思想—産児制限論と劣性遺伝の根絶」『研究紀要 (日本福祉図書文献学会)』8、9-28.
・梅木真寿郎 (2010)「賀川豊彦のセツルメントの特質—比較検討を通じた共通点と差異について」『日本福祉図書文献研究』9、25-41.
・吉弘淳一、横井一之 (2015)『事例で学ぶスーパービジョン—対人援助の基礎知識・技術を通して』建帛社.

社会福祉学における
文献研究と哲学の要請

第**6**章

村上　　学（東京理科大学）

Ⅰ. はじめに

　社会福祉学とその文献研究において哲学は必要なのか。必要だとすればそれはどのように役に立つのか。

　これが今回のお題である。

　特に最初の問いは「はい（必要です）」「いいえ（必要ではありません）」で回答する単純な問いである。単純であるはずなのだが、哲学の厄介なところで、ことはそう容易ではない。それほど捻くれていない哲学者であっても、あるいは平均的で（学者の性質や傾向に「平均」があればだが）研究に実直な哲学研究者ならば尚更、一度は次のように問い質したくなるであろう。「ここであなたが『哲学』と呼ぶものは何ですか」と。実に面倒な人たちである[1]。

　しかし、すでにここで一つの解答が示唆されている。哲学者はその研究の本性（「ほんせい」と読む）にしたがって、自らが研究している「哲学」を自明のものだとは考えない。考えないどころか「自らが有する知が如何なるものか」を問う。少し乱暴にまとめれば、一般に「認識論（epistemology）」と呼ばれる哲学の探究がこれに当たる。ちなみに英語 epistemology は、元々ギリシア語 episteme+logos ＝「知識についてのロゴス」の意である。さらに、アリストテレスの用法に従えば episteme（エピステーメー）は、知識一般、または「学ぶ／教えることができる知識（学知）」を指す。学問全般はこのエピステーメーに内包されるというわけだ。

　かくして、自らの営み、とりわけその知的内実が何か、それを精査し場合によってはそれを改め、専門家（＝専門的知識を持つ者）が自ら「自分自身が何者であるか」を語ろうとする営みそれ自体を「哲学（する）」、

あるいは控えめに「哲学的」と呼ぶことに問題はないはずだ。

　学び、あるいは教える、そして「探究する」となれば尚更、人の場合、多くは何らかの意味で「言語」が関わるといってよい[2]。口伝から記録へ。木、陶片、羊皮紙、パピルスへの筆記から印刷あるいはモニター表示へ。神官や役人、王や貴族から「市民」へ。文献は知の共有と更新にとって現在でも中心的な役割を持つ。そして、自らの専門知識を更新するのに文献を紐解き、そこに書かれていることを改めて論じ、場合によっては修正提案をする。そこでの議論の「決まり」「規則」は一般に「論理（logic）」と呼ばれ、その論証や文（命題）と文（命題）の規則を明らかにしていく研究は「論理学」と呼ばれる哲学の一部門である。結局、文献研究自体、その背後に哲学の影がちらつかないはずがないのである。

Ⅱ. 社会福祉における文献研究

　日本福祉図書文献学会とは不思議な学会である。そのような趣旨の感想をどこかで書いた覚えがある。それは冗談でもなく、ましてや異議を唱えているわけでは決してない。むしろ社会福祉の活動を反省し、また語ったり学ぼうとした人たちの止むに止まれぬ危機感と、当時の社会福祉学のありようへの深い洞察への共感だったはずだ。筆者の印象でしかないが、20年前の当時（2000年前後）、社会福祉で問題になるのは、ほとんどが我々が一般に「技術論」と呼ぶ類の議論、たとえば「援助の方法論」であり、「実践とその経験」の受け取りの問題であったように見える。そしてその活動や技術内容の正当化は現実の成功体験、先人の活動との類似性や宗教的信念によって行われてきたきらいもある。

　自覚的であったかどうかはともかく、日本福祉図書文献学会の設立に関わった者やそこへの参加者の共通する感覚を一言で言えば、「社会福祉における『哲学』が足りない」ということだったのではないだろうか。そうでなければ活動の「実践」を観察し、報告し、「成功する」「有用な」情報やノウハウを記録し更新していくだけで十分だったはずである。何

も、過去に書かれたものを改めて取り上げ議論する機会をわざわざ設ける必要はなかっただろう。ノウハウは各個・各団体の「熟練」や他の技術の進展と呼応して、時代に応じて書き換えていくべき事柄であるので、引っ張り出す「記録」（文献）は直近のものだけで十分なのである。さらに、自分たちのやっていることが「うまくいっているように見える」のであれば、他の参考に供することはあっても、それを改めて分析、評価し正当化するような言論の必要性は多くが感じないであろう。「うまくいかなくなった時」に改めて反省し、うまくいっているやり方を取り入れればよい。あるいはそこに「効率」という要素が入れば「省力」などの方法が「改善」として導入される。それがノウハウであり「技術」というものであろう。だが、それでは十分ではない、あるいは、そのような道行では「成功しているように見える」だけであって「成功している」かどうかは知りようがない、そう考えた人々が確かにいたのである。

　何も扱うテーマが「哲学的」であるかどうかが重要なのではないだろうが、それでも多少の指標にはなるだろうと思われる。全てを閲覧したわけではないが、目に留まった論考（タイトル）を拾って例として挙げてみよう。

　第3号で「巻頭言」（硯川眞旬）「『本質認識』ということの学問的重要性」が語られている。様々な理由で「本質（essence）」という用語は現在使いにくくなってはいるが、文献をもって社会福祉を考察する「理由」もしくは方向性を示唆するには十分な表現であろう。

　第5号には「社会福祉における理論的枠組み構築の試論－古川理論の検討を通して－」（中村剛）が見られる。第5号は2006年発刊であるが、この時点で社会福祉を反省的に分析し論じる方法論自体が不安定であったことが窺える。もちろん、ある研究対象を考察するのに「先に」枠組みを設定したいとする社会科学的議論の中での論考である点は注意が必要だろう。しかし、方法論（methodology）と、先の「本質」への接近とが分けては考えられない以上、社会福祉の哲学に関わる重要な問題意識であ

ると言える。この第5号では他に「親鸞」(伊藤秀樹)や「一番ヶ瀬康子」(長野弘之)の「思想」を取り上げる論考も収められており、文献研究が本性的にもつ哲学的側面がよく現れた巻にもなっている。

　こうした第5号に引き続き、その年の大会の基調講演をまとめた「人間の福祉と社会保障ーアマルティア・センの福祉経済理論に寄せて」(第7号、田中きよむ)、「福祉哲学としての『星の王子さま』ーその可能性と限界についてー」「社会福祉学を支える基盤の研究ー基盤を探究する方法としての現象学ー」(各第8号、第9号、中村剛)、そして第11号の(基調講演論文)「社会福祉学研究方法論序説」(小田謙三)と、続け様に「哲学的」と呼んで不足のないタイトルが並ぶことになる。社会学や教育学を基盤とする研究者が少なくない社会福祉学のフィールドにおいて、社会科学の各分野の理論を参照することは自然なことであろう。それらとの対決から社会福祉を図っていこうとする中で、「学」としての基盤がダイナミックなものとして形作られることが期待されるのである。他分野で重要視される思想(文献)を砥石として現代の哲学的課題、社会福祉の「本質」に切れ込んでいこうとする方向性とそれを実現する実質的な論考は、文献を研究することを「条件として課した」探究の歴史において正確に時代の要請に呼応する営みになっているのではないだろうか。この流れに拙論(第2号、第3号、第17号)を加えていただけると幸いだが、他の議論を参照したり援用しながら自らの土台や根拠に接近していく試みが連綿と続けられてきている。

　これは社会福祉の他の学会誌と比較して本学会の特徴と言えるかもしれない。手元には日本の社会福祉業界では最大の学会「日本社会福祉学会」の学会誌『社会福祉学』が並ぶが、その目次を眺めて比較してみる。社会福祉の方法、そして「政策論」は多く並ぶ。政策を論じるのに、社会思想はもちろん政治哲学や法哲学の理論への参照はある。しかし、社会福祉の「学」としての反省、社会福祉を論じる方法への方法論的反省、そして社会福祉の活動に「内在的な」理論(logos)の希求は、学会の規模か

らして控えめに言っても「少ない」。加えて、社会福祉の活動が持つ「社会性」という特質からして、いわゆる時代の変化や「歴史状況」といった事柄を反映した形で不断に「語りなおし」（再考）を迫られると考えられる。その点に自覚的であれば、時代の転換期と言われる現代においては「やはり『理論』は停滞の中にあると言わざるを得ない」と 2016 年度時点で総括するのは冷静な評価なのだろう[3]。

　この節を閉じるのに補足を一つだけしておこう。実践や現行制度の分析と比較した文献研究のもう一つの特徴は、それが時間軸を意識した歴史研究を内包するという点であろう。哲学として福祉の原理を探る営みが超越（論）的に時間を捨象した仕方で考察されるかどうかは、それこそ形而上学的課題である。しかし、現代の社会福祉学における哲学が、理論と個別の実践、制度とその基盤といった仕方で現実の活動に幾分寄せた考察が求められる限りでは、そこに「歴史性」、もっと具体的には制度史や政策史の裏にある「概念史」「文化史」あるいは「精神史」や「感情史」、そして「思想史」の中で位置付けられ論じられる必要がある。それはさらにいわゆる俯瞰的に自らの方法論についての反省へとつながっていく。文献研究において、それゆえ、たとえば「社会福祉士研究の視点と方法に関する検討－主体的事実、現象的事実、歴史哲学の文献を基盤として－」（第 14 号、井村圭壯）や「（実践報告）戦後日本の社会保障における基本原理の形成過程」（第 18 号、村田隆史）といった研究が、そして方法に対する反省についても「社会保障研究の方法論に関する一考察～政策主体と社会運動の評価をめぐる対立を中心に」（第 14 号、村田隆史）が目に付く。今後もこうした研究が重ねられることが、社会福祉学全般にとっての哲学的考察として重要であると考えられる。

　以上、簡単であるが、当学会の活動を参考に、社会福祉学における文献研究と哲学的考察の変遷と現状を追ってみた。十数年前に散見されていた「演繹か帰納か」といったどこから借りてきたのかわからない方法論からはすでに卒業し、分析や考察の方法も洗練されたように見える。

現象学をはじめ、アンケートや統計情報を駆使するなど、社会科学の方法を借りながら自分たちの活動を明晰に言語化する努力が積み重ねられている。そうした段階が現時点だとすれば、そこから社会福祉の活動に内在的に、いよいよ自分たちのロゴス（言論）を持つ時期に来ている。そして、研究の方向性の確かさが確認されたとしても、それがその論の内容の質、そしてその影響力を保証することにはならないことも自明である。いかなるフェーズの研究においても、不断の研鑽が必要であることは言を待たない。

Ⅲ. 社会福祉の現代的課題と哲学

　では、最初の問いに戻ろう。それは「社会福祉にとって哲学は必要か」であった。

　一般的な「ニーズ（必要）」理解に依拠して「当事者の状況、意識や判断と相関的である」と相対主義的な解答を出す前に、必要だと仮定してその上で現代的課題をどのように考えていくことになるのかを示すことでこの問いに答えることにしよう。社会科学全般に言えることだが、社会福祉学においても米国の研究から多大な影響を受けていることを顧みても、実際にどのように役立つのか、プラグマティックな議論を持ち込むことは決して不当ではないだろう。

　課題の分析は、教科書で示される哲学の分類に沿って進めることにする[4]。

Ⅳ. 社会福祉の形而上学

　まず哲学の「形而上学」としての側面から考えよう。社会福祉学が「学としていかなるものか」「社会福祉とは何か」という、単純かつナイーブな問いは、社会福祉に関わる研究に携わる人間に決して無縁ではないし、繰り返し問わなければならない自覚すらあるのではないだろうか。事情は次の通りである。

社会福祉とは何であるかを説明しようとした途端、その対象の広がりや関連分野との関係・階層の複雑さがすぐに目に付く。たとえば筆者がしばしば用いる「ケアすること全般」などと一言で定義することは、同時に、様々にこぼれ落ちる要素に目を瞑ることでもある。十全な説明にはまとまった論考が必要となろう。それは明らかに社会福祉に関する哲学（形而上学）である。

　現代的課題として、この点は実に深刻、急を要するのではないかと危惧するところでもある。たとえば、「障碍者」とは誰であろうか？「高齢者」とは？「子ども」とは？ケアの対象としているその対象自体が形而上学的考察の下で定義される。現実の援助活動はどこかで制度的に線引きされた対象把握との間で軋んでいたりしないだろうか。

　一つの例で考えてみよう。昨今、LGBTQ をトピックとするジェンダー問題が話題に登るが、ここで起きている問題を単純に制度論や政策論に還元することができないことは明白であろう。むしろ、この問題は制度や政策に先立って、我々の世界の捉え方に反省を求める。ここで思い出すべきは、「性自認」や「性志向」が、それぞれ生物学的性と必ずしも一致しないことも、ヘテロではない対象へと向かう衝動が抑えられないことも、どちらも古から「知られていた」点である。それにもかかわらず制度や政策が不寛容であり続けた[5]ことを反省するならば、（制度や政策へと関心が向くことを本質の一部とする）社会福祉学が上記の課題の形而上学的考察をその一部とする、あるいは少なくとも参照することは「必要」以上に「必然的要請」だと言っても言い過ぎではない。

　形而上学が一般に疎まれたり「実践」と大きく乖離する「天上の」「御託」の如く扱われてしまう不幸は、それが深く宗教・神学と結びついてきたことで、あたかも「科学」と解離した探究だと一般に理解されたことにも原因がありそうである。しかし、21 世紀の現在、物理学や数学の進展に応じるように形而上学は元気を取り戻した感がある。「時間」「性質」「数の実在性」など、アリストテレス以来の古典的な課題が論じなおされ

ている [6]。最新の古典学の研究において Meta-Pysica (>Metapysics (形而上学)) という「書名」を誰がどのような意図でつけたのかをめぐる議論が再燃している [7]。命名者は不明 (アリストテレス自身ではないようである) であるが、世間に流布している「自然を超える (=「形而上」) の学」との意味をここに読み込むのは無理があるという点は多くの研究者の間で一致している。本来のギリシア語「自然 (学) の後」を意味するとして、しかし、それはアリストテレスの「ノート」を編集した者の勝手な解釈であるのか、あるいはある程度はアリストテレスの意図を汲み取っているのか、まさに『形而上学』という文献をどう読むかにかかっているというのである。もちろん、ここで古典学の紹介がしたいわけではない。もともと「形而上学」が「自然学 (現在の自然科学の元)」と切り離せない (アリストテレスは自分の『自然学』から多く引用しながら『形而上学』の議論を展開している) 点を確認しておきたいのだ。

　では、話を元に戻そう。自然科学において男女 (オス・メス) の境界は、遺伝子レヴェルにおいてさえ、はっきりしていない。「科学からして」女と男の二分法には一定の留保条件がつくのである。だが、他方、様々な「特徴」から女性と男性 (雌と雄) が区別されることも「事実」である。しかも、その「事実」は生物についての学から導かれるのではない。「ジェンダー」は、生物についての学がそれによって論証を組み立てる、そうした原理となる「カテゴリー (category)」の一つとして措定される。「性」とその「差」とは一体何か。科学とは切り離されないが、しかし、ある種の人文学としての「形而上学」(哲学) の考察に一定の優先性がある。

　社会福祉学のケアの現場、たとえば「体を拭く」というありふれた場面は、「女性の体を女性」「男性の体を男子」はもちろん「男性の体を女性」と記述されるパターンは何も問題がないように見える。ところが、「女性の体を男性が拭く」と記述されるケアは特殊な条件 (たとえば「家族による」など) のもとでしか実施されない。対照的に、支援者になる資格にはジェンダーの別は問題とされない。「ケアの社会化」、性別役割の否定

の思考の先には、極端な「原理主義的思考」であるが、「女性の体を男性が拭く」時の「ハラスメント」がケアを受ける女性側の思い込み、誤ったジェンダーバイアスだとする断罪が待っている。すなわち、性差など一部の体の作りだけの問題であって、詰まるところジェンダーは文化的歴史的迷信の一種に過ぎず、時の「社会」が決める「制度」でしかないと説明するかもしれない。「体を拭く」ことになんの性差が影響するというのか、と。しかし、現在の一般的ジェンダー感覚の元では、その人（女性）が（知らない）男性に体を見せるなど「生理的に受けつけない」だろう。こうした「原理」と「感覚」との違い（それが真性の「ズレ」なのかは問題としないとして）を調停するのに、被援助者が基づく「現代のジェンダーは『女性の体を男性が拭く』ことに抵抗を感じるので、それを認めるだけである」と、「現在性」あるいは「当事者性」を持ち出すだろうか。

　こうした問題を「時代と社会」の制度の問題であり、被援助者が望むから（あるいは「ハラスメント」はやらない方が良いから）と「現実的な（形而下）」「現場の」判断だけでこれから先の検討には目を瞑るかどうか、社会福祉学はその探究の意志が問われているように見える。すなわち、援助者の資格について性別不問をうたいながら、仕事には性別に基づく相当の制限がつくことをこの先どうしていくべきか（少なくとも理論として）説明することができない。それだけでなく、もし上記の架空の原理主義者の主張に一理あるのだとすると、これまたジェンダー論者が「いじめの構造」と類比的に説明するように、「傍観者は加害者」、つまり性別役割の拡大再生産装置を担うことにさえなっていることになろうか。

　本稿はここで特定の見解、架空の原理主義者にも、「生理的に受けつけない」という主張に一定の普遍性を認める感情理論にも与するつもりはない。上記の架空の議論のポイントは、いわば現代的形而上学（哲学）を内在化することでしか、社会福祉学は自らの活動（ケア）がどのような対象にどのような仕方で関わるのかについて、十分な説明をすることができないのではないか、そうした提題の提示にある。おそらく同様のこ

とが、障碍者はもちろん、「子ども」とか「高齢者」にも当てはまる。そして最終的には「ケアとは何であるのか？」、この形而上学的問いが社会福祉学の探究の内在的課題となると思われるのである。

V. 社会福祉の倫理的性格

　次に「倫理学」という哲学の一側面から眺めてみよう。

　「援助者は道徳的・倫理的でなければならない」。それが自明であるから社会福祉学にも倫理学（哲学）が必要である、と主張したいのではない。援助者に道徳や倫理が求められると言う時に多くが期待しているのは、「科学者にも倫理が必要である」と述べられる場合ほど極端ではないとしても、結局はフーコー的な「技術化された道徳」である。規則を守り、慣習に基づいて「悪いことをしない」態度や判断を身につけるので足りるのであれば、それはノウハウとして躾の良し悪しの問題でしかない[8]。学として、それ（「道徳・倫理」「規則自体の根拠」など）を言語化し説明することとは別の相の出来事である。

　倫理学はたとえ大袈裟に聞こえようとも、初発の問いは「いかに生きるべきか」というソクラテスの問いである。そして、奇異な表現であるかもしれないが、社会福祉の活動はそれ自体道徳的行為なのではないだろうか。つまり、「ケア」は（回りくどい言い方だが「それが「ケア」である限り」）それ自体でポジティブな価値を持つ人の行為であり、生き方に関する一つのポジティブな答えであると考えられる。

　もしそうであるなら、社会福祉学の役目の一つは、まさに倫理学と重なり合って、ケアの「ポジティブな価値」とは一体どのような価値であるのか。それが増強されたり、あるいは減じられたりするのはどのような場合なのかについて、関心を持つのではないだろうか。それは「ケアとは一体何をしていることになるのか」に答えることでもある。答えることによって、ある人が「ケアすること」を自らの職業にすることの意義も語ることになるだろう[9]。

それが学としてどれほど困難な道行きを辿らなければならないのか
は、関係者にとって忘れようにも忘れられない事件「相模原障害者施設
殺人事件」が物語る。「援助すること（ケア）に何の意味があるのか」[10]。
対象者が違えば、ケアの価値は変わってしまうのか。

　殺人は法律的にも道徳的にも不正・悪として、その正当化は困難であ
る。それが「悪」または「不正」だという評価は改めて「人権」概念を持ち
出す必要すらないだろう[11]。だがそこに重なって、関係者が本事件に衝
撃を受けた原因の一つは、殺人の理由としての「人間観」であったと想
像できる。そもそも、関係者の多くは自分がなすケアの対象（者）に（生
きている）価値がないなど、想像したこともなかったのではないだろう
か。だからこそ凶行の「理由」となった人間観は、一方では言語道断、議
論の余地がないほどに「誤り」が明白に見えたかもしれない。しかし、そ
の人間観を採用した時に、連動して「ケアに意味がない（価値が見出せ
ない）」という構図が顕になった現在。改めて我々は社会福祉において何
をしているのかを問い、そして「答える」ことが求められているのでは
ないだろうか。それはあらゆる面において「倫理的・道徳的問い」であ
り倫理的・道徳的解答であろう。

　障碍者への評価の低さを「社会が能力主義に陥っているから」（そうし
た社会の改善こそが問題の解決である）と、社会による個人の道徳観の
醸成を前提とした論評もある。能力主義の弊害を露わにする論考は傾聴
に値する重要な意見であろう。

　だが、援助者を含む各個人の障碍者の扱い、その評価や求められる態
度は、社会が決めるのだろうか。要するに社会が道徳を用意するのだろ
うか。社会科学の多くの分野がこうした道徳観を取るように見える。何
か事件が起きれば、まずは「こういう社会だから」なのである。

　しかしながら事柄をより慎重に扱わなければ思わぬ落とし穴に落ちる
ことになる。戦時下では多くが武器を持ち、殺人を行った。しかし、社会
がそれを求め認めたからといって殺人が「その時は良いことだった」と

は評価しない[12]。我々は「殺せ」と命令を下す政府をオルタナティブな選択肢としない世界を夢見ている。戦時下、ナチスドイツではホロコーストが社会によって粛々と行われた。ユダヤ人同士が自分の生存のために「同胞」をガス室へ送る手助けをしている。それが筆舌尽くせない思いを生き残った当事者に抱かせる忌まわしき出来事であるのは「現在の社会の価値観」を物差しにするからではない。そうではなくて、その時（「今・ここで」）隣人に害をなす社会的な「道徳」に目を瞑るどころか命を賭してまで「違う」と叫んだ人々が少数であってもいたという事実。そしてそうした人々が抱いた何かを自分自身の内にも見出すからではないか[13]。その「何か」を我々は正当にも倫理（あるいは倫理的徳）と呼ぶはずである。

　社会福祉においても、こうした「社会」に還元されない、逆に現代社会を相対化できるような、価値（倫理）を繰り返し問うことをする必要がある。すでに社会福祉には、「囲い込み」「隔離」から「ノーマライゼーション」「社会化」へと修正した歴史を持っている。その回転軸、梃子の支点は何であったか。それは被援助者の「幸福」とは何かという、実に古典的な倫理問題だったのである。

　社会福祉の活動が道徳的なそれであるという点は「社会」との関係だけでなく、経済との関係で考えてみるとより明らかになる。

　ケアの活動は、対象の状態と活動内容がポイント（数字）で測られ「給与」が対価として支払われる経済的活動の一環として市場に組み込まれている。市場のおいて「値段」が「価値」を示す点で、その「金額」が活動・働き（労働）の価値を図る物差しである。そして政策論、制度論としての社会福祉学は「正当な対価（評価）」を問題として、「ケア」に値段（あるいは「点数」）を率先してつける作業に加担する。かくして、「割に合う」援助活動と「割りに合わない」援助活動とが生成されることになる。

　政策論においては、ここで「平等」「釣り合い」「効率」など、いくつかの尺度を持ち込んで、援助を受けるものと行うものの双方にとって不足

のない理想的な仕組みを組み立てるために知恵を絞ることになるだろう。それはとても大事なことである。

　だが、「愛はお金で買えない」のだ。倫理学は、福祉の活動（ケア）をお金で買えるようにすることで「腐敗する」価値がある、と警告する[14]。社会制度の中に組み込まれることと、ある特定の活動の価値がまっとうに評価されることは、言うまでもなくイコールではない。ケアを「サービス」として購入できる制度は、むしろ元々値段がつけられないかもしれない活動を歪める可能性、その本来の価値を見失わせる要因にすらなる危険がある。それは「お金を払っているのだから、これくらいの援助はしてくれても良いだろう」という発言に潜む「協働」の腐敗にもその例を見ることができる。我々はケアの活動をお金で測ることで、援助を行う者とその活動だけでなく、援助を受ける側の道徳性をも傷つけ腐敗させていないかどうか、もう一度反省しなければならない。そして、そうした腐敗への傾きに抗してケアの価値を高めていっている人たちにも学ぶ必要がある。ここで「文献」とその研究の重要性を詳らかに説明するのは野暮というものである。

　以上の見通しが前提としていたのは、社会福祉の活動の成就が援助者と被援助者の「協働作業」でしかなし得ない側面を不可避に持つという点である。もし「協働」が必須であるなら、そこには一定の道徳性があるだろう。社会福祉学がそうした問題を明らかにし、そこから政策や制度を見直そうとする時、そこにも倫理学（哲学）が顔を出している。

VI. 社会福祉の認識論と政治哲学

　哲学の必要を仮定する考察は、認識論（エピステモロジー）と政治哲学を扱って最後としたい。

　先に見た通り、社会福祉学はその本体が政策論や制度論とみなされるほどに「政治的」である。我々の住む地域や国がどのような政治体制であるのかは社会福祉の諸活動が如何にあるかを決定づける。

これはいわば意志の問題なのかもしれない。自分たちが住む社会、も
しくは共同体の政体を前提にして、そこに如何に適応していくのかを模
索し具体的な制度の修正・改善を働きかけることに満足する、というの
は一つの選択肢である。それはそれで大事であるだけでなく一定の困難
が伴う点でも学究の課題であろう。しかし、さらに踏み込んで、社会福
祉活動の理想の成就のために、自分たちにとってのあるべき姿を社会と
か共同体の成り立ちのところから語り始めるならば、それは政治哲学で
もある。

　我々は簡単に「福祉国家」を口にする。だが、たとえば、我々にとって
社会福祉という場合の「社会」(それが共同体であれ、それに対比される
社会であれ) の「範囲」は如何程なのであろうか。現代功利主義はそれを
「世界」はおろか、動物も含めようとする [15] し、ヌスバウム [16] など一部
のリベラリズムもグローバリゼーションや動物に対する「正義」を主張
する。だが他方、「〇〇ファースト」などの掛け声に代表されるようなナ
ショナリズムが現実を席巻し、感染症の対策も国家単位を疑わない大勢
の人たちがいる。社会福祉学が制度や政策を問題にする時、それは既存
の国家を疑う必要があろう。

　過去、福祉の活動は一種の「隣人愛」として機能しているという面が
あった。あるいは宗教共同体の内部での活動をその範として「馬が1日
で回れる範囲」に目配せするしかなかったかもしれない。しかし、我々
は現在、世界の裏側に隣人を持ち、人以外の動物を家族と呼び、また、機
械が知能や感情を持つだろうと言われる世界に住んでいる。そして何よ
り、その気になればどこへでも長くても数日という単位で飛んでいける。

　先の倫理学との関わりで見たように、社会福祉の活動に従事する者は
自身の生き方の問題としてケアの活動を捉えることになるが、それはど
こまでの範囲なのだろうか。我々は他所の国のニュースを観て心を痛め
ることがある。たとえばその時に、手を差し伸べる義務や責任が社会福
祉に関わる「誰か」にはあるのだろうか。あるいはその場合の義務とか

責任とはどういう意味なのだろうか。

　こうした、一見大袈裟に見える「ケアの対象者」の特定の構図は、一方ではそれでもなお政策論の範囲として予算と人員などの効率的配分問題と連動する形で決まるのだというプラグマティックな判断がありうる。他方、国の形、ネイションなのかステートなのか、あるいは国境を排した「世界国家」構想なのか、などはあくまでも政治学や政治哲学と現実の政治の間で決めることだと主張されるだろう。

　こうした仕方でケアの対象者の特定をいわば「外から」遂行していく思考は、逆説的だがある種の哲学を自分たちの「外」においてしまうことで生じるのかもしれない。現場ではこういうだろう。「目の前にケアを必要としている人たちがいる。それ以上でも以下でもなく、その人の性別や信条、そして国籍の何が問題になるのか」と。我々は「いつ、誰に、どのようにケアをするのが良いか」を知っている。少なくとも知っている人がいると想定する。ケアの対象者が誰なのか、定義や規則で一般的・普遍的であるように決めてもそこには必ず漏れる人間がいる。それにもかかわらず「今、ここで」我々は対象者が誰かを知っているのである。

　以上の分析自体はアリストテレス的な「実践的知識」と、それを基盤とする徳倫理の見方をデフォルメした解説である。哲学における認識論は「知る」ということがいかなることかを根本的に反省する[17]。もし社会福祉の活動が上記のような実践的知識に支えられているとするならば、先の社会福祉の制度における「国境」の問題も様相が変わるのではないだろうか。

　こうした認識論と政治制度において現代活況を呈しているように見えるのが「道徳感情」による基礎づけの問題である。哲学の専門的考察の概説は省くことにするが、その社会がどのようでああるかに先立って、ある種の人間性のうちに、道徳的感情とそれに基づく判断があるとされる。そのように考え倫理学その他を見直す動きがあるのである。社会福祉の活動は、その時代・社会の政策や制度の中での社会的分業の一つで

あるが、それに先立って、何より我々が「生きる」というその根源に深く根差すある感情からくる意志としての一つの生き方の「かたち」かもしれない。

　さらにより広く「感情論」自体も盛んに議論されている。「感情とは何か[18]」「種類はどれくらいあるのか」「『基本的』と呼べる感情の種類があるとすればそれはどのように決定されるのか」など、AI や人間以外の動物の理解とも関わって、様々な見解がある。これらの研究の趨勢は、今後問題になるであろう動物や AI に対する「社会福祉」をどう考えるかの問題にも影響があるのは明白である。また、「感情労働」としての社会福祉の活動において、ケアの対象に関わる感情がどのようなものであるかの究明によって、感情と道徳の関係や感情による（働きかけの）対象認定の問題などの解明が進むことが期待されるだろう。

　これらの哲学的探究の成果は、しばしば体験を過剰に見積もりがちな現場において、対象に対して湧いた感情を正当に位置づけ、そこに生じている問題を整理し、次につながる経験へと変換する理路を与えてくれるだろう。そこにはもちろん、心理学や社会学、あるいは行動経済学や生理学といった知見が参照されるだろう。だが、それを社会福祉に関わる一人ひとりのトータルな生き方の問題、「世界観」とか「価値観」と呼ばれる何らかの認識が何であるかに関わる知への関心は、それを哲学と呼ぶことに異論はないはずである。

Ⅶ. 社会福祉にとっての哲学は必要なのか

　紙幅の都合で論理学との関係は最初に触れただけになってしまったが、それも含めて社会福祉学が哲学研究と交流する意義は小さくない。それは多くの人たちが認めるところだろう。本稿ではそこをさらに踏み込んで、「内在的」という表現によって社会福祉と哲学との不可分な関係を描写することに努めた。社会福祉学は、ある種の総合的、分野横断型の学問領域であろう。だが、関連する様々な知識や経験を結ぶ紐帯と

して、社会福祉自体を問いそしてその価値を言語化しようとする哲学が
ひっそりと、しかし確実にその内側に「ある」のだと言いたい。哲学を内
に抱くことによって紡ぎ出される言葉は、もしかしたら理想に過ぎると
みなされるかもしれない。しかし、社会福祉がそれぞれの人の未来に向
けての活動であることをここで改めて思い起こすならば、それは望まし
い社会福祉学の姿なのではないだろうか。

　もし以上の語りに何かしらの真実が含まれ、そしてある程度説得的で
あるのなら、社会福祉にとって哲学は、それなしにそれが一つの形を持
ち得ないというくらいの強さで「必要」なのである。

注

1) 議論において「逆質問」は決して行儀のよい行いではない。あくまでも仮定
　であって、「平均的な」（すなわち大半の）哲学研究者が行儀の悪い捻くれ者
　だと言いたいわけではない。
2) ちなみに、「見て覚えろ」「盗め」と、言語に頼る以上に熟練によって学ばれる
　ような「知」の大部分は「技術（テクネー）」に分類される。他に、意志・選択
　や行為を導く身体感覚・知覚、あるいは感情に関わる知は「実践的知識（プ
　ロネーシス）」、さらに、推理によらずむしろその前提を提供する知として「直
　知（ヌース）」、神様が持つかもしれない「人知を超えた」ある全体的、総合的
　知として「知恵（ソフィア）」など、知（一般（グノーシス））がその関わる対象
　やその性格によって分類されていく。ギリシア人は余程「知」に関心があっ
　たと見える。
3) 鶴野隆浩、「2016年度学会回顧と展望　理論・思想部門」（日本社会福祉学会、
　『社会福祉学』vol.58-3, No.123, 2017, p.78）
4) 「形而上学」「認識論」に加えて「倫理学」「論理学」が大きな括りである。一般
　的にはこれに「○○哲学」が加えるのだろう。
5) 細かく見れば事情はより深刻で、「時代」によって寛容と不寛容を繰り返し
　てきたと言うべきである。どれも当事者にとって十分だったわけではないだ
　ろうが、しかし、たとえば少なくともある種の同性愛がある仕方で認められ
　ていた時代や地域もあった。しかし、他方、残念ながら「無知」（の無自覚）に

よる迷信の類いによって、ある種の制度的・政策的迫害となったこともあった。そして、現代においても「共通の知」にはなっていない、とそう断言して良いはずである。

6) いちいち文献をあげつらねることはしないが、この動きと呼応するかのようにアリストテレスの『形而上学』の研究も活況を呈している。cf.) Carlos Steel (eds.) ; Aristotle's Metaphysics Alpha: Symposium Aristotelicum (Symposia Aristotelica) , Oxford U.P., 2012

7) 同上書参照。

8) それはそれで重要であることを否定しているのではない。

9) 倫理学側からしても、社会福祉への参照は必須である。現在「ケアの倫理（学）」なるものが盛んに研究されている。ケアと呼ばれる諸活動とそれが根差す感情や存在論を基軸にして「正義」その他、倫理の再構築を狙う論考は、現実の活動においては社会福祉の諸活動も参照することになる。

10) 以下、被害者となった人たちの「扱い」、人の命の重さを「測る」という残酷さと、そこから派生する「人権の見直し」「優生思想への非難」などの論点を軽んじる意図はない。むしろそうした考察を正確に問題として定位させるように試みてみたい。

11) 本事件を「人権」概念を適用、または拡張することによって非難する論評もあった。その意義は疑い得ないだろう。しかし、「生命権」の設定が、「自然権」を権原とするならまだしも、契約説（正義論）や目的論に基づいて殺人が忌避されることに根拠を持つのだとすれば、「なぜ殺人はしてはならないのか」の問いと答えはいわゆる「論点先取」（循環論）の様相を呈してしまう。対して「基本的fundamental」であるという認識を強くとって、「生まれながらにして有する」（＝自然権）とすると、「それは認められない」「そんな事実はない」とする人々と水掛け論を展開することになるかもしれない。実際の議論は必ずしも容易なわけでも自明でもない。

12) 古代を持ち出して「戦争で戦うこと」を「勇気（の徳）」の典型とする点を「時代・社会が道徳を決める」と言う主張の一例として指摘することができる。「徳」はその時代・場所の社会（共同体）が決めるのだと。そこに一理あることは間違いない。しかし、古代の「勇気」ではたとえば「自らの肉体を使って」とか、戦況を測って「出るのか退くのかの選択」（「勇気とは知識の一種である」「勇気は意志や情念の陶冶によって身に付く」）ということが問題であり、対概念として「卑怯さ」「弱さ」の問題があった。しかし、技術はこうした「状況」を変えてしまった。同じ「戦争」と言っても、まるで別物である。そして古代

であっても「平和」の方が価値があったのだ。この点を見逃してはならないと思われる。

13) ジークムント・バウマン（森田典正訳）『近代とホロコースト』（大月書店、2006）（Zigmunt Bauman; Modernity and The Holocaust, Polity Press, 1989）特に第7章、第8章参照。

14) 拙論「社会福祉活動のまっとうな評価〜マイケル・サンデル『それをお金で買いますか』から始める福祉哲学」（2018）参照。

15) 代表的論者はピーター・シンガー（Peter Singer）である。

16) Martha C. Nussbaum "Frontiers of Justice"（Harvard U.P. 2006）（神島裕子訳『正義のフロンティア、障碍者・外国人・動物という境界を超えて、法政大学出版局、2012）

17) 認知心理学や脳生理学、あるいは一般的な心理学や行動経済学などとの対話が必要なことは言うまでもない。逆にこれらの学の研究がどれほど進んでも、認識論（哲学）の仕事がなくなるわけではない。

18) 西洋の歴史においても古代に「感情」（emotion, passion）という心（魂）的概念自体が存在したかどうか議論の余地がある。「怒り」「悲しみ」といった特定の心の動きはあった、しかし、それらを（「知覚」や「快苦」などから）独立して「感情」としたかについては否定的にならざるを得ない。

第7章 研究方法論における文献研究の意義

立石　宏昭（九州産業大学）

Ⅰ．基本的な研究方法と発展的デザイン
1．量的研究と質的研究の視点

　文献研究は、過去に発表された文献を読み深め、他の文献との相互探究により、新たな見解を見いだす方法である。研究を進めるには、信頼性・妥当性のある研究方法論を用い体系的に探究することになるが、社会福祉学では、研究課題を科学的に解き明かす方法として社会福祉調査法がある。社会福祉調査法は、福祉社会の課題を直接的・間接的に捉えるため、実態を把握するデータ収集、潜在的ニーズの抽出、サービス内容に対する効果測定、福祉ニーズの充足に伴う計画化など、実践科学の手法によりデータ分析を目指す。

　データ分析は、収集したデータの性質に依拠する量的研究と量的研究に分けることができる。量的研究は、客観的な理論により立証する演繹的アプローチであり、多くの調査対象者の協力を得ながらデータ収集する。研究デザインは、実験研究、準実験研究、単一被験者研究、質問紙調査研究、相関研究など、回収したデータの情報化から法則定率的な仮説検証にあたる。統計情報による変数間の関係性や傾向の把握、一定のカテゴリーの集計によるグループ間比較などを見いだす。データ形式は、質問紙調査による測定尺度、研究者の報告するデータ、文章から取得する数量的データなどである。一方、質的研究は、普遍的な理論により形成する帰納的アプローチであるため、比較的少人数の調査対象者の観察や面接を行う。研究デザインは、グラウンデッド・セオリー・アプローチ、ナラティブ研究、エスノグラフィー、事例研究などであり、言語的・非言語的データの収集、調査対象者による解釈や分析により個別記述的

な仮説生成にあたる。調査協力者は、調査者とのやりとりのなかで新たな気づきも出てくる。データの形式は、インタビュー、観察、日記、手紙、議事録、写真、ビデオ、人工物、ウエブサイトなどである。

　量的研究や質的研究の信頼性・妥当性の向上には、エビデンスのある研究手法、調査結果の認証など、実証的に解明・分析する必要があるが、研究目的を達成するデザインを検討するとき、単一の研究方法では困難となることもある。

2. 混合研究法の視点

　量的研究と質的研究の方法を組み合わせて導き出す発展的デザインとして混合研究法がある。量的研究と質的研究は相反するものではなく、相互の情報で補填し追試・承認できる実証的研究につながる研究手法である。混合研究法（Mixed Methods Research；MMR）について、日本混合研究法学会（Japan Society for Mixed Methods Research）は、「複雑な現象をマクロレベルとミクロレベルの両方で調べるうえで、混合研究法によるアプローチは、個人の文脈に埋め込まれた、深くて多様な視点や経験を捉えつつ、現象の全体像も把握することができる」と提示している。20世紀後半に展開したパラダイム論争と言われる量的研究の実証主義、質的研究の構成主義のなかから第三の研究アプローチである混合研究法が定義・実践されるようになり、対立ではなく共存という包摂的な関係となった。混合研究法は、量的研究と質的研究の構成要素の収集、分析、解釈を行い、結果を統合あるいは相互依存する研究デザインでなければならない。

　混合研究法について、抱井[1]は6つのデザインがあると説明している。

1　収斂デザイン（convergent design）

　収斂的デザインは、質的・量的データから算出される異なる視点を比較する際に用いられる。質的・量的データは並行して収集され、どちら

か一方のタイプのデータ収集がもう一方のタイプのデータの分析結果に依存しない。つまり、質的・量的の二つのタイプのデータが、それぞれ独立して収集・分析される。このデザインを用いる典型的な例が、質的・量的データの分析結果に依存しない。つまり、質的・量的の二つのタイプのデータが、それぞれ独立して収集・分析される。このデザインを用いる典型的な例が、質的・量的データの分析結果が収斂するのか、はたまた異なる方向に発散しているのかを検討する、トライアンギュレーションである。ただし、このデザインにおいて、質的・量的データ分析の結果が一致することに必ずしも価値が置かれているわけではない。結果が異なる方向を示した場合、その理由を探ること自体が、新たな混合型研究設問の誕生として捉えられるというのが最近の見解である。

② 説明的順次的デザイン (explanatory design)

順次的デザインには、二つの異なる下位デザインが存在する。一つが説明的、もう一つが探索的なデザインである。説明的デザインは、最初に実施する量的研究の結果を、続く質的研究によって、より深化する目的で用いられる。

③ 探索的順次的デザイン (ploratory sequential design)

対照的に探索的デザインは、最初に質的研究を実施し、そこから導出された仮説を後続の量的研究で検証したり、質的研究の結果に基づいて測定尺度を開発する目的で用いられる。

④ 介入デザイン (intervention design)

介入デザインは、従来のいわゆる実験研究に、実験に参加する個人の視点を加えたものである。つまりこれは、特定の治療や介入プログラムを調査参加者がどのように経験しているのかを明らかにする質的研究の部分に「埋め込む」デザインである。

⑤ 社会的公正デザイン（socil justice design）

社会的公正デザインは、哲学的・理論的枠組みによる MMR デザインの類型化にあたる。マイノリティや障がい者をはじめとする、いわゆる社会的弱者と呼ばれる人々の地位向上をめざす目的で行われている調査や、フェニズム研究、社会問題の解決を企図するアクション・リサーチなどがこのデザインに該当する。したがって、社会変革の視座に基づく混合型研究であれば、データ収集・分析の手続きが収斂的・順次的、介入デザインのいづれであっても、社会的公正デザインとして類型化することが可能になる。

⑥ 段階的評価デザイン（multistage design）

最後の段階的デザインは、評価研究のような、複数の段階にわたって行われる研究デザインを指す。特定の介入プログラムの効果について、形成手評価（fomative evaluation）や統括的評価（summative evaluation）を実施するような例がこれにあたる。形成的評価研究はどのようにプログラムを改善し得るかを見極める目的で行われる評価研究であり、プログラムのデザインや実施の方法を決定するためのものである。一方、統括的評価研究は、実勢に実施されたプログラムに効果があったのか、プログラムを継続すべきかといった判断を下す目的で行われる。ここでは、①～③を基本型、④～⑥が応用型として分類されている。

3. エビデンスのランク付け

根拠のあるプログラムモデルを作成するとき、研究デザインの違いにより得られるエビデンスの妥当性に差異が指摘される。その基準として、1993 年に提案された Agency for Health Care Policy and Research（AHCPR,1999 年 12 月に Agency for Healthcare Research and Quality：AHRQ に改組）による臨床医学研究の研究タイプによるエビデンスのランク付けがある（表 1）。これは、国際的な議論のなかで生まれ、現在最

表1　エビデンスのランク付け

Ⅰa	複数の無作為化比較試験（RCT）のメタアナリシスによる
Ⅰb	少なくとも1つの、無作為化比較試験（RCT）による
Ⅱa	少なくとも1つの、良くデザインされた非無作為化比較試験による
Ⅱb	少なくとも1つの、他のタイプの良くデザインされた準実験的研究による
Ⅲ	比較研究や相関研究、症例対象研究など、良くデザインされた観察的研究による
Ⅳ	専門委員会の報告や意見、あるいは権威者の臨床実験

出所：AHCPR（Agency for Health Care Policy and Research），1993.

も広く受け入れられている。エビデンスのランク付けを含めた研究デザインを検討し、実践研究を図ることが研究結果の信頼性・妥当性のある研究となる。

　精神障害領域において野中[2]は、アメリカ、カナダ、オーストフリア、ニュージーランドなどを中心に、次のようなエビデンスがあることを紹介している。
(1)　疾病の診断名、精神症状の重症度、入院期間等と就労達成率との間に相関はない。つまり、障害が重いからといって就労できないという根拠はない。社会適応と就労能力とも相関がない。自験例では、就労意欲が最も高い判別因子であった。
(2)　過去の就労歴は就労達成率と相関があり、就労課題を発見するうえで貴重な情報となる。就労上の失敗があればそれを詳細に検討して具体的に対策を工夫できるし、就労経験がない場合はアルバイト経験やジョブガイダンスを必要とする。
(3)　最近の研究では、認知行動障害との関係があることが指摘されてお

り、認知行動療法による就労訓練が注目されている。個々の支援場面では、入力系、調整系、出力系の大まかな障害をとらえて、労働条件や現場監督者の指示を調整することができる。

(4) 就業前訓練（Pre-vocational Training）方式に比べて、援助つき就労（Supported Employment：SE）方式が確実に有効である。延々と訓練することで就労意欲を失わせていることが多く、現在では就労希望表明から6カ月程度の就労達成計画が推奨されている。障害者も一般人と同様に、職業生活の中で成長する。わが国のジョブコーチ制度はこの知見に従っている。

(5) 作業能力の訓練よりも職業生活の訓練が有効である。通うこと、約束事、指示に従うこと、報告すること、質問すること、仲間とつきあうこと等が重要な技能となる。職業能力は職業場面でなければ評価できないので、試しに勤務してみるという機会が重要である。わが国では、試行雇用（トライアル）事業という制度が利用できる。

(6) エビデンスにはないが、当然のように急性期や寛解前期では就労が再発要因となる。寛解後期を経た社会化の臨界期以降が現実社会への訓練を開始する時期であろう。

(7) 就労達成に比較して就労維持の支援が難しい。作業への適応、職場への適応、職業生活への適応、余暇時間の過ごし方、転職の仕方等が課題となる。就労仲間のセルフヘルプ活動等が最も有効性が高いようだ。

(8) 収入保障制度のあり方が就労達成に障壁となる可能性がある。わが国のように、生活保護制度における収入認定に柔軟性がないと、一般就労への挑戦を結果的に阻害してしまう。

(9) エビデンスにはないが、産業精神保健との連携が重要である。長期的には、その企業の産業保健体制によって支えられるため、労働安全衛生法との連動による工夫が求められる。

Ⅱ. 文献研究による混合研究法の実践

1. 研究デザインの事例

　本研究の目的は、欧米で有効性が実証されている「個別職業紹介とサポートによる援助付き雇用プログラム（Individual Placement Support Program：IPS）」に基づき、わが国に適した保健・医療・福祉と就労支援の一体化による相談からフォローアップまでの訪問型個別就労支援のモデル化を試みることである。主に、IPS に基づく訪問型個別就労支援の実践から、モデルプログラムに取り組むべき要素の抽出がねらいである。本書では、本研究の混合研究法によるデザインの部分に限定して紹介する。

2. 混合研究法による量的研究

① RCT 研究

　わが国では、国立精神・神経センターに IPS-J を立ち上げ、疫学研究の倫理指針に沿った無作為化比較試験（Randomized Control Trial：RCT）が行われた。入院中の患者のなかで一定の加入基準や研究参加に同意した重い精神障害者を対象に、介入群と通常の地域リハビリテーション援助に参加する対照群に振り分け、医療・生活面と職業面での成果の比較から統合プログラムの効果を測定する研究である。ここで使用した評価尺度は、Brief Psychiatric Rating Scale（BPRS）、Global Assessment of Functioning（GAF）、Client Satisfaction Questionnaire（日本語版利用者満足度調査票：CSQ8-J）などである。

(1) Brief Psychiatric Rating Scale（BPRS）

　BPRS は、精神疾患全般に対して簡便で包括的な精神症状尺度として、世界各国で幅広く使用されている評価尺度である。Oxford 版は 18 項目（①心気症、②不安、③情動的引きこもり、④概念の統合障害、⑤罪責感、⑥緊張、⑦衒奇症と不自然な姿勢、⑧誇大性、⑨抑うつ気分、⑩敵意、⑪猜疑心、⑫幻覚による行動、⑬運動減退、⑭非協調性、⑮不自然な思考内

容、⑯情動鈍麻もしくは不適切な情動、⑰精神運動興奮、⑱高揚気分）で構成される。アンカーポイントは示されていないが、0（症状なし）から6（最重度）までの7段階で半構造化面接により評価される。

(2)　Global Assessment of Functioning（GAF）

GAF は、DSM- Ⅲ -R より多軸診断の第5軸として、患者の心理的、社会的、職業的機能の評価であり、被験者の機能全体を1点から100点までの間で数値化する。社会機能が精神機能と結び付けられている身体的（環境的）制約による機能障害は含めない。評点は、0から100点のインターバル尺度で評価し、得点の高さにより社会機能が良好であることを意味する。その基準は、①91〜100：広範囲の行動にわたる最高の機能、精神症状は何もない、②81〜90：ありふれた問題や心配程度の症状、すべての面で良好な機能、③71〜80：一過性で予想される症状、ごくわずかな機能の障害、④61〜70：軽度の症状・軽度の機能の障害はあるが良好な対人関係、⑤51〜60：中等度の症状・中等度の機能の障害、⑥41〜50：重篤な症状・深刻な機能の障害、⑦31〜40：意思伝達や現実検討に軽度の障害、多くの面で機能不全、⑧21〜30：幻覚妄想に相当影響される、意思伝達や判断に重大な欠陥、すべての面で機能不全、⑨11〜20：自傷他害の危険性が大、最低限の身辺の清潔保持が時々できない、意思伝達に重大な欠陥、⑩1〜10：自傷他害の危険性の持続、最低限の身辺の清潔保持が不可能、重大な自殺行為、⑪0：情報量不足となっている。

(3)　Client Satisfaction Questionnaire
　　（日本語版利用者満足度調査票：CSQ8-J）

CSQ8 は、海外でも一般的に使用されるクライエント満足度尺度（Client Satisfaction Questionnaire CSQ8）である。わが国では、CSQ-8J（日本語版）がサービスの全体的な満足度の評価スケールとして利用され、8項目の援助満足度を問う項目に対して、4段階で評価する。通常は、CSQ-8J に加え、治療、ケア内容、医療者の態度、病院の設備、診察まで

の時間などと組み合わせて利用することが多い。

② 準実験研究

IPS-Jの行ったRCTの基準は、リサーチ・クエスチョンの関心が高まっていること、倫理的な問題が解消できること、事象の発現率が小さく抑えられることなど、高い研究環境が必要となる。本研究では、RCTの研究環境を整えることができないため、準実験研究の位置付けとして、地方小都市にある地域活動支援センターに訪問型個別就労支援チームを構成し、同意した利用者の就労支援の実践から訪問型個別就労支援の効果を探った。効果測定に用いた評価尺度は、MOS36-Item Short-Form Health Survey（SF-36v2）、Employment Readiness Checklist for the Disabled（ERCD）である。以下に、本研究で採用したSF-36v2、ERCDの選択理由について説明する。

⑴ SF-36v2（Short-Form 36-Item Health Survey）

NPO健康医療評価研究機構『健康関連QOL尺度 SF-36v2日本語マニュアル』によると、包括的健康概念のSF-36v2は、健康関連QOLの測定のために米国で作成された評価尺度で、現在25か国以上で翻訳されている。SF-36v2が発表される前は、医療評価において機能状態や健康状態で包括的に測定することは少なく、慢性病と精神障害の患者といった異なる疾患群の比較は困難であった。SF-36v2は、一般的な人々と慢性疾患を比較する共通の"ものさし"として開発されたものである。

SF-36v2の選択理由は、①疾患特異的尺度とは異なり多様な状況に対応する要素があること、②科学的な信頼性・妥当性のある尺度として、概念構造の段階から心理計量学的な検定に至るまで十分に検討されていること、③１か月間の振り返り期間が評価の基準として設けられていること、④支援者が客観的に評価できること、⑤日本語版として標準化が終了し、国民標準値（NBS）によるベースラインができるなど、準実験研究として縦断的調査が本調査に適していると判断したからである。

(2) ERCD（Employment Readiness Checklist for the Disabled：障害者用就職レディネス・チェックリスト）

　日本障害者雇用促進協会障害者職業総合センター『障害者用就職レディネス・チェックリスト活用の実証的研究』によると ERCD は、利用者を取り巻く人間関係・物理的環境・地域の社会資源・産業雇用状況に応じて、自己洞察や自己理解の程度、職業に対する動機付けなど多面的に捉える指標としている。ERCD の設問は、9 領域（一般的属性、就労への意欲、職業生活の維持、移動、社会生活や課題の遂行、手の機能、姿勢や持久力、情報の受容と伝達、理解と学習能力）44 項目から構成される。また、各項目に対して、職業人としての役割行動が困難な段階から十分に可能であるとみなされる段階までの心理・行動的特性による順序尺度を評価する。さらに、雇用者側の評価による雇用基準の阻害要因を探索することができるため、就職の可能性が高くなると予測される。本研究では、高通過率にも拘わらず通過基準より低い項目に注目し、その要因を支援の優先順として利用できると判断したため採用することにした。

3. 混合研究法による質的研究

① グラウンデット・セオリー・アプローチ

　グラウンデット・セオリー・アプローチは、1960 年代にアメリカの医療社会学者 Glaser と Strauss によって考案された。データに密着した分析から独自の理論を生成する帰納的な質的調査の方法論として Glaser ら[3]は、「調査が行なわれている状況に適合し、かつ実際に利用される場合にも有効性を発揮するものでなければならない。『適合する』(fit) という語によってわれわれは、研究中のデータにカテゴリーがたやすく（無理やりにではなく）当てはまり、しかもそのデータによってカテゴリーが指示されなければならない」と言及している。

　グラウンデット・セオリー・アプローチは、理論的飽和を目指すところに一つの特徴がある。理論的飽和について、戈木クレイグヒル滋子[4]

は、「すべてのカテゴリーが出そろい飽和に至った状態、つまりカテゴリーのプロパティ、ディメンションに関する新しい情報が出てこなくなり、可能性があると思われる状況のほとんどを説明できることです。当然、新しいデータを収集しても、これまでと同じカテゴリーやサブ・カテゴリーとの関係をプロパティ、ディメンションしか出てこないという状態になります。つぎに、他のカテゴリーやサブ・カテゴリーとの関係を、プロパティとディメンションによって詳細に把握できることです。……（省略）……大多数の事例の示すものだけではなく、少数派の状況も説明できる理論が完成できていることです」と説明している。

　本研究では、理論的飽和を目指すとき、グラウンデット・セオリー・アプローチが最も適切と考えた。その理由は、①データ分析で調査者の枠組みではなく、調査対象者の考えに即した概念化から分析すること、②限定された特定の機関・施設で理論生成する方法として適していること、③イン・ビボ・コードによるデータの内容の切断化であること、④データ収集とデータ分析から進展に応じた概念化と概念同士の関係付けができることなど、理論的センシティビティを高めると判断した。

②　フォーカス・グループ・インタビュー

　フォーカス・グループ・インタビューについて Sharon ら [5] は、「①グループは、ある特定の話題に対して見解を出すことを要請された、ターゲットとなる人たちの形式ばらない集まりである。②グループの人数は小数で、通常 6 人から 12 人のメンバーから成る比較的同質的な人々である。③よくトレーニングされた司会者が、仮説と質問を準備して、参加者の反対を引き出す。④フォーカス・グループ・インタビューの目標は、特定の話題について参加者の理解、感情、受け止め方、考えを引き出すことにある。④非常に多数の人々に対して応用できるような量的な情報を生み出すものではない（番号筆者追加）」という中核的な要素が含まれているとしている。

フォーカス・グループ・インタビューは、メンバー間の相乗効果による発展的な意見が収集できる方法である。フォーカス・グループ・インタビューの選択理由は、専門職に対する調査であること、長期間にわたる関係性が確立していることなど、客観的に支援のあり方の振り返りができると判断したからである。調査にあたっては、訪問型個別就労支援チームにフォーカス・グループ・インタビューを行うとともにIPS-Jにも協力を得ることができた。しかし、訪問型個別就労支援チームとIPS-Jの比較は、両チームの基準のすり合わせが必要となった。そこで、訪問型個別就労支援チームがIPSの基準を実証するため、IPS-Jの責任者らによる「援助付き雇用フィデリティ尺度（IPSフィデリティ尺度）」による第三者評価に至った。そのうえで、訪問型個別就労支援チームとIPS-Jに対するフォーカス・グループ・インタビューにより、両チームのソーシャルスキルについて相違点を探ることにした。

4. 混合研究法による研究デザイン

1　トライアンギュレーションによる研究デザイン

　IPSに基づく訪問型個別就労支援という試みは、アウトリーチによる家庭と事業所に向けて行うため、周囲の環境によって規定される部分も大きい。一般就労というある一定の基準に対して、やれること、やっていることを測定する職業レディネス、自己効力感、満足度、QOLの視点など、異なるレベルから検討するという総合的な評価が求められた。そこで、標準化・規格化された量的研究による評価尺度だけで測定するだけではなく、質的研究による視点からも結果の信頼性の高い収斂デザインによるトライアンギュレーション（triangulation）が適切と判断した（図2）。

トライアンギュレーションについて、Holloway[6]は「1つの減少に関する研究において、複数の方法（または複数のデータ源、複数の理論、複数の研究者）を用いるそのプロセスです」と説明している。トライアンギュ

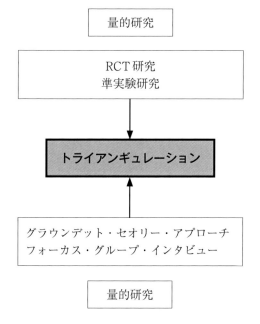

図2　研究デザイン

レーションのタイプについては、「①データトライアンギュレーション．
研究者が多様なデータ源を用い、データを異なった集団、異なった場、
異なった時間から（多様なデータ源を）得ること、②研究者のトライア
ンギュレーション：2人以上の研究の専門家が研究に関わっていること、
③理論的なトライアンギュレーション：研究において研究者がいくつか
の可能な理論的な解釈を使用すること、現象を最も良く記述し解釈を見
つけるために競合する説明や解釈が相互に展開され検証される、④方法
論的なトライアンギュレーション：研究者が1つの研究において、類似
した問いに答えるために2つ以上の方法（観察、面接、記録物、質問紙）
を用いること（番号筆者追加、一部修正）」としている。
　本研究のトライアンギュレーションは、①データソースを複数にする
「データトライアンギュレーション」として、訪問型個別就労支援チー

ムと IPS-J の支援者の相互行為的側面によるフォーカス・グループ・インタビューで行った。また、②複数の研究者が関わる「研究者のトライアンギュレーション」として、文部科学研究費補助金（挑戦的萌芽研究）の共同研究者とともに研究から積み重ねていった。さらに、③異なる理論的立場の考慮から「理論的なトライアンギュレーション」に対しては、先行する理論の比較はあくまで類似したものの範囲を超えることがないため適合しなかった。最後に、④複数のデータ収集法による「方法論的なトライアンギュレーション」として、3 年間にわたる複数の評価測定、支援記録、個別カンファレンス、集団カンファレンス、半構造化面接により分析したことに特徴がある。

　混合研究法は、研究デザインにより得たデータの分析結果の並置から同質化・同等化・相似化により、研究アプローチの関係性の理解および洞察することが求められる。その関係性を研究デザインの視覚化としてジョイント・ディスプレイの作成を行うことになる。

2 混合研究法による研究成果

　量的研究の視点として、SF-36v2（Short-Form 36-Item Health Survey）、ERCD（Employment Readiness Checklist for the Disabled）による支援段階を S1（就労準備）、S2（求職活動）、S3（フォローアップ）、S4（以降 3 か月ごと）にアンカーポイントを定め、データを積み重ねた。SF-36v2 のデータ分析は、36 項目の素点として 0 〜 100 点のスケールに換算し、国民標準値（norm-based scoring：NBS）との偏差得点で解釈した。ウィルコクスンの順位和検定による QOL の変化、反復測定による一元配置分散分析と多重比較による支援効果で測定した。また、統計データの補足として、混合研究法の説明的順次的デザイン（explanatory design）を行うため 7 つの事例研究による分析を行った。

　質的研究の視点として、支援者に対する半構造化面接は、Strauss&Corbin 版グラウンデッド・セオリー・アプローチにより分析

しバイアスが出ないようにした。訪問型個別就労支援がIPSのフィデリティに適応できるか判断するため、ACT ／ IPS研究の第一人者である3名の研究者による第三者評価を受けた。また、訪問型個別就労支援の特徴を図るため、訪問型個別就労支援チームとIPS-Jの支援者に対するフォーカス・グループ・インタビューのタイポロジー（typology）を形成した。

　量的研究と質的研究による混合研究法の成果の一つとして、「就労移行支援のためのチェックリスト」により作成したチェックリストは、利用者が就労に移行するため個別支援計画の作成により、支援するための課題に注目した。利用する組織のPC環境からMicrosoftのアプリケーションのマクロ言語用に作られたプログラミング言語であるVBA（Visual Basic for Applications）で開発した。チェック項目は、日常生活（11項目）、働く場での対人関係（8項目）、働く場での行動・態度（15項目）の3つの分野による34項目について段階的にチェックした。データ入力後は視覚的に解るように、日常生活チェック項目、働く場での対人関係、働く場での行動・態度ごとにレーダーチャートで表示できるようにした。出力画面は、1回限りのニーズ評価ではなく、各要素のデータを3回まで表示できるようにした。設問項目の編集は、支援者や利用者が容易にカスタマイズできるよう設計した。ソースプログラムは全面開示し、関係機関にマニュアル付きで配布した。

Ⅲ. 文献研究による混合研究法の課題
1. 混合研究法の研究成果
　混合研究法の基本デザインは、収斂デザイン、説明的順次的デザイン、探索的順次的デザインであり、応用デザインとして介入デザイン、社会的公正デザイン、段階的評価デザインがある。混合研究法は、このようなデザインにより量的研究と質的研究による統合（intergration）、結合（merging）、説明（explaining）、積み上げ（building）を行う。しかし、研

究者一人では、計画段階からダイアグラムの作成、アクティビティの流れ、データ収集・分析・解析からシナジー効果のある結果を導き出すにはマンパワーに限界がでてくる。そのため、研究グループとして実施することもあるが、研究者の個々の技術力・分析力の相違により研究結果の信頼性・妥当性に変化が出てくることがある。

　研究における信頼性は、何度行ってもほぼ同じ結果が得られる再現性であり、同じ方法で他の誰が行っても大きな相違のないことである。反証できる科学的データの性質から信頼性の有無が判断される。つまり、信頼性のあるデータにより科学的に論証しなければ、調査から得られた結果を一般化することができない。一方、妥当性は、実際に測定しているものが正しく測定し論証するキーワードであり、調査結果の的確性・確実性の概念である。妥当性の要素の一つである内的妥当性は、因果関係の確立の程度で、調査結果によって導き出されたデータの妥当性についてどれくらい理論的であるかが問われる。もうひとつの外的妥当性は、基準となる尺度とデータとの関係の強弱で妥当性係数の信頼度に委ねられる。つまり、対象者の抽出方法、介入の期間、時間、内容の明示が外的妥当性による一般化の条件となる。研究方法論による文献研究は、信頼性と妥当性による研究成果であり、社会のため有用に反映され続けなければならない。

2. 混合研究法の制約

　文献研究の研究方法の一つとしてSPSS、SASのような統計解析ソフトを用いて研究する量的研究、KJ法、グラウンデット・セオリー、NVivo、MAXQDAなどによる質的研究が行われているが、混合研究法が適切なデザインとなることもある。どのような研究デザインであっても前述したように信頼性・妥当性を求めるとき、個人で行う研究テーマとして絞り込むか、研究グループとして組織的な研究とするのか、計画段階から研究結果の可能性を視野に入れ、研究者、研究期間、研究費等

の制約のなかから進めていくことになる。

　本章では、文献研究による研究デザインとして混合研究法を紹介してきたが、大学院の修士論文・博士論文、助成金による研究には、人・モノ・金・情報・時間という制約が出てくる。また、混合研究法によるデザインは、研究成果が大きくなり、学会による発表時間という制約、論文では字数という制約が出てくる。今後の課題として、混合研究法を用いた研究結果の分割方法や発表できる機会の拡大方法を検討する必要がある。

注

　第2節は、立石宏昭『地域精神医療におけるソーシャルワーク実践——IPSを参考にした訪問型個別就労支援』ミネルヴァ書房、2010年のpp.9-21の一部を加筆・修正している。

引用文献

1) 抱井尚子『混合研究法入門——質と量による統合のアート』医学書院、2015、pp.67-69.
2) 野中猛「作業療法士に就労支援活動が求められている」『作業療法ジャーナル』2006年、Vol.40, pp.1162-1165.
3) Glaser, B. G., Strauss, A. L (1967) *The discovery of grounded theory：Strategies for qualitative research.* Aldine Publishing Company Chicago (=1996, 後藤隆・大出春江・水野節夫訳『データ対話型理論の発見——調査からいかに理論を生み出すか』新曜社) p.4.
4) 戈木クレイグヒル滋子『グラウンデット・セオリー・アプローチ——理論を生み出すまで』新曜社、2006、pp.40-41.
5) Sharon Vaughn, Jeanne Shay Schumm, Jane Sinagub (1996) *Focus Group Interviews In Education and Psychology*, Sage Publication (=2006, 井上理監訳『グループ・インタビューの技法』慶応義塾大学出版会, pp.8-9).
6) Holloway, I., Wheeler, S. (1996) *Qualitative Research for Nurses*, Blackwell

Science（=2006，野口美和子監訳『ナースのための質的研究入門——研究方法から論文作成まで 第2版』、医学書院、p.15, p.256）.

第3部

福祉図書文献解題

福祉図書文献解題の趣旨

　福祉図書文献解題は社会福祉分野に関わる学生・院生・専門職に「ぜひ読み継いでもらいたい」という文献を学会員が選択し、その文献を読むきっかけとなるための文章を執筆してもらった。もちろん、研究上の意義もふまえたものとなっている。

　本学会の規約第3条（目的）には「…福祉図書文献の解題・考察・開発等を通じて、社会福祉士、精神保健福祉士、介護福祉士等、福祉専門職の養成・育成等に関する教育のあり方について科学的研究を行う…」と規定されている。今日、社会福祉学の研究方法は多岐に亘っており、学会誌にも多様な研究方法による成果物が掲載されている。そのこと自体は社会福祉学研究の動向をふまえてものであるが、福祉図書文献解題は改めて学会の原点に戻る取り組みだといえる。

　福祉図書文献解題は本書に掲載するために、学会誌『福祉図書文献研究』で特集を組んで原稿を収集した。第18号（2019年）と第19号（2020年）に数本ずつの原稿が掲載されているが、本書にその原稿を再掲した。一部書き下ろしのものもある。本特集を通じて、紹介している文献をご覧いただくきっかけになれば幸いである。もちろん、解題自体への意見もお待ちしている。

（編集委員　村田　隆史）

ハーメルンの笛吹き男
—伝説とその世界—

阿部謹也著、平凡社、1974年、文庫判、223頁

森山　治（金沢大学）

Ⅰ. 本書との出会い

　私（森山）が大学に入学したのが1981年4月。所持する初版第10版は、1981年3月に発行されており、大学生になってはじめて購入した本の一冊である。

　本書を紹介する前に、私と社会福祉の出会いについて少しお話しすると、私が社会福祉を志望したのは大学選択時に確固たる信念があったわけではなく、漠然としたものだった。母親が当時老人家庭奉仕員であったこと。伯父夫妻が公的扶助ワーカーであったことなど、当時としては社会福祉が身近な存在でもあったことが志望理由の一つである。それ以前には考古学になんとなくあこがれを持っていたので、浪人の一年間の間に遺跡から人と社会へと興味対象が大きく変化したことは今に思えば不思議に感じる。最もいまも歴史好きにはかわりはないが。

　実際に社会福祉分野で仕事をしようと思ったのは、大学入学後に経験した「堀木訴訟」支援活動がきっかけであり、勉強を学び直す気持ちとなったのは、社会人になってから体験したデンマーク・スウェーデンの在宅ケアを目の当たりにしてからである。なので、本書との出会いは、浪人が終わり多少ホッとした気持ちの中で題名に惹かれて選んだ一冊といえる。

　前置きが長くなったが著者の阿部謹也氏（1935-2006）を紹介する。阿部氏は著名な歴史学者である上原専禄氏（1899-1975）の門下生である。専門のドイツ中世の社会史にとどまらず、日本社会についても論及した社会史・思想史を専門とする研究者でもあった。筑摩書房より『阿部謹

也著作集』全10巻が刊行され、本書も著作集に集録されている他、ちくま文庫としても刊行されている。

　ハーメルンの笛吹き男はグリム兄弟の伝説集（1816）やブラウニングの詩（1849）によって物語として世界に広まった。皆さんも子どもの頃一読されたかもしれない。簡単に内容を紹介すると「鼠に荒らされた町から鼠を退治した鼠捕り男が、約束の礼金がもらえなかったことへの報復として笛の音とともに町の子ども達を連れ去る。とり残されたのは障害を持った子どもだけだった。」というお話である。

　阿部氏は小樽商科大学教員時代の1969年10月からの2年間、ドイツに留学していた。阿部氏の研究対象であるドイツ中世の古文書を探す中でこの物語に関連する古文書を偶然に見つけ出し、それまで物語と思われていたハーメルンでの出来事が、歴史的事実を基にして創られてきたことを帰国後日本に紹介した。そこには「1284年ヨハネとパウロの日（6月28日）にハーメルンの130人の子どもたちが町から行方不明となった出来事」を、中世の古文書3点から歴史的事実として確認し、子どもたちがなぜ行方不明になったのかを先行研究、郷土史などの資料を収集・整理・分析し、現地調査も踏まえ探究したのである。結論として子どもたちの行き先を当時大規模におこなわれていたドイツ東部への植民のための移住に結びつけている。阿部氏はハーメルンの笛吹き男の歴史検証を探究するなかで、中世都市の下層民、賤民（名誉をもたない者）、遍歴芸人といった差別される側の人（権利や法を持たない人）達の存在をクローズアップしていく。

Ⅱ. 章立て
　本書は以下の構成から組み立てられている。

　第Ⅰ部　　笛吹き男伝説の成立
　　第Ⅰ章　笛吹き男伝説の原型

　歴史的事実としての子どもたちの失踪に関して、実は物語のモチーフとなる「鼠捕り男」や「笛吹き男」は出てこない。「鼠捕り男」と「子どもたちの失踪」が結びつくのは、出来事から280年を経て成立した『チンメルン伯年代記』（1565年頃）、『悪魔の幻惑について』（1566）であり、この2つの書物によって物語がかたちづけられた。

　130人の子どもたちの失踪に、「笛吹き男」や「鼠捕り男」が結びつく背景には、中世社会での度重なる飢饉の発生、飢えに苦しみ災害に恐れる庶民に対し、法的規制を徐々に強めていく支配者層並びに宗教者による権威づけとして、子どもたちの失踪が利用されていくプロセスが描かれている。そのプロセスで「笛吹き男」や「鼠捕り男」には魔術師的なイメージが付加されていく。そこには彼らが各地を放浪する非定住者であり、共同体の秩序の外にある差別された人々であったことが理由として考えられる。

Ⅲ. 著書の特徴、社会福祉に対する意義

　従来の歴史に関する書物は、法制史、政治史、経済史といったもの、つまり支配者層や知識者層によって創られてきたものであった。阿部氏の研究は名前も残らない下層社会の人々や、共同体の秩序外にある差別された人々の生活史に焦点を当てることにより、当時の民衆の日常生活と

思考世界に接近することによって、内実を理解していく思考のプロセスへと繋がっている。

　社会保障・社会福祉は権利であり、福祉ニーズを持つ人々と援助者の関係は対等な関係にある。しかし、社会保障・社会福祉を権利と主張できるのは、日本では第二次世界大戦後でしかない。社会保障・社会福祉の萌芽はこうした中世ヨーロッパに代表される身分制社会のなかから形成されていく。また、差別とは何か、差別はどの様に社会によってつくられていくのかを学び、理解することに阿部氏の研究は大変参考となる。

　阿部氏の研究は、『刑史の社会史』（中公新書）、『中世賤民の宇宙』（筑摩書房）、『ティル・オイレンシュピーゲルの愉快ないたずら』（岩波文庫）といったヨーロッパの中世社会と庶民、差別されていた人々を対象とした社会史から、『世間とは何か』（講談社現代新書）、『日本社会で生きるということ』（朝日新聞社）、『日本人の歴史意識』（岩波新書）といった西洋社会と異なる日本の「世間」や日本の「個」のあり方について言及していく。

　鹿島徹氏が整理している様に、阿部氏の言う「世間」とは、現在の欧米社会には見られない独特の人間関係ないし人間の存在様式として主題的に取り上げて分析し、その視角から現代日本社会が抱えこむさまざまな問題を構造的に解き明かして、解決へと向けた展望を開こうとする試みであったといえる。そしてこの「世間」を支える３つの柱に「贈与・互酬の原則」（年賀状やお歳暮など習慣化されているもの）、「長幼の序」（年功序列制度）、「共通の時間感覚」（「今後ともよろしくお願いします。」現在と将来、現在と過去といった時間軸を相手と共有し、共同性を通時的に確保しようとする言語行為）をあげている。その３つの柱に支えられ存在している「世間」は、「身内以外で、自分が仕事や趣味や出身地や出身校などを通して関わっている、互いに顔見知りの人間関係」と規定される。そこには現在・過去・未来、生者・死者、日本人全体にも及んで

いる[1]。

Ⅳ. まとめとして

　阿部謹也氏の今日的評価については、我が国における社会史の開拓者といえるし、西洋社会との比較から日本社会とそこに住む我々について言及した人物ともいえる。社会史研究については、フランス現代歴史学のアナール学派（フィリップ・アリエスは日本でも知られている）や、日本社会の分析については、阿部氏と交流のあった網野善彦氏の研究など広がりを持っている。

　歴史のなかで名前が残る者は、良くも悪くもほんの一握りの人物でしかない。社会保障・社会福祉を学ぶ者が、名もなき人達の生活に関心を持てもらえるなら幸いと考えている。

注
　1) 鹿島徹『危機における歴史の思考』響文社、2017年、7頁〜8頁

参考文献
・阿部謹也『ハーメルンの笛吹き男』平凡社、1974年。
・阿部謹也『最初の授業・最後の授業』日本エディタースクール出版部、2008年。
・鹿島徹『危機における歴史の思考』響文社、2017年。

増補新版　社会保障権
—歩みと現代的意義—

小川政亮著、自治体研究社、1995年、四六判、313頁

村田　隆史（京都府立大学）

Ⅰ. 本書との出会いと著者紹介

　私が本書と出会ったのは金沢大学大学院に入学してからである。都留文科大学文学部社会学科では、「地方自治論ゼミ」に所属していた。「地方自治論ゼミ」に所属していたが、卒業論文のテーマでは生活保護制度を分析対象とし、将来は社会保障研究者になると決めて大学院に進学した。指導教員の武居秀樹氏は東京都政（特に美濃部革新都政）の分析を専門としていたが、卒業論文のテーマの選択はゼミ生に任されていた。テーマに関する細かい指導は受けなかったが、指導の中で「社会保障は権利であること」は強調された。そして、「権利としての社会保障」を学ぶために金沢大学大学院へ進学を決めた。

　学部では体系的に社会保障について学んでいなかったため、基礎から学ぶ必要があった。色々な本を探していたが、主任指導教員の横山壽一氏と副指導教員の井上英夫氏から、まずは本書（『増補新版　社会保障権—歩みと現代的意義—』）を読むことを勧められた。「権利としての社会保障」を学びたいと言いながら、小川政亮氏の研究成果を踏まえて卒業論文を書いていなかったことは、今思うと恥ずかしいことである。

　まずは小川政亮氏の経歴について述べる。小川政亮氏（1920年 – 2017年）は1941年に東京帝国大学法学部を卒業し、第二次世界大戦中は軍隊に所属していた。第二次世界大戦後は日本社会事業専門学校の設立に参加し、教員を務めている。その後、日本社会事業専門学校は日本社会事業短期大学、日本社会事業大学に改組されている。日本社会事業大学を退職後は、金沢大学法学部、日本福祉大学社会福祉学部の教授を務めた。

数多くの社会保障裁判にも関わり、法学系の学会及び全国老人福祉問題研究会などの各種研究団体の会長や役員を歴任してきた。

　次に研究業績について述べるが、あまりにも数が多いので全てを網羅することはできないし、筆者の能力に負えるものではない。本稿では、2007年の『法律時報（第79巻4号〜11号）』日本評論社で井上英夫氏、木下秀雄氏、笛木俊一氏、河合克義氏、秋元美世氏によって書かれた「21世紀の社会保障法研究に問われるもの―権利論の再構築の観点から」を参考にしながらまとめていく。

　小川氏は1950年頃から論文を発表しているが、小川権利論が骨格を表したのは1964年に出版された『権利としての社会保障』勁草書房、『家族・国籍・社会保障』勁草書房、『社会事業法制概説』誠信書房、の三部作だという。初期の論文から「人権」や「権利」という用語が使われ、論文の内容も社会保障を必要とする人々の立場から制度・政策が分析されている。その後も小川氏の分析視点や立場は一貫している。小川氏の膨大な研究成果は2007年に『小川政亮著作集（全8巻）』大月書店、としてまとめられている。各巻のタイトルをみると、「人権としての社会保障（第1巻）」、「社会保障法の史的展開（第2巻）」、「社会保障の権利と組織・財政（第3巻）」、「家族・子どもと社会保障（第4巻）」、「障害者・患者・高齢者の人として生きる権利（第5巻）」、「戦後の貧困層と公的扶助の権利（第6巻）」、「社会保障と裁判（第7巻）」、「社会保障と平和・国籍・被爆者（第8巻）」となっており、小川氏の分析対象の幅広さを表している。それでも、小川氏が掲載を希望する論文全てが掲載されたわけではない。

　小川氏の数多くの研究成果から本書を選んだのは、「権利としての社会保障」を学ぶ入門書として適していると考えたからである（とはいえ、内容が平易であるという意味ではない）。本書は自治体問題研究所が主催する自治体学校の講座の一環として、社会保障の権利の歴史について話したことがベースとして書かれている。そのため、他の書籍と比べる

と読みやすいものとなっている。

Ⅱ. 著書の構成と概要

　本書は社会保障をめぐる情勢が極めて厳しい中で、「我が国の社会保障の歴史を、権利の観点から、その前史を含めて概観し、今日の支配の側の論理の特徴を検討し、私たちの側からみて、権利としての社会保障と言うことができるためには、どんなことが大切かを、社会保障裁判運動などにもふれながら考えてみよういうもの」（はしがき2～3頁）を目的に書かれている。構成は下記のとおりである。

はしがき

第一章　戦前の救貧立法

　　1　第一期―恤救規則の成立

　　2　第二期―救貧法改正ならず、共済組合登場

　　3　第三期―米騒動、そして健康保険法の成立

　　4　第四期―戦時下、健兵健民政策と社会保険立法

　　5　戦前の「人権」観

第二章　戦後、社会保障権の展開

　　1　第一期―人権への目ざめ

　　2　第二期―MSA再軍備強行期

　　3　第三期―高度経済成長期

　　4　第四期―低成長期＝社会保障への公然たる攻撃

　　付　朝日訴訟第一審判決（抜すい）

第三章　体制側の社会保障イデオロギー

第四章　権利としての社会保障の確立のために

　　1　社会保障憲章の原則

　　2　権利としての社会保障を実現する原則

おわりに

　本書の概要は小川氏による出版目的と構成をみれば一目瞭然であるが、あえてまとめると、以下の4点だと考えられる。第1に、「権利としての社会保障」といった時の基本原理・原則を明確にしたことである。第2に、社会保障を必要とする人々の生活実態から制度・政策を分析し、あるべき社会保障の姿に言及していることである。第3に、社会保障をめぐる対抗関係を明確に描き出していることである。第4に、通史を分析することによって、現在の制度の問題点を発生史から捉えられることである。

　何よりも社会保障に対する立場が明確であるため、内容に一貫性があることも読みやすい要素の一つといえる。また、本書の初版は1989年であるが、増刷を重ねるたびに追補を入れており、その時点での最新の状況がわかるようになっている。

Ⅲ. 小川政亮氏の研究の評価

　ここでは本書に限らず、小川氏の研究成果全般の評価について述べる。

　小川氏は社会保障の「権利論」と「人権論」を確立した第一人者である。社会保障を「権利論」と「人権論」の立場から論じる研究者・実践者にとっては、小川氏の研究成果をふまえることは不可欠といえる。実際に、小川氏は直接的・間接的に影響を与えた者も含めれば、多くの社会保障研究者や社会福祉研究者を育成してきた。私も直接的に指導いただいた回数は少ないが、小川氏の研究成果を参考にし、目標としてきた。社会保

障の研究面、実践面、運動面で大きな影響を与えていることが、小川氏の研究が高く評価されていることの証左といえる。

　しかし、一つの理論を確立したということは、参考・目標の対象になるが、批判の対象にもなる。ここでは、前掲の井上氏や木下氏の論考を参考にして、小川氏の研究への批判を整理する。

　1980年代頃の小川氏への社会学者や経済学者によるものが主であった。経済成長が鈍化し、国や地方自治体の財政が悪化する中で、社会保障は改革の対象とされた。改革の主な内容は、社会保障負担の増加と給付の削減、社会保障の市場化・営利化であった。そのため、現実の社会保障制度・政策は「権利としての社会保障」から著しく乖離し始めた。それでも、小川氏のスタンスが一貫していたため、批判の対象となったと考えられる。1990年代後半になると、下記の社会環境の変化に加えて、少子・高齢化も加わり、社会保障改革はさらに進められる。その中で、法学者からも批判の対象とされるようになる。

　社会保障に限らず、「理論と実態の乖離」はどの研究分野でも起きることである。その際、研究者としてのスタンスが問われるともいえる。小川氏の研究は「権利主義的」、「運動論的」、「イデオロギー的側面」という批判にあったが、各分野からの批判が妥当なものであるかの検証は必要である。同時に、小川氏の影響を受けた研究者が批判に対して、再批判をしてきたのかも問わなくてはならない。

Ⅳ．今日的意義と課題

　本書の今日的意義と課題をまとめる前に、今日の社会保障をめぐる状況をみる必要がある。具体的には、以下の2点であると考えられる。第1に、1990年代後半の社会保障構造改革により、社会保障費用削減と社会保障各分野の市場化・営利化・産業化が進められていて、貧困問題は深刻化していることである。第2に、社会保障制度改革推進法（2012年）が成立し、社会保障は「自助・共助・公助」や「家族相互及び国民相互の

「助け合い」によって成り立つものとされたことである。社会保障の基本原理自体が変更されている。小川氏は逝去される直前まで研究成果を発表し続け、社会保障改革を批判していたが、結果的にはあるべき社会保障の姿からどんどん乖離している。

このように社会保障をめぐる実態が極めて厳しい状況にあるからこそ、私は社会保障の「権利論」と「人権論」を追求しなければならないと考えている。このままでは、社会保障を必要とする人々の生活実態からではなく、「持続可能性」という名目で財政的・人口動態的要因で改革が進められてしまう。もちろん、社会環境的要因を抜きに社会保障制度・政策を考えることはできない。しかし、あまりにも社会保障の発展過程をふまえた基本原理が軽視されているのが今日であり、貧困問題の深刻化は必然的といえる。

前述したように、小川氏の研究成果は多岐にわたっており、検討すべき課題や目指すべき方向性は私たちに示されている。小川氏の研究成果も時代的制約を受けているため、バージョンアップさせることが不可欠といえる。私の中での一つの取り組みが『生活保護法成立過程の研究』（自治体研究社、2018年）であり、小川氏の研究成果への批判に対する再批判を試みている。

小川氏の研究を肯定的に捉えるにしろ、否定的に捉えるにしろ、社会保障研究に取り組む際は『増補新版　社会保障権―歩みと現代的意義―』は大変参考になる。本書はぜひ一読いただきたい一冊である。

未知との遭遇
―癒<ruby>癒<rt>いや</rt></ruby>しとしての面接―

奥川幸子著、三輪書店、1997 年、四六判、268 頁

森　千佐子（日本社会事業大学）

Ⅰ．本書との出会いと著者紹介

　私が本書と出会ったのは、十数年前になるだろうか。手元にあるもの
は、2004 年 1 月発行の第 7 刷である。私は看護師として臨床で働いた後、
看護学校の教員を経て、1998 年に介護福祉士養成課程の教員となった。
当初の担当科目は介護技術や介護実習が中心であったが、数年後に「ケ
アマネジメント論」を担当することになった。授業準備、教材の工夫に
取り組んでいる中、ある雑誌に掲載された奥川幸子氏の講演記録を読ん
だ。

　奥川氏がかかわった女性患者の事例を用いての講演であった。その女
性は 74 歳の入院患者で、脳梗塞の後遺症による軽い麻痺があった。退院
可能な状態になったが、「食事作りが不安だ」と言っていた。担当看護師
が区の食事サービスを勧めると、女性は一食 800 円の食事に対し「高い、
もったいない」と言った。そこで、担当看護師は在宅福祉サービスの紹
介や生活保護の説明をした。しかし、奥川氏が面接をしてみると、その
女性には十分な収入があり、家事訓練のために月に約 21 万円かかるハー
フウェイハウスに入所することを即決する。担当看護師は、「だまされ
た」と怒っていたという話である。この事例から、クライエントと援助
者の価値観の違い、クライエントのどのような表現に注目すべきかなど
について、わかりやすく解説がなされていた。その事例が奥川氏の著書
『未知との遭遇―癒<ruby>癒<rt>いや</rt></ruby>しとしての面接』に掲載されていると知り、読むこと
にした。上記の事例は、「事例：ムッとしていた看護婦さん」として紹介
されている。

著者である奥川幸子氏は、対人援助トレーナーである。1972 年に東京学芸大学聾教育科を卒業後、東京都養育院附属病院（後に東京都老人医療センターに改名、現・東京都健康長寿医療センター）で 24 年間、医療ソーシャルワーカーとして勤務した。大学・短期大学の非常勤講師として教鞭もとり、1982 年には作家の遠藤周作氏が提唱した「病院ボランティア―患者の話を聴く―」の組織化を手伝い、研修を担当した。その組織は、現在「遠藤ボランティアグループ」として活動している。

　1984 年からはグループスーパービジョンを始め、1997 年からは対人援助職に対するスーパービジョンと研修会講師を中心に活動している。本書刊行前には、『知って得するお年寄りのケアを支える制度（保健同人社、1996 年）』『ケアマネジャー養成テキストブック（中央法規出版 1996 年）』『老人福祉論（誠信書房、1997 年）』を共著で出版している。その後、『身体知と言語―対人援助技術を鍛える（中央法規出版、2007 年）』『スーパービジョンへの招待：「OGSV（奥川グループスーパービジョン）モデル」の考え方と実践（中央法規出版、2018 年）』などの著書が出版されている。

Ⅱ. 著書の構成

　本書の構成は以下のとおりである。

第Ⅰ部　面接の醍醐味
　第Ⅰ章　面接とは〈課題を達成すること〉
　　Ⅰ　日常のなかにある面接
　　Ⅱ　治療を受けるときの面接
　　Ⅲ　こころの悩みや生活上の問題を解決するための面接
　　Ⅳ　面接とは課題を達成すること
　第2章　面接とは〈一期一会〉
　　Ⅰ　面接は一期一会

Ⅲ. 著書の社会福祉に対する意義

本書は「面接とは何か」から始まり、奥川氏自身の体験談や事例が数
多く掲載され、そこから導き出された対人援助の理論が述べられてい
る。同僚から生活体験を聞いたことで気づかされたこと、知的障害と判
定された女性患者とのやりとり、家族と音信不通であった男性患者の援
助プロセスなど、どれも興味深い事例である。そして、それらの事例を
もとに、対人援助職の専門性や患者（クライエント）と援助者の関係性、
アセスメントの視点、相談援助に必要な視点などについて解説してい
る。

対人援助においては傾聴、受容、共感が重要であり、相手の立場に立っ
て考えることが必要であると言われている。社会福祉専門職は、ケース
ワークでの援助関係における基本原理である「バイステックの7原則」
（個別化、意図的な感情表出、統制された情緒的関与、受容、非審判的態
度、クライエントの自己決定、秘密保持）について、必ずと言っていいほ
ど学習する。しかし、これらの意味や必要性について理解はできても、
対人援助の場面において実践することは容易ではない。目の前にいる対

象者を本当に理解できているのだろうか……と自信が持てなくなったり、傾聴、受容、共感をしているつもりだけなのではないかと、自問自答したりすることも少なくないだろう。また、援助プロセスにおいてさまざまな葛藤が生じたり、試行錯誤の中で援助の方向性を見失いそうになったりすることもあるのではないだろうか。本書は対人援助における面接の原点を示し、共感や受容、対象者理解などについて、深く考える機会を与えてくれる。価値観は多様であり、思い込みや決めつけを避ける必要性も、対人援助職は理解している。しかし、Iで触れた担当看護師は、自身の判断基準や決めつけにより、女性のニーズに気づくことができなかったのである。この事例は、自分自身の判断基準を見直し、思い込みや決めつけをしていないだろうかと、振り返るきっかけになるであろう。

　本書に紹介されている事例は、スムーズに進んだ例ばかりではない。若い男性ソーシャルワーカーは、患者の話を延々と聴くことになった挙句、その患者から批判を受けることになる……、どうしたらよかったのだろうか。また、奥川氏が担当した男性患者の援助では、最終的には成功したが「かなりメチャクチャで、援助者主導でクライエント無視の代理戦争の展開、セオリーからはずれていたという援助プロセスであった」と書いている。そこから、奥川氏は援助関係のあり方や対人援助の原点について考えることとなる。援助者がクライエントの世界やペースに引き込まれてしまったり、自身の立ち位置が揺らいだりするなど、対人援助職が直面する可能性のある課題をどうとらえ、どのように対応したらよいかを示してくれている。

　また、奥川氏は「ポジショニング」という用語を用いて、対人援助職自身の立ち位置や自己理解、対象者が置かれている状況の理解（対象者理解・アセスメント）について述べている。対象者へのポジショニング（対象者理解）のための6視点は具体的であり、対象者を多角的で意図的に把握する必要性と考え方を示している。また、対人援助の基盤〈相談援

助に必要な視点〉として4項目を挙げ、援助対象者を取り巻く問題を正確に理解するためには、問題を4つに分けて考えてみる試みが役立つとし、ケーススタディとして丁寧に解説している。この「ポジショニング」という考え方は、社会福祉や介護福祉、医療の実践の場において対人援助に携わる人たちにとって—初心者にとっても実践・経験を積んだ人にとっても—、援助者としての立ち位置、アセスメントや援助のあり方などについて、多くのことを示唆してくれるはずである。

Ⅳ. まとめとして

　本書には事例が豊富に掲載され、患者と援助者とのやりとりが具体的に記されているため、面接の場面や援助の過程がイメージしやすくわかりやすい。一つ一つの事例に引き込まれるように読み進めることができるが、それぞれの内容を十分に理解し実践につなげようとすると、そう簡単ではないように思われる。実際にクライエントに出会い、援助プロセスを展開するという経験を積んだ上で読み返すことで、「なるほど、こういうことなのか」と理解できるのではないだろうか。実践し読み返すことでさらに理解が深まり、理論と実践がつながっていくのだと考える。

　本書にある「他者との関わりは〈患者—クライエントを理解しえないことからの出発〉」「『共感』や『受容』の実質にふれ得た経験はほんの数回しかない」「逸脱は次なるステップへの必須条件である」という文章が印象に残っている。読む人の立場や経験によって、それぞれに惹かれる文章、心に突き刺さる文章があると思う。その言葉が、自分が直面している課題解決のヒントになったり、より深く考えるきっかけや、対人援助職としての自信につながったりするのではないだろうか。自分自身も、これからも何度も読み込み、さらに理解を深めたいと思っている。対人援助に携わる人たちに、是非読んでいただきたい一冊である。

地域福祉の実践に学ぶ

土橋敏孝著、信山社、2001 年、A5 判、208 頁

上原　正希（星槎道都大学）

Ⅰ. 本書との出会い

　私は東北福祉大学大学院で学んでいたが、その際の指導教員は、ソーシャルワークを専門としていた遠藤克子先生（以下、遠藤先生）であった。遠藤先生は東北大学を卒業した後、児童や精神障がい者への支援に携わり、研究者としては、明治学院大学社会学部付属研究所に所属し、その後、定年まで東北福祉大学に勤務された。社会的な活動としては、日本ソーシャルワーカー協会に所属し、広くソーシャルワーカーの養成に携わった。

　私が大学院を修了し、その後、縁あって母方の祖母の故郷である新潟県新潟市にある新潟青陵大学看護福祉心理学部福祉心理学科に、2005（平成 17）年 9 月より 3 年半勤務をさせていただいた。その際、学科長の立場で私にご指導いただいたのが、土橋敏孝先生（以下、土橋先生）であった。仕事をしている中で、土橋先生の人柄にも触れ、先生に興味関心を抱くようになった。その後、略歴などを調べて分かったことは、明治学院大学卒業で社会福祉協議会での現場経験や、公益社団法人やどかりの里で、精神障がい者の支援にも携わり、社会的な活動としては日本ソーシャルワーカー協会の理事などもされているということがわかった。

　そこで、私はふと思った。研究をするという基盤形成をいただいた遠藤先生、また大学教員としての基盤形成をいただいていた土橋先生。この御二方の先生の共通点である。「明治学院大学」、「社会福祉領域での現場経験者」、「精神障がい者への支援」、「日本ソーシャルワーカー協会に

所属」という、4つにも及ぶ共通点である。遠藤先生に学びたく東北福祉大学大学院で学び、その遠藤先生と共通点の多い、また身近にいた土橋先生。

　その際に「土橋先生の著書を読んでみたい」という衝動にかられた。その時に手にしたのが、2001（平成13）年5月25日に信山社から出版された、その時の土橋先生の最新刊であった、「地域福祉の実践に学ぶ」であった。

　その本には非常に目につく赤い帯がついており、「佐藤進先生（以下、佐藤先生）推薦」と大きく書かれていた。佐藤先生といえば、私が勤務した際には退職されていたが、新潟青陵大学の学長をされていた先生である。佐藤先生は新潟県生まれ。東京帝国大学法学部卒で同大学院を経て、金沢大学、日本女子大学、立正大学、新潟青陵女子短期大学、新潟青陵大学看護福祉心理学部教授・学長などを歴任した先生である。これまた著名な先生の「推薦」という文字に、よりしっかり読もうという気にさせてくれた。

Ⅱ. 著者の紹介

　土橋先生は、1963年（昭和38）に明治学院大学卒業後、埼玉県社会福祉協議会に就職し、業務部長や事務局次長を歴任。その後、新潟県新潟市にある新潟青陵女子短期大学、改組に伴い、新潟青陵大学に勤務、大学では社会福祉士や精神保健福祉士双方の養成に携わり、学科長やボランティアセンター長などの業務にも携わった。

　社会的な活動では、2002（平成14）年より埼玉県さいたま市にある公益社団法人やどかりの里や、新潟県新潟市にある社会福祉法人新潟しなの福祉会で、精神障がい者の支援を行い、両法人の理事長の要職もつとめておられた。

　また社会的な活動としては、日本ソーシャルワーカー協会の理事など、社会福祉を学ぶ学生、専門職の支援、精神障がい者の支援、地域活動

等、広く社会福祉の実践、向上に取り組まれた先生であり、現在もなお、継続された取り組みをされている。

以下に先生の、地域福祉に関連した執筆物を一部列記する。

執筆物一部抜粋
(1) 『地域福祉の実践に学ぶ』単著（信山社、2001 年）
(2) 『社会福祉』共著（文化書房博文社 2000 年）
(3) 『地域福祉への招待』共著（みらい、2000 年）
(4) 『地域福祉論』共著（へるす出版、1998 年）
(5) 『地域福祉の新展開』共著（高文堂出版社、1995 年）

Ⅲ. 本書の章立て
この度は、『地域福祉の実践に学ぶ』について触れる。
本書は以下の構成から組み立てられている。

はしがき
序章　地域福祉研究の枠組み
　Ⅰ　「地域福祉」の概念
　Ⅱ　「地域福祉」概念の形成過程
　　Ⅰ　地域福祉理念の模索期（1945 〜 69 年）
　　2　「地域福祉」実体の形成期（1970 年以降）
　Ⅲ　地域福祉研究の方向
第Ⅰ章　戦後期における地域福祉組織化の動向―社会福祉協議会組織
　　　　結成前の状況―
　Ⅰ　戦後期前半における地域福祉組織化の概況
　　Ⅰ　地域福祉研究上の「戦後期」の枠組み
　　2　「農村社会事業実践要領」作成の経過

3 「実践要領」が期待するもの

Ⅱ　加納村社会福祉協会活動事例の検討

1　モデル地区指定当時の加納村の概況

2　加納村社会福祉協会設立の経過

3　協会設立後の3カ年間の活動状況

4　当協会の事業内容の検討と今後の方向づけについて

第2章　埼玉県社協創設期における市町村社協活動啓蒙状況の一考察

1　埼玉県社協整備期の動き—1951（昭和26年）～1955（昭和30年）

2　「先進事例」に学ぶ—「梅沢村社協」と「馬田村社協」と

3　状況論から主体論へ

第3章　精神保健福祉ボランティア養成事業の組織化とその課題

〈課題の設定〉

〈事例〉

1　この組織化活動展開の背景

2　精神保健福祉ボランティアについての関心のたかまり

3　埼玉県下における精神保健ボランティア養成講座の始動

4　大宮市における動向

5　埼玉県立精神保健総合センターの取り組み

6　埼玉県社会福祉協議会の取り組み

7　市町村段階における取り組み

8　精神保健福祉ボランティア養成講座の成果と課題

〈考察〉精神保健福祉ボランティア養成講座の実施を通じて、保健・福祉機関団体のネットワーク形成過程の検証

第4章　「福祉コミュニティ」形成過程についての一考察
　　　　—精神障害者の社会復帰活動の取り組みを通して—

1　はじめに

2　やどかりの里の実践

Ⅳ. 本書の社会福祉に対する意義とまとめとして

　第1章や第2章では、土橋先生の勤務先であった埼玉県社会福祉協議会の創設期の取り組みや活動、各市町村の指導者層に対して、社会福祉協議会活動の必要性を啓蒙したりした内容について執筆されており、この活動の結果、活動の理念や運動体としての蓄積の実態が概観できる。

　第3章では、精神保健福祉ボランティア養成講座の普及について、社会福祉協議会とともに、関係機関や団体、社会復帰施設等が果たしてき

た役割やネットワークづくりについて概観できる。

　第4章では、埼玉県にあるやどかりの里についてであり、精神障がい者の社会復帰・地域生活支援活動について、精神障がい者支援の枠組みから福祉コミュニティづくりを概観している。

　第5章では、1998（平成10）年に特定非営利活動法人法が制定され、法第1条では、ボランティア活動をはじめとする市民が行う自由な社会貢献活動としての特定非営利活動の健全な発展を促進し、もって公益の増進に寄与することを目的としており、法第2条には、特定非営利活動の一つとして「保健、医療又は福祉の増進を図る活動」などが明記されており、NPOと社会福祉協議会の活動に共通する活動形態が明記されている中で、各々の存在意義や違いについて概観している。

　終章では、社会福祉協議会におけるソーシャルワークのあり方について概観している。

　本書は、土橋先生が社会福祉協議会や、やどかりの里の実践経験などをもとに、社会福祉協議会という「社会資源が地域に必要とされるためのアプローチ」や「地域住民との関係づくり」、また、精神障がい者支援における地域の協力者を募るための「ボランティア養成」や、精神障がい者の「地域移行」、「福祉コミュニィづくり」など、大きなポイントとして5つについて執筆されている。

　今も地域の実践においては、これら5つは重要でありながらも、今もなお、手探りな状況である。この本書は、その手探りな地域福祉実践の概念、活動に一筋の道筋を与えてくれるはずであり、この土橋先生の執筆された本書は、今後も残すべき、読まれ続けるべきものであると思われる。

対人援助グループからの発見
―「与える」から「受けとめる」力の援助へ―

佐藤俊一著、中央法規出版、2001年、A5判、159頁

山田　克宏（秋田看護福祉大学）

Ⅰ. 本書との出会い

　私（山田）は、大学院修士課程におけるリスクマネジメントの研究を通じ、佐藤俊一氏と学窓である足立叡氏の著書『臨床社会福祉学の基礎研究』と出会った。そして、足立氏の文献を引用したことから、淑徳大学とのご縁が生まれた。また、佐藤俊一氏の指導を受けるようになって最初に購入した本が、『対人援助グループからの発見―「与える」から「受けとめる」力の援助へ』である。

　次に、私と社会福祉との出会いに関して述べる。祖父は、まだ私が福祉分野に足を踏み入れない頃に、入院先での生活で悶々として不満を口に出来ないことを、態度を持って私に訴えかけた。つまり、介護を受ける側に「声なき声」があること、生きる苦悩の存在への気づきとなった。祖父は、介護される側、つまり、当事者の気持ちを受け止めた支援をして欲しいという気持ちを、自己の生きざま、支援者の態度から私に気づかせようとしたものと言える。私にとってこの食事介助の実践は、衝撃的であり、私の福祉における原点となった。その後、私は、ヘルパーとして働きながら社会福祉士通信課程の学生となり、さらには、社会福祉士の資格取得後は、相談援助職として働くことになる。

　私にとっては、当事者性・当事者主体の考え方は、臨床・研究のなかで基としているものである。その中にあって、実習指導者の言葉にもあった「してあげる」「与える」のではなく、「受けとめる」という考え方に繋がっていく本書と出会うことになった。

　私たちは、バイステックのいう「受容」を対人援助業務のなかで重要

視してきている。その上で、佐藤氏は、人間関係に関心が向きすぎてしまい一回一回の場面のなかで、お互いが感じたことを伝えあえる関係が出来ておらず、一回一回の他者との関係をともに生きる時間として共有できていないとしている。物理的には、一緒いるが、やはりその場にともにいないことを意味していると述べている。つまり、関係における「つながり」という関係を維持することを重要視するのではなく、「ちがい」を共有化していくことの大切さを指摘していると言える。また、佐藤氏は、話すということに関して以下のように述べている。「コミュニケーションにおいて自分を表すということであり、ただ、自分の関心のあることに積極的にかかわっていくといった自分のためだけのものではなく、「目の前の他者を大切にしようとする態度」なのである。さらに、他者の思いを聴く（傍点筆者）、受けとめる態度から気づくことが出来るとしている（佐藤 2003：68-70）。このことは、支援者がクライエントにどうかかわったらいいのか分からずとも、佐藤のいう「ともにいる（佐藤 2001：99）」を通じてクライエントにかかわり続け、「一緒に時間を共有し、待つ」という態度が重要となる。つまりは、「見守る態度」は、支援者がクライエントとのかかわりなかで自己を問われ、自らの役割を創造（佐藤 2001：99）していこうとする過程ということになる。

Ⅱ. 章立て

本書は以下の構成から組み立てられている。

Ⅲ. 著者の特徴、社会福祉に対する意義

　佐藤氏は、1977 年〜 1992 年の 15 年間は、病院で MSW 等として勤務し、1992 年から鹿児島経済大学 (現 . 鹿児島国際大学)、淑徳大学で教員として社会福祉士の養成、スーパーバイザーとして多数のスーパービジョンを実践してきた。そして、佐藤氏は、早坂泰次郎氏 (1923-2001) の門下生で現象学を福祉に援用し、臨床社会福祉学・人間関係学の分野を開拓してきた一人である。

　社会福祉分野では、クライエント理解、寄り添うという態度を通じてクライエントの権利擁護や人間の尊厳を担保することが求められている。その態度に表す技術は、対人援助論としての本体構造であり、佐藤氏の強調する関係性は、態度へ繋がる基礎構造としての対人関係論の考え方である。また、この基礎構造は、固定化したものではなく、クライエントや同僚とのかかわりのなかで一回性を重視しながら、基礎を大切にする必要がある。つまり、よい人間関係を大事にするという〈つながり〉を重視した支援ではなく、他者と本気でかかわっていくなかで、感じ方、受けとめ方、考え方の〈ちがい〉がお互いに生まれてくる。この〈ちがい〉に対して、どのような態度を取れるかによってクライエントとの関係に変化が生じる。そのため、佐藤のいう共有化をおこなっていく作業が重要であり、何よりソーシャルワーカーに求められることは、応答 (response) ということになる (佐藤 2004：26-29)。当然のように私たちは、専門性

や役割に基づき答え（answer）を用意して向き合ってしまう。そのような態度は、〈つながり〉を維持していくことになり、支援者自身に関心が向いており、他者にかかわっていないということと言える。対人援助職は、〈ちがい〉を重視した支援を目指すなかで"関係性"を大切にする態度をとることで、臨床的態度を実践できるようになる。

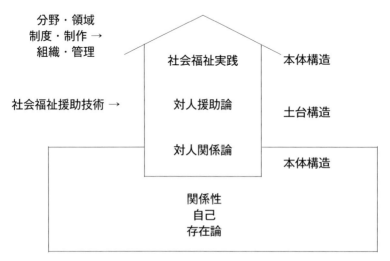

足立叡編者『新・社会福祉言論』みらい, 2005 年, p.200

Ⅳ. まとめとして

　佐藤俊一氏の今日的評価は、エビデンス重視、量を重視している論文作成の現況に警鐘を鳴らし、苦悩、不安の肯定的な側面に着目している人物と言える。佐藤氏は、対人援助技術を学ぶ意味を問い直すなかで、"関係性"と"関係"を区分し、〈つながり〉を重視した支援でなく、〈ちがい〉を重視した支援の意味を明示している。つまり、here and now 日本語訳で、（「今・ここで」）の場でなく、「今（now）」どうするかを決断し、「先が見えなくても飛び込んでいけるか」を問われるとしている。この一

度しかない時を相手に本気になって大切にかかわっていくことが求められる。

　つまり、佐藤俊一氏は、臨床社会福祉学の分野で、一つの考え方を確立し、存在感を増していると言える。ソーシャルワーカーの役割の意味を捉え直すきっかけになればと考え、本書を残したい福祉図書とした。

参考文献

・足立叡『臨床社会福祉学の基礎研究』学文社、1996年.
・佐藤俊一『対人援助グループからの発見―「与える」から「受けとめる」力の援助へ』中央法規、2001年.
・佐藤俊一『対人援助の臨床福祉学』中央法規出版、2004年.

福祉図書
文献解題
6

地域子育て支援拠点におけるファミリーソーシャルワークの学びと省察

新川泰弘著、相川書房、2016年、A5判、173頁

安田　誠人（大谷大学）

Ⅰ.本書との出会いと著者紹介

　本書との出会いは、私が大谷大学文学部教育・心理学科に所属しており、特別支援教育や障害児保育関連の研究を中心に行っていた頃である。ちょうどそのころ文科省科学研究費（基盤研究C）「地方小都市自治体の社会福祉に関する国際比較研究」の最終報告を共同研究者としてまとめていた頃でもあった。私は障害児・者福祉施策を中心に報告書を作成していたが、諸事情により児童福祉施策についても報告書作成に関わらせていただくことになっていた。日本における施設制度を中心とした児童福祉については経験もあったが、英国などでは里親制度や地域子育て支援を活用した児童福祉制度が中心となっており、取りまとめの構造化に悩んでいたころであった。その折に知人からの紹介で手にしたのが本書である。当初児童福祉施策に関しても施設制度を中心とした取りまとめを考えていた私にとって、地域子育て支援拠点を活用したファミリーソーシャルワークの活用の現状と今後の可能性を期待できる、非常に示唆に富んだ内容であった。最終報告書の作成や今後の研究に大きな影響を受けた。

　新川泰弘氏の経歴について述べる。新川泰弘氏（1971 －）は2008年関西学院大学大学院社会学研究科博士課程後期課程単位取得満期退学。2015年関西学院大学大学院人間福祉研究科博士課程後期課程修了、博士（人間福祉）。現在、関西福祉科学大学教育学部教授の新進気鋭の中堅研究者である。

　主な研究業績は、研究論文としては「子育て支援ソーシャルワークの

ためのプログラム開発」『ソーシャルワーク研究』45（4）、「地域子育て支援拠点利用者の子育て環境と利用者ニーズとの関連性―ソーシャルワークの視点から―」『子ども家庭福祉学』18、「対人援助専門職の心がけに関する学び合いと省察」『総合福祉科学研究』8、「発達障害の情報共有とソーシャルワークの可能性―保護者インタビューと保健医療及び福祉専門職への組織研修を通して―」『医療福祉情報行動科学研究』1（1）などがある。

　文科省科学研究費は、「地域子育て支援センターにおけるファミリーソーシャルワーク実践モデルの開発的研究」（2008 - 2010）、「リフレクティブなファミリーソーシャルワーク実践教育プログラムの開発的研究」（2012 - 2014）、「反省的研究から実証的研究へ架橋するファミリーソーシャルワーク実践教育モデル開発」（2016 - 2019）がある。

　また文部科学省「社会人の学び直しニーズ対応教育推進プログラム（GP）」では、「主体的な学びの再生と復活を目指した家族援助力養成教育プログラム」に採択され、本書の研究内容を実践している。

Ⅱ. 著書の構成

　本書は以下の構成となっている。

推薦の言葉

まえがき

序章　本書の概要と構成

　第 1 節　本書の目的

　第 2 節　地域子育て支援拠点におけるファミリーソーシャルワーク

　第 3 節　ファミリーソーシャルワーク実践の理論的拠り所

　第 4 節　子育ちのニーズ

　第 5 節　子育てのニーズ

　第 6 節　地域育てを視野に入れた子育ち子育てニーズに対応する

ファミリーソーシャルワーク

Ⅲ. 著書の概要

本書は新川泰弘氏の博士論文「地域子育て支援拠点におけるファミリーソーシャルワーク実践教育の理論的構造に関する研究」を加筆修正したものである。

本研究の目的は、実証的に子育ち子育てニーズを明らかにし、それに基づいてファミリーソーシャルワーク実践教育の理論的構造を示すことであった。

そこで、本書では、地域子育て支援拠点の「ファミリーソーシャルワーク」を「子育て家庭の交流促進、地域の子育て関連情報の提供、ニーズを把握して資源とつなぐコーディネーション、時系列的にケースの進捗管理を行うケースマネジメント、子ども・子育て支援に関する講座の開催及び相談援助」と定義している。

序章では、本書の概要と構成を示している。本書の目的、研究の背景、ファミリーソーシャルワーク実践の理論的拠り所及び本研究におけるファミリーソーシャルワークの定義について述べている。また、地域育てを視野に入れた「子どもの育ちのニーズ」と「子育てのニーズ」に対応するファミリーソーシャルワーク実践の必要性について検討している。

第1章では、地域子育て支援の歴史的経緯、地域子育て支援拠点に期待されている役割と利用者のニーズ、子育ち子育て環境の変化、子育てストレス及び地域子育て支援におけるファミリーソーシャルワークに関する文献研究を行っている。その結果、実践の効果を検証する実証的な研究やファミリーソーシャルワーク実践の理論的研究が少なく、不十分であることを明らかにして、本研究の意義を明確にしている。

第2章では、地域子育て支援拠点におけるファミリーソーシャルワーク実践の理論的拠り所である岡村理論について論じ、本書の理論的拠り所を明確にしている。

第3章では、調査研究に取り組むことにより、子育て家庭の子育ち子育てニーズを実証的に明らかにしている。

第4章では、実践教育理論研究として、佐藤学、志水宏吉、Schon.D.A、南彩子について整理、検討している。

　第5章では、実践教育理論に基づいた実践教育研究に取り組んでいる。そして、実践教育研究により、ファミリーソーシャルワーク実践教育の成果を実証的に検討している。

　終章では、本書の結論として子育ち子育てニーズに対応するファミリーソーシャルワーク実践を担う専門的人材への教育実践の理論的構造を示している。

Ⅳ. 本研究の社会的意義

　地域子育て支援拠点を利用する保護者には期待するサービスを受けて「ここに来てよかった」と思えるように、子どもの育ちと子育てのニーズに対応したサービスへとつないでいく実践が必要である。また子育ちと子育てのニーズに対応したサービスとなるように実践内容を調整していくことが求められる。さらに、地域子育て支援拠点の利用者の子育ち子育てニーズを計画的、継続的に把握し、ケースをマネジメントしていくことも必要である。

　こうした地域子育て支援拠点における実践は、子どもの保育を行う際に片手間で行えるような業務ではない。それゆえに、子どもの保育と共に地域子育て支援拠点におけるさまざまな実践を担っている保育士のなかには、急激な業務の増加に耐え切れずバーンアウトしてしまうものもいる。しかし、地域子育て支援拠点の歴史を紐解いていくと、地域子育て支援拠点の多くが保育所に併設される際に、ファミリーソーシャルワークの役割を担うことができる専属のソーシャルワーカーを配置してこなかったという歴史的経緯がある。そして保育士に対してファミリーソーシャルワークの実践理論に基づいた教育も十分に行われてこなかったため、地域子育て支援拠点の現場でファミリーソーシャルワークが必要とわかってはいるが、何をどのようにしたらよいかわからないという

状況が生じている。そうした状況を改善することを目指して、子育ちや育てのニーズに対応したファミリーソーシャルワーク実践教育プログラムを開発していく必要性を鑑みて、子育ちと子育てのニーズを明らかにする実証的研究に取り組み、それに基づいてファミリーソーシャルワーク実践的構造を示す研究である。

　本書では、新川氏自身の考える「ファミリーソーシャルワーク」の概念を明らかにし、既存のソーシャルワーク理念と照らし合わせた上で、「ファミリーソーシャルワーク」をいかに保育現場に機能させていくかを具体的に示した実証的研究であり、保育士自身が保育のあり方を自己省察することに有意義な指摘が数多くなされていた。

　ただ、新川氏の提唱する「ファミリーソーシャルワーク」理論をどのように保育現場に取り入れるかについては、検討の余地があると思われる。まずは試験的導入により実践を行い、効果測定について検証されることが期待される。今後さらなる研究の継続も期待されるところである。

老いを考える―明日のライフデザイン―
―人生哲学に立脚した京極高宣師の文献について―

京極高宣著、中央法規出版、1990年、B6判、251頁

谷川　和昭（関西福祉大学）

Ⅰ. 出会い―著者選択の動機と文献研究の目的

　大学生の頃に話は遡る。「他人の心の痛みが分かるような人間になってほしい」とのメッセージに惹かれ、私が選んだゼミは、当時、立正大学文学部教授の三友雅夫先生のゼミであった。私は大学3年生、元号の「平成」が始まってまだ2年目1990年のことである。ゼミに入って程なく三友研究室は増築されたばかりの新しい校舎に引っ越すことになる。その手伝いをしたことがきっかけの1つとなり、夏頃から同級生や先輩と共に私の研究室通いが始まった。そし

て、三友先生から初めて研究室でお借りした本が、ここで紹介する『老いを考える―明日のライフデザイン―』に他ならない。

　本を読むことが得意ではなかった、というよりはむしろ全くといってよいほど読めなくて漫画の方が好きだった私としては、表紙カバーに「マンガ・木下健一」と表示されていたので、思わず手に取ってしまったのであろう。しかし、教授の研究室に漫画などあろうはずがない。中身は何等かの価値観に基づいて内容を提示、解説した書物、所謂、啓蒙書

であり、本書は言ってみれば老年学の入門書ないしは教科書のようなものであった。文字ばかりだと、さすがにきっと読まなかったと思うが、幸いなことにイラストが多く散りばめられていた。少し騙された気もしたが、この挿絵のイラストが「マンガ」代わりであるということもあり、自身の勉強にもなると思い、どうにか最初から最後まで読み切った。

つまり、この本は私にとって、読書するということに苦手意識を抱え持つ自分を初めて学問の世界の入口に本当に誘ってくれた書籍だったのである。しかも表紙カバーのこの人物は、実はこの本の著者ご本人の似顔絵なのだということを知ったのは、実際に私が大学院修士課程に入学した1992年になってようやく確認できることになる。書き下ろされたばかりの『日本の福祉士制度─日本ソーシャルワーク史序説』（中央法規出版、1992年）を引っ提げて、その年限りの立正大学大学院非常勤講師として招聘されたのが、著者である京極高宣先生だったのである。京極先生は表紙カバーのイラストとまったく風貌が一緒で、大学院に入学したばかりの私でもすぐに親近感が湧いたことを記憶している。

京極先生の紹介によりゲスト講師として、古瀬徹氏、栃本一三郎氏といった諸先生方の講義も受けることができた。ちなみに京極先生の後任は栃本先生だった。京極先生と栃本先生は私の指導教授である三友先生とともに、私が1996年3月、社会人として最初に奉職することになった社会福祉法人健祥会（徳島県）に赴任する前、渋谷でカラオケパーティーのお別れ会をしてくださった。京極先生は私たち院生をご自宅に招いてくださり、夕食を戴いたこともある。こうしたことが縁で、赴任先の健祥会には公開講座にお越しいただくこともでき懐かしい想い出である。また栃本先生には私が奉職中の関西福祉大学が2006年開学10周年を迎えた際、記念講演をご依頼してお招きすることもできた。

『老いを考える』というこの1冊から、まさに私の"明日のライフデザイン"は切り拓いてこられたと言っても過言ではなかろう。改めて本書を読み返し今日的意義を見出したい。

Ⅱ. プロフィール─著者の略伝と主な著作

本書を書かれた京極高宣先生の主な略歴は、次のとおりである。

1975 年　東京大学大学院経済学研究科博士課程修了

同年　　　日本社会事業大学専任講師、1979 年助教授を経て

1984 年　厚生省社会局庶務課社会福祉専門官

1987 年　日本社会事業大学教授、1991 年社会福祉学部長を経て

1995 年　日本社会事業大学学長

2005 年　国立社会保障・人口問題研究所所長

2008 年　全国社会福祉協議会　中央福祉学院　学院長（現職）

2010 年　国立社会保障・人口問題研究所所長　名誉所長

2010 年　社会福祉法人　浴風会　理事長（現職）

2015 年　福祉法人経営学会　会長に就任

主な著書は、次のとおりである。筆者が特に学部生や大学院生には読んでもらいたい、あるいは参考にしてほしいとか、一度は手に取ってみてはどうか、そんな願いから独断と偏見になってしまうが、ご容赦いただければ幸いである。

『京極高宣著作集（全 10 巻）』（中央法規出版、2002 年～2003 年）

『動くとも亦悔無からん─日本社会事業大学学長としての十年』（中央法規出版、2005 年）

『社会保障と日本経済─社会市場の理論と実証』（慶應義塾大学出版会、2007 年）

『〔研究ノート〕新しい社会保障の理論を求めて─社会市場論の提唱』（社会保険研究所、　2008 年）

『福祉書を読む─京極高宣ブックレビュー集』（中央法規出版、2014 年）

『障害福祉の父─糸賀一雄の思想と生涯』（ミネルヴァ書房、2014 年）

『現代福祉学の再構築─古川孝順氏の「京極社会福祉学」批判に答える』（ミネルヴァ書房、2020 年）

Ⅲ. 内容と構成

　本書は、耳慣れない言葉かもしれないが、"唯人主義"ないし"唯人論"という哲学に基づく老年学エッセイ集となっている。

　著書の章立てについては、おおもとを忠実に拾えば、次のようにセクション（節・項）の仕立てになっている。ただし、著作集第 10 巻『随筆・抄捨』（中央法規出版、2003 年）では「§1→第 1 章」のように "§" は "章" に置き換えられている。

§1　老いとは

　「魏志倭人伝」と長寿社会／「老人」という言葉に何を思う／老化っていったい何だろう／おばあさん社会の到来／前人未踏の長寿社会世代間対立が進む？

§2　衣食住

　長寿社会のカギは " 食 " にあり……／栄養の過剰と不足　どちらも老化の原因／生かし方次第で酒は " 百 " ヤクの長 "／おしゃれはお年寄りの特権／ファッション性も重視　お年寄りの " 衣療 "／住み慣れた住居で安全、快適に／お年寄りになじむ二世帯住宅を

§3　老人の心理

　離れ猿より孤独？　独り暮らし老人／類人猿社会が鏡？　老猿の生き方を見る／" 老いの一徹 " にも孤独や不安が……／自分に注目させたい……介護事例にみる老人心理／心の隙間に忍び込む " あきらめの自殺 "／「ちと用ありて」であの世へ行ける？／現代社会では死んだ後も何かと大変！

§4　ボケの価値

　老人の痴呆も早期発見、治療が肝心／わが国の老人の痴呆　なぜ欧米より多い？／明日はわが身？　多様なボケの症状／ボケの予防　そのヒケツは……

§5　福祉システム

老人福祉施策の両輪 " 施設 " と " 在宅 " ／暮らしてみたい　理想的なまちづくりを／ターミナル・ケア　欧米とは大きな違い／「福祉は人なり」　専門職誕生に期待／そろそろ見直し　福祉に関する法律／長期展望をもつ　年金の充実を／福祉サービスの多元化

§6　世界の老人

アメリカに見た老人ユートピア／アメリカ、ブラジル　日系老人ホーム事情／北京で話し合った高齢化社会対策／ " 福祉先進国 " に見た老人問題への取り組み／日本、欧米　老人事情お国ぶり①／日本、欧米　老人事情お国ぶり②

§7　社会参加

お年寄りは空き地へ　ゲートボールに／衰えはあっても決してなくならないもの？／ソシアル・ダンスに高まる人気／ソウル五輪の次はねんりんピック／老人の文化は地味、質素でいいのか／人生 80 年時代、高齢でも働きたい !!

§8　人生

「はやく 75 歳になりたい」!? ／ " 元気老人 " たちに注目！／ " 老いを考える " ボーヴォワール／現代の孔子なら「60 にして立つ」？／「考える」―私の " 唯人論 "

以上が、本書の構成であるが、以下、いくつかのセクションから抜き書きしておきたい。まず「§1 老いとは」の中で、こう書かれている。これを読めば、恐らく多くの方の思い違いを正せるであろう。

　　健全なる身体は健全なる精神を求め、健全なる精神は健全なる身体を求める。(p.14)
　　「健康で文化的な最低限度の生活」でいう「健康な」はヘルスではなく、ホール（健全な）の意味です。(p.15)

つぎに「§3 老人の心理」の中で、このように提起されていることに耳を傾けたい。世代間、同意世代で重要なことが指摘されている。

　　私見ですが、心の老いに関連する4つの「ミ」と、4つの「リ」があると考えていますが、それらはできるだけ避けていただきたいと思います。4つの「ミ」とは、すなわち、ヒガミ、ネタミ、ソネミ、ウラミの「ミ」で、4つの「リ」とは、イカリ、コダワリ、オモネリ、アザケリの「リ」で、…中略…、明るい長寿社会には、世代間や同世代での「いくつしみ」と「おもいやり」こそが大切なのではないでしょうか。(p.81)

続いて、「§8 人生」ではポジティブな見方、捉え方が提唱されている。このような発想の転換、あるいは逆転の発想と言ってよいかと思うが、「人生そうでなくては」と賛意させられる人は多いかもしれない。

　　「はやく18歳になりたい」と思ったのと同じように、75歳未満の方々が「はやく75歳になりたい」と思えるような、希望というか、夢というか、憧れみたいなものを持たせる社会的な工夫が考えられないかと思うのです。(p.225)
　　本書を読んで読者は、老いを考えることは即、人生について考えることであり、生活について考えることであり、生について考えることに気づかされます。特に私の好きなボーヴォワールの名言は、「他者たちの人生に関心をもつかぎりにおいて、(われわれの)人生は意味を持つのである」「われわれが、愛や友情や義憤や同情をとおして、他者たちの人生に価値をおくかぎり、人生は価値をもちつづける」などです。(p.235)

Ⅳ. 貢献と評価

　本書は元々 1988（昭和 63）年 4 月 15 日から 1990
（平成 2）年 4 月 1 日まで、時事画報社の『フォト』
という雑誌で月 2 回のペースで連載された京極先
生の評論「老いを考える」47 回分が加筆修正の上で
すべて収録されている。驚くべきことに、出版を記
念して、表紙カバーをほぼそのまま縮小したテレ
フォンカードも作成されている。筆者は出版社を
通じて入手した。

　時代的にはその当時、高齢者保健福祉推進十カ年戦略が策定され、老
人福祉法等の一部を改正する法律（通称：福祉関係八法）が成立されよ
うとする時期であり、高齢者福祉は当然の如く脚光を浴び始めていた。
しかし、京極先生は敢えて高齢者福祉という狭い範囲にとどまらず、し
かも自身の福祉政策という専門領域を超えて、老年学という広い視座か
ら論評している。本書は、老後に備える心構え、食べるもの・着るもの・
住まいなどを扱うだけでなく、お酒や遊びなどの生活諸般、高齢者心理
や認知症の対応方法（秘訣）、生きがいにまで及んでいる。

　ところで、本書が登場する 6 年前、一番ヶ瀬康子が『すこやかに老いる』
（ドメス出版、1984 年）を出版しているが、衣食住や余暇に重点を置いた
一番ヶ瀬に対して京極のそれは「一生を謳歌できる人間哲学」が前面に
出ているように感じられる。

　また、老年学の本で漫画家との共著は本邦初のようである。そして、
中国でも『思考老年』（社会科学文献出版社、1997 年）という書名で翻訳
され、一定の評価を得ている。

　さらに、もう少し敢えてつけ加えておくと、本書では、内外を問わず
各界の有識者、文化人を惜しげも無く引き合いに出している。読者が読
んでいくなかで、それらの人々の著作や作品に興味関心を持ち、自分で
も触れてみようと行動を起こすことさえも、もしかすると想定されてい

たのではないかとも考えられる。京極先生は、ある著書でフランスの詩人ルイ・アラゴンの言葉「学ぶとは、誠実を胸に刻むこと。教えるとは、共に希望を語ること。」を想起しているが、先人の教えを学ぶことはまさに希望と私は考える。

ところで、本書に対して不満を1つだけ申し上げるとすると、それは索引がないことである。啓蒙書であるため仕方のないことかもしれないが、人名・事項の索引が掲載されなかったことは学習便宜の観点からすれば非常に残念に思う。

なお、本書の特長は、京極先生が言うところのヒューマン哲学である"唯人主義"ないし"唯人論"に立って、その想いが随所に織り込まれていることが見逃せないと言える。ここでいう唯人論は、従来の唯心論や唯物論と対比しての京極先生からの問題提起である。

V. むすびにかえて

私は今回、執筆依頼を受けて、改めて本書を全部読み返してみたのであるが、そこには私自身が忘れかけていた京極先生の新造語である"唯

『京極高宣の**ぴかぴか対談**』（全社協、2000年）

唯人主義の説明

1. 人間はしょせん、進化の過程でサルからヒトになったもの（高等ザル）であり、

2. それにもかかわらず、ヒトは人々とのかかわりで人間になってくるということであり、

3. そうした人間は人々とのかかわりで良くも悪くもなり、こうした多様な人間とのつながりで歴史はつくられてゆく

➡ 3つの命題で成立
　　結果的には「**人間万歳**」につながるヒューマニズム的なもの

人論" ないし " 唯人主義 " が目に止まった。

　京極先生は、この意味については別の機会に譲るとし、本書で詳しく論及されているわけではないが、先生によると、「一方で人間は、所謂いわば高等ザル（高度な類人猿）であり、文明は進歩しても、ヒトとしてはほとんど進歩しないものであるということです。他方では人間は人と人との関係で幸せにも不幸せにもなり、縁故や人脈がきわめて大切であり、人間と人間が寄り集まって創っている世の中を変えたり、動かしていくのも人間関係が決定的に重要だという2つの命題に基づいた新しい人間観、ヒューマニズムなのです」とある。

　一方、『老いを考える』の後著にあたる『京極高宣のぴかぴか対談』（全国社会福祉協議会、2000年）では、唯人主義は3つの命題で成立するもので、結果的には「人間万歳」につながるヒューマニズム的なものとして書き換えられている。

　筆者なりに、唯人論、唯心論、唯物論の特徴をとらえると、試論的ではあるが次のテロップのように理解できる。

唯人論・唯物論・唯心論の特徴（谷川試論）

- 唯物論＝物質がすべての根源とする考え
  物があることで初めて精神が存在
  姿・形があって目に見えるもの

- 唯心論＝精神がすべての根源とする考え
  本当に存在するのは精神のみ
  人の感情や思考のこと

- 唯人論＝人間がすべての根源とする考え
  ヒトは人々とかかわれて人間となる
  世の中に影響する人間関係（多様な人間のつながり）

　しかし、いずれにせよ、人間関係が人間にとって最も大切な事柄であることに違いなかろう。人間とは何か、人間関係のあり方をどうするのか、これはソーシャルワークばかりでなく、対人援助に関わるすべての者にとって大切な問いであり、人間の幸・不幸を左右する問題と言ってよい。人間として生まれてきた以上、人間の一生を謳歌できるような人間哲学が求められている。そのような哲学の試金石として社会福祉学界に一石を投じていることが確かめられたこと、そこに本書の今日的意義を見出せたと考える。

　なお、京極先生は現在、北隆館の『地域ケアリング』誌の編集委員長を担当している。同誌 2020 年 9 月号の通算 300 号記念特別寄稿で知った次第である。

付記

　本稿は、学会誌『福祉図書文献研究』第 18 号の特集で掲載いただいた原稿を基礎に、その後の知見を踏まえて若干、加除修正したものである。

勉強の哲学 来るべきバカのために

千葉雅也著、文藝春秋、2017年、B6判、240頁

幸　　信歩（大和大学）

Ⅰ. 本書との出会い

　現在、著者は現職では医療大学で授業を週8コマ、実習を週2回行っている。また、臨床現場を週2回担当し、さらに大学院院生でもある。これら3つの立場を持つ中で、実感していることがある。それは「自分を変化させる」ことである。

　著者が大学院博士後期課程に入学したのは2017年9月であった。5年制一貫過程の後期課程に編入という形式を取り、入学した。入学時点での著者の最大の目標は論文を書くことだった。しかし、論文を書く前に単位不足を補う必要があった。そのために三つの講義を履修した。著者は講義に出るたびに、自分の目標である論文を書く前にやるべきことがあるのではないかという「疑問」を抱くようになった。同時に、大学院の演習では徹底した議論が行われ、指導教員から「1000本ノック」と言われるような指導を受けていた。教員と他の院生から投げられる質問と言う球は一つも拾えない状態だった。球が拾えないどころか、容赦なく球は次々と投げ続けられる。「1000本ノック」を受けた後には、立ち上がれないような状況になっており、頭の中は混乱し、とても論文を書くどころではなかった。

　もう一つの立場は臨床現場でのセラピストの顔である。臨床では、毎回違う User に出会い、その User は一人ひとり違う症状をもっている。どのように診療していくかを、毎回一人ひとりに合わせて考えていくのである。もちろん、これまでの体験から考えられる場合と全く新しい体験をする場合とがある。User から出る一言ひとことをヒントに試行錯

誤を繰り返すのである。

　三つ目の立場は現職で、大学で授業などを行うことである。近年、学生の様子が変わった。言われたことしかしない「ゆとり世代」が終わり、人間関係をあまり広げず安定を望み、欲のない「さとり世代」の学生生が入学してきている。授業や実習での学生の反応は今までとまったく違っている。この点で言えば、次の世代は仲間に積極的につくし、保身のために周囲に気を遣う「つくし世代」が入学してくる。世代ごとに教育的な関わりは変わってくる。医療領域では国家試験の結果が付いて回る。つまり、国家試験に合格させるための教育的関わりでも試行錯誤の繰り返しである。

　これら三つの立場の体験で全てに共通していることは「新しい体験」をしているということだ。「新しい体験」をこなしていく方策は、新しい体験を「学び」に変え、一つひとつを身に付けていくことだ。大学院で抱いた「疑問」も、これら三つの立場に共通している。著者が置かれた三つの立場から求められていることは「学ぶ」こと＝今の自分を変化させること（変化すること）だと、改めて実感したのである。このことに気がつき、実感した時に、著者の中では一瞬、ホッとした感覚になったことを覚えている。そして、タイミングよく、その頃に大学院のエレベータの中に本書のチラシが貼ってあった。「まさしく！」という気持ちで読んだ一冊である。

　著者の千葉雅也氏（1978年〜）を紹介する。千葉氏は現在、立命館大学大学院先端総合学術研究科の教授である。つまり、著者の学舎である。千葉氏は哲学・表象文化論を専攻している。フランス現代思想の研究と美術・文学・ファッションなどの批評を関連させている研究者である。著書に『動きすぎてはいけない─ジル・ドゥルーズと生成変化の哲学』や『別のしかたで─ツイッター哲学』などがある。

Ⅱ. 章立て

本書は以下の構成から組み立てられている。

はじめに
第一章　勉強と言語─言語偏重の人になる
　勉強とは、自己破壊である
　自由になる、可能性の余地を開く
　目的、環境のコード、ノリ
　自分とは、他者によって構築されたものである
　言語の他者性、言語的なヴァーチャル・リアリティ
　二つのノリがぶつかる狭間から、言語の世界へ
　言語の不透明性
　道具／玩具的な言語使用
　自分を言語的にバラす
　深く勉強するとは、言語偏重の人になることである
第二章　アイロニー、ユーモア、ナンセンス
　自由の余地は、「浮いた」語りに宿る
　ツッコミ＝アイロニーとボケ＝ユーモアで思考する
　コードの不確定性
　わざと自己ツッコミと自己ボケ
　コードの転覆
　ナンセンスという第三の極
　会話を深めるアイロニー
　アイロニーの過剰─超コード化による脱コード化
　新しい見方を持ち込むユーモア
　ユーモアの過剰─コード変換による脱コード化
　もうひとつのユーモア─不必要に細かい話
　「享楽的こだわり」と「非意味的形態」

書く技術―横断的に発想する

アウトライナーと有限性

結論

補論

あとがき

Ⅲ. 著書の特徴

　これまでの勉強や自己啓発に関する書籍は勉強する者を「豊かにする」という学び方が書かれているものが多かった。新しい知識やスキルを付け加えると、豊かさを身に付けることができるという生産性でもあった。しかし、本書は違う。逆転の発想である。勉強とは「自己破壊」であるとしている。今までの自分を破壊してこそ自由になり、できることの範囲を狭めずに、その限界を破ってこそ、新しい可能性が開けるというのである。「勉強はむしろ損をすること」と書かれている。自己破壊し「ノリの悪い人」になるというのである。

　これまでの可能性は環境依存的であり、窮屈な存在だった。それを他者関係に変えて、自分自身ではない全てのものとの広がりと捉えていくのである。有限性を引き受けると同時に可能性の余地が広がると自由になる。これを実現する方法が本書には書かれている。

　福祉医療の分野では、ある一定の範囲の中で、物事を捉えることが多い。特に医療関係では医学という知識とテクニックという、決められたある意味普遍性の範囲の中で仕事をしていく傾向がある。そうすると可能性などはないと同じで、広がりがない。

　これからの日本の福祉医療分野は深刻な人手不足に陥る。これからの可能性を自己破壊から広げていく必要性に迫られる。このような時期に可能性への意識を向けてくれるのが本書である。

Ⅳ. まとめとして

　福祉医療の臨床現場に従事する人（私を含め）は、思わず毎日のルーティーンに流される仕事方法になってしまいがちである。なぜならば、周囲に気を遣い、やるべきことに追われ、目の前の時間に支配されてしまうからである。そして、ヘトヘトになって一日を終える。毎日がこの繰り返しとなってしまうことは臨床体験者であれば誰しもが実感することである。ヘトヘトになって終わる毎日を繰り返すことによって、自分が行っている福祉医療業務の振り返りをすることが少なくなるのである。そこから生まれる現象を新しい捉え方をすることはさて置き、毎日を「こ・な・す」という時間の使い方である。ましてや、自分を変えていくことや勉強をすることなどということにまで到底、意識が向かない。新しいテクニックや知識、考え方を獲得し、自分の業務に変化をつけていくことから回避しようとしてしまう。回避することにエネルギーを使うようになるのである。それを、回避への思考ではなく、一度自己破壊をして、自分を「バカになり」発想を転換するなどと自分を広げてみると、自分がやっていた業務をどのように改善すればよいか、またどうしたらよりよいケアができるかなどが見えてくることに気がつくことがある。勉強するということは、これまでの自分を破壊し、新しい自分に変化することができ、新しい視点から日頃の業務、ケア、施設中での人間関係などが見えてくるようになるのである。このことに気がつき、一度バカになってみることで楽になれるのである。「バカ」は勉強するのである。

　福祉業界はますます人手が不足している。人手が減少すれば目の前の業務に終われ、「バカ」になる人は減る。つまり勉強しよう、変化を考えようとする人は減るだろう。そこで、本書から「バカ」になる素晴らしさを知る機会としてほしいと願っている。

結婚の社会学
―未婚化・晩婚化はつづくのか―

山田昌弘著、丸善、1996年、新書判、180頁

浅沼　裕治（松山東雲短期大学）

Ⅰ．本書の概要

　今日の日本において、未婚化・晩婚化の進行にともなう少子化の進展と、それに伴う高齢化社会の到来は、生産年齢人口の減少による税収減や、社会保障費の増大を契機とする国や地方公共団体の財政のひっ迫のみならず、限界集落の増加や、地域社会の活力の低下など多方面で問題が顕在化しており、政府を中心とした国家が抱える重要な福祉に関する課題のひとつになっている。

　本稿で取り上げる山田昌弘氏が1996年に刊行した著書、『結婚の社会学―未婚化・晩婚化はつづくのか―』は、こうした現代日本社会が抱える問題を「結婚」をキーワードとしてとらえた研究の嚆矢として、今日においてもなお重要な位置づけが可能であると考える。本稿では、他国に先駆けて本格的な少子・高齢社会が到来し、今後も拡大が予想される日本において、その対策への重要な示唆を提示した本書の概要を紹介し、読み継ぐことにより現状の把握と、問題緩和のためのヒントを再認識していきたいと考える。

　著者の山田氏は、家族社会学が専門の研究者である。1990年代初頭より現在に至るまで精力的に著書・論文等を刊行している。2008年には、白河桃子氏と共著で出版した『婚活時代』（ディスカヴァー・トゥエンティワン）がベストセラーとなり、合コンへの参加や結婚相談所などへ登録し結婚相手を見つけるための活動をさす「婚活」という言葉は、その年の流行語大賞にノミネートされるまでに至った。

　このような「婚活」へ人々が熱心に活動するのは、未婚化・晩婚化が

進行し、若年層を中心として、本来は結婚願望がありながら、それが実現できないことが根底にあるとされている。「1980年代以降、結婚年齢がゆるやかに上昇に転じてから、20代後半から30代の未婚の男女が目立ち始めてきた。30〜35歳の年齢層をとってみると、1970年時点での未婚者は、男性49万人、女性31万人だった。20年後の1990年には、男性128万人、女性54万人にふくれあがっている」（山田 1996：5）。少子化の問題に引きつけていうならば、日本の場合、子どもは婚姻関係のある男女の間から生まれるケースが約98％を占めるが、結婚し子どもを持つことを希望する若年層が多数、存在するにも関わらず、それが叶わない者が増加しているのである（浅沼 2019）。

　こうした現象を予見するかのように、山田氏は本書において、社会学的な知見を根底におき、未婚化・晩婚化の「原因」として世間に流布されている俗説を、ひとつひとつ紐解いていく。例えば結婚難への解釈として、①男余り説のウソ、②「結婚したくない人が増えた」説のウソ、③男女交際が下手になった説のウソ、④わがままな若者が増えた説のウソ、⑤時代に遅れた男性説のウソなど、世間一般に蔓延っているエビデンスを欠いた言説について山田氏は統計データを示しながら反証してゆく。

　本書での山田氏の主張は、以下の2点に集約することができる。

①結婚しない人が増え続けているがゆえに、女性の社会進出が増加している。

②男女交際が盛んになっているからこそ、結婚しない人が増え続ける。

　まず、①の主張についてみてゆく。現代は女性が社会進出し、企業等で働き続ける女性も増えている。それゆえに、働くことを優先したいために結婚をしない、もしくは先延ばしにする女性が増加しているという言説が一般にみられる。しかし、山田氏はこの言説について、原因と結果を逆に解釈をしなければ、事の本質を間違えて理解してしまうとい

う。現代の日本において性別役割分業意識は男女ともに他の先進諸国と比べて強固であることが指摘されている（松田 2007）。女性も夫となる男性に経済的責任を求める傾向にある。このことを前提とするならば、女性は働き続けたいから結婚をしないのではなく、安定的な収入を得ている男性に巡り合わないから仕事を続けている、ということが本当のところであるという。実際に結婚を希望する男女はこの 10 年間の推移をみても約 80％前後で推移している。女性が仕事に集中したいから結婚をしないという解釈は根拠を欠くと述べている。

　次に、②についてみていこう。高度経済成長期くらいまでは、職場での縁を中心に男女の出会いの機会が限られていたうえに、男女が「つきあう＝結婚」という図式が定型化していた。しかし、現代は①に挙げたように職場や大学への女性進出が進んでいる。また、レジャーやボランティア、趣味のサークルなどが盛んになり、男女が出会う機会はたくさんある。出会ってから交際に発展する機会は格段に増えている。しかし、山田氏は現在、恋人がいる人でも、結婚に踏み切らずに「もっといい人がいるかもしれない」と考え、ためらう人が増加したのだという。

　このようなことから、女性が社会進出し、男女の出会いが増えているが、選択肢の増大により、結婚に至ることについて昔に比べて慎重になっているという論拠に本書はたっている。ゆえに、未婚化・晩婚化が進行し、結果として今日の日本の少子化が進行し、冒頭に述べたような様々な社会問題が顕在化している状況になっていると指摘している。

Ⅱ. 本書の構成

　本書は、こうした少子化の主因となる、未婚化・晩婚化について「未婚、独身という状態が、決して自分で選んだものではないという事実があきらかになり」（山田 1996：7）、「結婚したいというエネルギーが充満している中で、統計的には結婚年齢が上昇し、独身者が増え続ける。このパラドックスを社会学的に解いて」（同上書：8）いくことを目的として構

成されている。章立ては以下のとおりである。

Ⅲ. 山田昌弘氏の研究の意義

　山田氏は、若年層を中心とした結婚の困難性について研究を行い、多くの著書を発表している。本節では、山田氏の「結婚」に関わる研究全般における意義について述べていきたい。

　『結婚の社会学』以降も、先述のように『婚活時代』をはじめとして、数々の著書を発刊している。『婚活時代』に続く編著書『「婚活」現象の社会学』において、「1970年代半ばから始まる結婚難は、結婚相手に求める『恋愛感情』、そして結婚後の『経済生活』に求める基準が『相対的に』高くなったことによってもたらされた…（中略）…若年男性の収入が相対的に低下し不安定化し始めたこと、交際機会が増大し、結婚相手を様々な異性と比較できるようになった」（山田 2012：235）ことによるものと述べている。

　そもそも現代において男女が「結婚」するためには「相手を好きか嫌いか」という感情的な基準に加え、「結婚後の生活にかかわる基準」（同上書：233）がある。「結婚後は、原則二人での結婚生活が待っている。どのような生活が送れるかは、結婚相手の職業や収入、資産、結婚後の親との同別居、結婚後の夫婦の役割分担などに関係してくる。…（中略）…私

が『結婚の社会学』で指摘したように、『好きな相手が生活するのにふさわしい相手』であるとは限らない、というより、好きな相手が生活するのにふさわしい相手である確率はかなり低いと言った方が当たっているだろう」(同上書：233)。

　日本女性は一般的に結婚相手となる男性には経済的な安定を求める傾向が強い。しかし、1990年代以降の日本経済の低迷により、若年層を中心として男性の就労収入は低下の一途をたどっている。夫婦で生活するために、ふさわしい相手にはなかなか巡り合うことはできない。一方では、そうした女性側の経済的安定の要求に応えることのできる少数の男性に女性が集中することにより、男性においても結婚ができる層とできない層の階層分化が生起している。こうしたことを背景として、未婚化が進行していると考えることができる。

　山田氏の一連の研究は、「未婚化・晩婚化」を端緒とした「結婚」という概念をキーワードにして、主として日本の高度経済成長期以降の産業構造や経済状況の変化による格差の問題や、教育の機会不平等、家族の変容などに切り込み、今日の日本社会が抱える諸問題を広範囲に、深く洞察する研究が行われていることに意義がある。

Ⅳ. 本書の今日的な意義

　冒頭に述べたように、「少子化」の進行は日本の福祉社会に深刻な影響を及ぼしつつある。日本は人口ボーナスから人口オーナスの時代に移行し、今後もその度合いをますます強めていくと予測されている。社会保障費の増大や地域社会の衰退は、福祉に関する諸施策を推進する際の前提であった考え方を根本から変えて発想しなければならない必要性に迫られている。これまでの人口の増加を前提とした社会構想から、いかに国民の安定的な生活を保障していくかが問われているともいえるであろう。

　また、各地の自治体のレベルで「婚活」に関わる施策も実施されてい

る。多くは「子育て支援課」や「福祉センター」などが主催し、結婚相談や、各種パーティーなどが企画されている。現代において「結婚」とは、福祉政策にも関わる重要な課題となってきている。

　本書が、今日の未婚化・晩婚化の進行による人口減少を契機とする現代福祉が抱える問題を考究した書として広い分野の読者に読まれることにより、問題の緩和に資する知恵を再発見してもらいたいと考える。

　また、本書は社会学的知見に満ち「目から鱗が落ちる」記述が随所に散りばめられている。本稿では字数の都合でエッセンスの触りの部分しか紹介ができなかったが、ぜひ本書を手に取っていただき、その主張を存分に堪能いただきたいと考える。

　※本稿は、浅沼裕治『結婚の社会学：未婚化・晩婚化はつづくのか』[山田昌
　　弘著]（特集 福祉図書文献解題）、『福祉図書文献研究』第18号、pp.171-174、
　　2019年、に掲載された原稿に加筆・修正を行ったものである。

参考文献

・浅沼裕治「社会福祉の今後の展望」、井村圭壯・今井慶宗編著『社会福祉の形成と展開』、勁草書房、2019年。
・松田茂樹「共働きが変える夫婦関係」、永井暁子・松田茂樹編著『対等な夫婦は幸せか』勁草書房、2007年。
・山田昌弘『結婚の社会学—未婚化・晩婚化はつづくのか』丸善、1996年。
・山田昌弘・白河桃子『婚活時代』、ディスカヴァー・トゥエンティワン、2008年。
・山田昌弘編著『「婚活」現象の社会学——日本の配偶者選択のいま』東洋経済新報社、2012年。

福祉図書
文献解題
10

居住福祉

早川和男著、岩波書店、1997年、新書判、227頁

小出　享一
（居住支援法人 株式会社居場所、大阪府立大学非常勤講師）

Ⅰ.本書との出会い

　人間が日常生活を営むうえで不可欠なものとして「衣食住」という表現が日本語にはあるように、住居は生活及び社会福祉の基本である。生活保護の受給、介護保険の居宅サービス、障害者総合支援法の介護給付サービス、社会福祉協議会の日常生活自立支援事業（福祉サービスの利用援助・日常的金銭管理サービス・証書等の保管サービス）等は、住む地域や住居が決まらなければ、担当のケースワーカー、社会福祉協議会の担当者、各サービス提供事業所を決定してサービスを提供することが出来ないことが多い。また居住が保たれていなければ、福祉だけでなく、雇用、所得保障、保健、医療、教育などの制度やサービスも受けることができず、日常生活そのものが成り立たなくなる。

　しかし日本では、私有財産である住宅、住居問題は、個人及び市場経済に委ねられるべきで、社会で公共的に解決すべき問題だと考えられることは少なかった。

　社会福祉においても、生活保護制度には住宅扶助があり、低家賃住宅としての公営住宅が社会保障関連制度として位置づけられることはあっても、社会福祉としては住宅問題の比重は大きくない。日本は居住を保障しない国家である。一方、ヨーロッパの福祉国家諸国では、社会の安定は、住居が要になるという認識を持っており、住宅問題の解決が社会政策として重視されてきた。

　筆者（小出）は社会起業をして、「株式会社居場所」を設立し、高齢者・

障害者賃貸仲介専門の不動産業を営んでいる。何故、不動産業者になったのかは、自分自身が脳性まひという身体障害のために、賃貸物件への入居を何度も大家や不動産業者に断られた体験に端を発する。その後は福祉の仕事で住宅確保困難事例に立ち合うことが多かった。現に多くの大家や不動産会社では、高齢者や障害者、生活困窮者、生活保護者受給者、更生保護施設経験者などの住まいに困って相談に訪れた人たちに対しては、「審査が通らないから」「儲からないから」という理由で相手にしない現実がある。筆者は微弱ながらもこの問題の解決を図ろうと、宅地建物取引士を取得したうえで、不動産業を開業した。それらの問題により対応するために、居住支援法人の指定を受けて活動している。「儲からないが、需要はかなりある」というのが実感である。

　さて、居住福祉という言葉は、それほど昔からあったわけではない。居住福祉という言葉を最初に使ったのは、社会福祉学者の一番ケ瀬康子である [1]。また居住福祉という言葉を最初に使った書物は、1993 年に出版された早川和男・岡本祥浩『居住福祉の論理』(東京大学出版会) であったが、学術書であったため、世間への浸透はみられなかった [2]。その後、今回取り上げる早川和男氏の『居住福祉』が 1997 年に岩波新書から出版されて、居住福祉という言葉が一般の人々の間にも徐々に普及していった。2001 年には、日本居住福祉学会が設立され、今日に至っている [3]。この学会の出発を機に居住福祉に対して、研究・実務の枠を越えた多様なアプローチが試みられるようになり、それ以降、居住福祉に関する書物が多数刊行されている。

　筆者が高齢者・障害者賃貸仲介専門の不動産業になろうと、不動産業界及び宅地建物取引士の受験勉強の合間に読んでいたのは、早川氏の著した『居住福祉』であった。「住居は福祉の基礎」という早川氏の考え方を学ぶことになる。その後、宅地建物取引士に合格し、不動産業者になるのと同時に日本居住福祉学会にも入会した。現在のコロナ禍のなか、生活困窮者や生活保護受給者、ホームレスを支援することが増加してい

るが、「住居は福祉の基礎」ということを嫌というほど実感させられている日々である。

Ⅱ. 著者紹介
　早川和男 (1931年5月1日－2018年7月25日) 氏は、居住福祉という考え方を日本に普及させた功労者である。奈良県奈良市出身、京都大学工学部建築学科卒業後、日本住宅公団技師、建設省建築研究所建築経済研究室長などを経て、1978年神戸大学教授、その後1995年に定年、神戸大学名誉教授になる。日本居住福祉学会会長、国際居住福祉研究所長を歴任した。「住居は人権」という理念のもと、「居住福祉」の概念を国際的に展開する「居住学」の第一人者であった。1993年『居住福祉の論理』で今和次郎賞を受賞している。2018年7月25日、87歳で病気のために死去。

Ⅲ. 章立て
　章立ては以下のとおりである。

Ⅳ．本書の意義と課題

　本書の意義は、これまで日本では、住宅は私有財産であり、個人や市場経済に委ねられるべきと、多くの日本国民や政府では考えられてきたが、欧米では、社会の安定のために住宅問題の解決が社会政策の一環として、重視されていることを紹介し、「居住福祉」という言葉を世間に普及させ、住居が社会福祉の問題であること、また社会保障・社会政策に密接に関連していることを世間に認識させたことである。

　一方で課題としては、二つある。一つめは早川氏が建築の専門家で神戸大学教授であったことから 1995 年の阪神・淡路大震災を取り上げ、震災の犠牲は、戦後の住宅土地政策、都市計画、建築行政のつけであり、「どんな家でも持てばよい」という持ち家政策が震災の多大な被害につながったと批判している [4]。災害犠牲者には、倒壊した住宅での圧死・窒息死が多いのだが、老朽化した低質な賃貸住宅にしか住めなかった高齢者や障害者、外国人、低所得者の犠牲が多数に上った。理由は「なかなか家を貸してもらえないこと」と関連していることを早川氏は指摘する [5]。これは今も状況は変わっていない。災害が起きれば、低質な家に住む高齢者や障害者、外国人、低所得者の犠牲者が増えることは間違いないだろう。

　二つめは、高齢者にとって、狭く住みにくい日本の家屋などの住環境は、病気や怪我の原因を作り、また症状の悪化を招く。例えば、高齢者が

なにかの病気で入院し病状が改善、退院可能な状態になっても、狭い居室に介護ベッドの設置が出来ない、段差やバリアが多い自宅やアパートには帰れないことが多々ある。結果として、「高齢者はバリアフリーの環境が整っている老人ホームに入所することになる」と早川氏は本書で述べている[6]。急速な高齢社会の進展により、2021年の現在では、特別養護老人ホームにも医療機関にも入れない状況の高齢者が生まれてしまっている。また早川氏は高齢者は、経済的な問題や保証人の有無によって、賃貸住宅やアパートを借りることが難しいことも本書のなかで既に指摘していた[7]。早川氏が指摘した課題の多くが、四半世紀近く経つ現在でもそのまま通用してしまうことに唖然としてしまう。高齢社会が進展しているなかで問題は当時よりも深刻さを増している。

V. 終わりに

　この拙稿を書くために、本書『居住福祉』をはじめ、何冊かの早川氏の著書に久しぶりに目を通した。本書が1997年に出版されて20年余り、インターネットやスマートフォンが発達しても、平成から令和になっても、高齢者や障害者の家がなかなか賃貸できないという状況にあまり変化がみられないことに改めて驚く。そのような状況のなかで、障害者分野では、2016年4月に障害者差別解消法が施行された。法施行後は住宅の分野で「賃貸物件の仲介を断る」など、障害者を差別するような対応を取ることがないように、国土交通省が宅建建物取引業者を対象とした対応指針を公表している[8]。不動産業界団体も啓発に努めているが、障害当事者から相談を受けた限りでは、変化がみられていない。時間はかかると思うが、このような状況を少しでも変えていくように努力していきたい。

注

1) 早川和男・岡本祥浩『居住福祉の論理』東京大学出版会、1993年、266頁。

2) 野口定久・外山義・武川正吾編『居住福祉』有斐閣、2011年、7頁。

3) 日本居住福祉学会のホームページを参照〈housingwellbeing.org/ja/〉 2020年7月23日

4) 早川和男『居住福祉』岩波新書、1997年、23頁。

5) 同掲書、23頁。

6) 前掲書4、92-94頁。

7) 前掲書4、95-101頁。

8) 国土交通省「国土交通省所管事業における障害を理由とする差別の解消の推進に関する対応指針」平成27年11月 〈www.mlit.go.jp/common/001108694.pdf〉 2020年7月23日

セッツルメントの研究

大林宗嗣著、同人社書店、1926年、19cm×13cm、285頁

梅木真寿郎（花園大学）

Ⅰ. 本書との出会いと著者紹介

　私が本書と出会ったのは、2004年、同志社大学大学院の博士後期課程に在籍中のことである。この年に、同志社大学の渡辺武男先生がお亡くなりになられ、渡辺先生の蔵書を大学院生にもお分けいただけることとなり、私も先生の研究室に足を運んだ。その時、ひと際目を引く、小さく黒く日焼けをした本に吸い寄せられた。本書を手に取り、背表紙を見た。大林宗嗣著『セッツルメントの研究』の文字、「誰だ？この人」。当時、社会事業史研究を専門としていなかったこともあり、恥ずかしながら率直にそう思ったのを覚えている。

　そして翌年、日本社会事業大学の大橋謙策学長が、同志社の大学院に嘱託講師として来て下さるとの報を受け、私も早速受講した。その際、渡辺武男先生のお話になり、私が旧蔵書をいただいた旨をお伝えすると、次回持ってくるようにと仰せつかった。そこで本書を持参したところ、大橋先生より、「君、いいのもらったな、もう読んだのか」とお尋ねになった。まだ読んでいないと答えると「それでは、渡辺先生、浮かばれねぇなぁ、よし、君、これを次回この授業で発表しなさい。同志社の人間が大林を研究しないでどうする」と。これが本書との運命的な出会いであった。

　次に、著者である大林宗嗣師についてであるが、簡潔に略歴を述べておきたい。トインビーホールが設立された1884年、まさに「セツルメント元年」と呼べるこの年に大林師は、熊本県山鹿に生を受けた。その後、鎮西学院・青山学院を経て、1910年、副牧師として北米シアトルの美

以教会に赴任した。在米期間中、ドルー神学校（神学士）・オスカルーサ大学で Ph.D. を取得しているが、その際、ニューヨークのネイバーフッド・ギルドなどの本場アメリカのセツルメントを視察し、その興隆目覚ましいセツルメント運動から多くのことを吸収した。しかし、1918 年、スペイン風邪（A 型インフルエンザ・H1N1 型）が世界的に流行（パンデミック・北米での死者数約 55 万人）し、2 歳の長男を亡くし帰国している。義弟の高田慎吾が、大原社会問題研究所（以下、「大原社研」）の研究員に推挙したこともあり、帰国後、社会事業研究に着手することとなった。『セッツルメントの研究』は、この大原社研の研究員の時期に手掛けた研究である。なお、大林師は、大原社研の東京移転に伴い研究拠点を京都・同志社に移し、戦前そして戦時下の同志社社会事業を竹中勝男先生・竹内愛二先生とともに支えた。ちなみに、当時の同志社の教育陣は、総長が牧野虎次先生、助手に嶋田啓一郎先生、河田敏子先生（河田嗣郎氏の娘、フランシス・フクヤマの母）であった。1944 年 9 月、大林師は戦後の民主化を味わうことなく、天に召されている。

Ⅱ. 著書の構成と概要

　本書は、1921（大正 10）年に大原社会問題研究所叢書第三冊として出版された『ソーシアル・セッツルメント事業の研究』を改稿したものである。内容的にはその時から、大幅に加筆修正が施されている（本来的には、章構成等を比較し言及すべきであろうが、今回は省略する）。執筆時期は、1925 年 2 月から同年 8 月である。

　本書の構成は、以下の通りである。

　　第壹編　緒論
　　　第壹章　セッツルメントの意義
　　　第貳章　セッツルメントの社会的基礎
　　第貳編　セッツルメント史

Ⅲ. 大林宗嗣師の研究の評価

　大林師の研究の評価は、大きく5つの枠組みを想定することができる。具体的には、民衆娯楽研究、セッツルメント研究、社会事業研究、女給研究、厚生事業研究がそれらであり、どの研究業績の切り口から評価するのかによって、大きく異なってくることが想定される。今回は、本書が取り扱う中核的なテーマである「セッツルメント研究」に限定して、以下述べることとしたい。

1. 我が国における『セッツルメントの研究』の位置

　大林宗嗣著『セッツルメントの研究』は、1926（大正15）年に同人社より上梓された。我が国にセッツルメントが紹介され始めたのは、1891年4月の『六合雑誌』124号などが端緒と考えられる。その後も『国家学会』誌などの掲載論文を通して、アーノルド・トインビーやジューン・アダムズ、そしてセッツルメントに関する断片的な紹介が行われたが、本格的な研究には至っていない。そのような状況にあって、この『セッツルメントの研究』が日本で最初に体系的なセッツルメントの研究書としてまと

められた。我が国のセツルメント研究において、現在でもなお、本書を超える文献は出ていないと言っても過言ではなく、古典として不動の位置を築いている。

2. セツルメントの思想的系譜

　大林師は、序の中で「本書に於ては、従来の著書が其の事業を説明する事に力を用ゐて、其の背景を説く事の少かつた欠陥を補はんか為めにセッツルメントの歴史的研究に多くの頁を費やした。そこでそれは又欧米に於ける社会運動史の一面の研究だとも云へよう」と述べている。本書の一つの特徴は、セツルメントの発祥国でもあるイギリスの歴史的研究を通じて、セツルメントの思想的な位置づけを試みた点である。日本のセツルメント研究においても、その多くはセツルメントの実務家（セツラーや館長）によるものが大勢を占めており、その結果、事業や組織に関する言及が主だったものとなっている。セツルメントの思想的系譜を跡付けようとする試みは、他の論者では僅かに、小島幸治を挙げることができるぐらいであろう。

3. 欧米セツルメントの分析

　本書は、イギリスとアメリカにとどまらず、フランス・ドイツ・オーストリア・オランダ・ノルウェー・デンマーク・カナダと日本を除く、9か国のセツルメントの状況について分析している。セツルメント研究の後進である西内潔は、『日本セッツルメント研究序説』（ちなみに、梅木研究室所蔵の同書は、グループワーク研究で著名な福田垂穂先生の旧蔵書である）を著したが、書名からも分かるとおり海外の分析にまでは至っていない。そのようなこともあり、現在でも、それらの国々のセツルメントがどのような経過をたどっていったのか、その包括的な動向を示した研究はなされていないように思われる。

4. セツルメントの組織と事業

　本書の特徴は、セツルメントの思想的系譜を位置づけた点であると述べたが、セツルメントの組織と事業が含まれないという意味ではない。確かに当該事項について割かれた紙数は、27頁と歴史的研究に比して少ない。しかし、組織や事業の体系を図示して整理するなど、当時においては、最新の研究成果を提示するものであったといえる。

Ⅳ. 今日的意義と課題

　本書は、日本で最初のセツルメントを有隣園と言及したり、トインビー館（1884.12.25落成；1885.1.10開館）を世界初のセツルメントと述べている。しかし、前者については、後に自身の論文にて「キングスレー館」であったと修正しており、また、後者については、「オックスフォード館は、わずかに数か月後れていた」としているが、宮本洋子（2000）が博士論文の中で明らかにしている通り、実際はトインビー・ホールの開所以前に、オックスフォードハウスが設立（1884.9.8）されたとの指摘もあり、若干正確性に欠ける部分も存在する。

　とは言え、慈善組織協会（COS）と並び、ソーシャルワークの源流の一つとして位置づけられるセツルメントが、どのような思想的系譜のもとに位置づけられるのかについて、明らかにしている点は、ソーシャルワークの思想や価値を考える上で、今日的意義を有していると言えるだろう。具体的には、セツルメントの思想として述べられた次の言葉に凝縮されていると考える。すなわち、「個人的接触を通じて労働者階級の物質的並に精神的要求を満たし且つ彼等に教育の機会を与へて自発的に自己の文化を創造し自己開発をなす人格を作らしむる事である」（本書15頁）。この一節には、「主体性」を育み「当事者主権」や「自律支援」（エンパワーメントと言ってもよいかもしれない）を目指す支援過程の神髄を垣間見ることができる。そして、ウェルナー・ピヒトの言葉を借りて、「彼（セツラーのこと）は死んだ制度を信ぜず之に代ゆるに個人的接触を

以てす。彼は役目としてではなく友人として貧民に接触し、それに依つて彼は啻に授与者たるのみならず、猶ほ受領者たる事を知っている」（本書19頁）と支援関係において持ち続けるべき価値を、今日を生きる我々に問いかけているのである。もうすぐ、本書が出版され、100年を迎えるわけだが、現代でもなおその新鮮さは失われていないといえるだろう。

参考文献

・宮本洋子（2000）『英国大学セツルメント創設に関する研究：大学改革と「トインビー・ホール」の設立』奈良女子大学博士学位論文（文学・甲第110号）.

質的研究方法ゼミナール
—グランデッドセオリーアプローチを学ぶ—

戈木クレイグヒル滋子編、医学書院、2005 年、A5 判、212 頁

立石　宏昭（九州産業大学）

Ⅰ. 本書との出会い

　本書との出会いは、博士課程に進学するために研究デザインを検討したときである。研究テーマは、米国で開発された IPS（Individual Placement and Support：個別職業紹介とサポート）を基本とした日本版の訪問型個別就労支援の試みであり、アウトリーチを家庭と事業所に向けて行う研究である。混合研究法の質的研究の視点として、調査対象者に半構造化面接を行い、Strauss&Corbin 版グラウンデット・セオリー・アプローチを用いた分析を考えた。そこで、質的研究の分析方法を知ることができたのが、戈木クレイグヒル滋子編『質的研究方法ゼミナール　グランデッドセオリーアプローチを学ぶ』である。執筆者は、編集：戈木クレイグヒル滋子、執筆：戈木クレイグヒル滋子、上原和代、岩田祥子、山本美智代、松林由恵であり、ゼミ参加者として、質的研究方法ゼミ 8 名、参加観察法トレーニングゼミ 11 名が紹介されている。

　戈木クレイグヒル滋子氏の経歴について、現在所属する慶応義塾大学の研究者情報データベースによると学位は看護学博士、University of California、San Francisco、1994 年 12 月「Health Care、Crisis Management、And The Third Gender: The Disruption of Childhood Illness and Death in the Lives of Japanese Women」である。研究分野としては生涯発達看護学で研究キーワードは、グラウンデッド・セオリー・アプローチ、グリーフケア、医療文化、小児 ICU、小児がん医療である。

　グラウンデッド・セオリー・アプローチについて出版社ごとに著書を紹介すると、医学書院からは『質的研究方法ゼミナール　グランデッ

ドセオリーアプローチを学ぶ』2005 年、『質的研究方法ゼミナール　グラウンデッドセオリーアプローチを学ぶ (増補版)』2008 年、『質的研究法ゼミナール　グラウンデッド・セオリー・アプローチを学ぶ (第 2 版)』2013 がある。新曜社からは『グラウンデッド・セオリー・アプローチ　理論を生みだすまで』2006 年、『実践グラウンデッド・セオリー・アプローチ　現象をとらえる』2008 年、『グラウンデッド・セオリー・アプローチを用いたデータ収集法』2014 年、『グラウンデッド・セオリー・アプローチ　理論を生みだすまで (改訂版)』2016 年がある。日本看護協会出版会からは『グラウンデッド・セオリー・アプローチ　実践ワークブック』2010 年、『グラウンデッド・セオリー・アプローチを用いたデータ分析　実践ワークブック (第 2 版)』2014 年がある。このように、グラウンデッド・セオリー・アプローチの手法について改訂を繰り返し、質的研究を行う学生・院生・研究者にとって学ぶべきことの多い著書が多くある。ここでは、グラウンデッド・セオリー・アプローチを講義形式で理論を学び、実践につなげるために必要な知識を得ることができる表題の著書を紹介する。

Ⅱ. 著書の構成と概要

　本書は、以下の構成で組み立てられている。

SESSION 1　研究方法を学ぶ理由
　1　研究方法を学ぶ理由
　2　研究方法のトレーニングを受ける意味
　3　質的研究におけるよい結果とは
　4　グランデッドセオリーアプローチによるデータ分析の流れ
SESSION 2　インタビュー法によるデータ収集
　1　対象者の選定
　2　前準備

　SESSIONの概要は次のとおりである。

　SESSION 1「研究方法を学ぶ理由」は、研究方法の一つとなるグラウンデッド・セオリー・アプローチによる分析方法が紹介されている。例えば、プロパティとディメンションでチェックすることにより、概念（ラベル・カテゴリー）にでたらめな名前がつくことを回避する、自己流で質的研究をまとめると作文・エッセイ・要約になるなど、データに基づいた理論産出法にならない方法が述べられている。

　SESSION 2「インタビュー法によるデータ収集」は、調査対象者の選び方、依頼の準備、インタビュー環境、データを得るための方策など、データ収集の基本的な手法について紹介されている。対象者にバイアスのかからない方法やインタビューの時間など、事例を用いて解説している。

SESSION 3「参加観察法によるデータ収集」は、参加観察法によるデータ収集として、データ収集のアウトラインを紹介し、ゼミ形式でフィールドでのデータ収集法を紹介している。ビデオトレーニングとフィールドでのデータ収集の技法を深めることができる。

　SESSION 4「プロパティとディメンション」は、質的研究は単なるデータの要約ではなく、表面にあらわれない現象の構造とプロセスを概念のレベルで把握することである。プロパティ property（特性）とディメンション dimension（次元）の違いについて解説している。

　SESSION 5「ラベル名をつける」は、コーディングの種類、データの読み込み、データの切片化、ラベル名のつけ方について紹介している。データのなかから概念を抽出し、抽出した概念を統合し、理論を作り上げるという一連の流れを事例から学ぶことができる。

　SESSION 6「カテゴリーにまとめる」は、カテゴリーをまとめるコーディングについて紹介している。カテゴリーにまとめる、カテゴリーを明確にする、コアカテゴリーを作成する方法を紹介している。コアカテゴリー、カテゴリー、サブカテゴリーの3段階の位置づけを知ることができる。

　SESSION 7「比較をおこなう」は、コーディングの段階を通して思考を刺激するために行う比較の仕方について紹介している。理論的比較により得たデータを選定する理論的サンプリング、そのデータの分析を繰り返して導き出す理論的飽和の2段階について説明している。

　SESSION 8「カテゴリーの関係をとらえる」は、カテゴリーの関係について、パラダイムとカテゴリーの関連性を使うメリット、現象の構造とプロセスの捉え方、焦点を合わせて整理しストーリーラインを書くときの注意点について紹介している。パラダイムの構成要素である状況（条件）、行為・相互行為、帰結について事例を通して学ぶことができる。

　SESSION 9 「ナース Q さんの語りのデータの分析」は、事例を使って、データを読み込む、ラベル名をつける、カテゴリー名をつける、カテ

ゴリーの関係をとらえる、比較、理論的サンプリングの一連の流れを紹介している。具体的なデータを使って図表化するところまで学ぶことができる。

SESSION 10「参加観察法を用いて収集したデータの分析」は、学生 10 名とのやりとりを中心に分析手順の確認をしている。ゼミの学生を 2 グループに分け、教師や院生に相談しながら分析することが紹介され、最終的には戈木クレイグヒル滋子氏による模範解答が紹介される流れである。

Ⅲ. 著書の社会福祉に対する意義

量的研究は、普遍的な法則関係を取り出すため統計学を用い仮説を検証するが、質的研究では個々の事例を言語的表現により仮説の生成を行う。質的研究について平山尚ら (2003：168-169) は、「個別的事例への理解を深めることを強調する。この方法は、人間の経験の深い意味を引き出すと同時に、数字では表せない現象（結果）を明らかにする目的として用いられる。したがって、質的研究法はあまり知られていない研究領域や特別なケース（問題）、状況、環境などを探るまたは明らかにするために有効な研究方法である」[1] と説明する。質的研究の中のグラウンデット・セオリー・アプローチには、多くの研究手法があるが、3 つの基本的な構成要素として、Strauss ら (=2004：19) は、「第 1 はデータである。インタビューや観察、文書類、記録類、そしてフィルムといったさまざまなものから得ることができる。第 2 は「手順」である。研究者がデータを解釈し組織化していく手順である。通常これはデータの概念化と圧縮、特性と次元に基づくカテゴリーの精緻化、そして一連の仮説となる言明の「関係づけ」が含まれることになる。……（略）……第 3 には、文字にすることと口頭での発表である。専門誌に掲載する論文や学会などでの発表、単行書などでのプレゼンテーションのことである」[2] と説明している。本書は、質的研究の特徴となる比較的少数の人々のもつ視点

を詳細に分析し新たなモデルの要素を抽出するため、Strauss における
グラウンデット・セオリー・アプローチを戈木クレイグヒル滋子氏によっ
て実践方法を身につける著書としてまとめられている。

Ⅳ. まとめとして

　戈木クレイグヒル滋子編『質的研究方法ゼミナール　グランデッド
セオリーアプローチを学ぶ』は、2005 年に初版を発刊し重版を続けた。
2008 年には増補版を出し、Strauss のバージョンをもとにしながらもプ
ロパティとディメンジョンを前面に出し、カテゴリー関連図を用いなが
ら分析を進めるという戈木クレイグヒル滋子バージョンのグラウンデッ
ト・セオリー・アプローチを明確に提案している。2013 年には、編集：
戈木クレイグヒル滋子、執筆：戈木クレイグヒル滋子、三戸由恵、岩田
祥子、高島希代子による著書として、『質的研究法ゼミナール—グラウン
デット・セオリー・アプローチを学ぶ　第 2 版』が発刊された。研究テー
マとリサーチ・クエスチョンについて説明の追加、データ収集について
説明の見直し、GTA の手順と技法を理解するために分析の概要に関す
る章の独立など、GTA の入門書であり自習書としての役割が強化され
ている。現在も第 2 版は重版を続け、質的研究を始める者にとって、是
非一読していただきたい一冊である。

引用文献

1) 平山尚,武田丈,呉栽喜,藤井美和,李政元『ソーシャルワーカーのための社会
　福祉調査法』ミネルヴァ書房,2003 年,168-169.
2) Strauss, A. and Corbin, J. (1998) *Basics of Qualitative Research*：
　Techniques and Procedures for Developing Grounded Theory (Second
　edition)、Sage Pubkications (=2004, 操華子・森岡崇訳『質的研究の基礎—
　—グラウンデット・セオリー開発の技術と手順　第 2 版』医学書院, 19-20).

現代社会の福祉政治論
―地域社会から国際社会へ―

萩野浩編著、高文堂出版社、1988年、A5判、177頁

松井　圭三（中国短期大学）

Ⅰ. 本書との出会い

　私は今で言う貧乏学生で、中1年生から高校3年生まで新聞は新聞配達や牛乳配達をして学業費を稼いでいた。大学に入学する前も食品工場等でアルバイトをして大学の受験料や学費を稼ぎ、経済的には困窮している学生であった。

　その後大学に入り、社会福祉を学んできたが、当時はソーシャルワークの学習が中心であった。自分のこの貧困体験から社会を変革したいという意思を満足させるために大学院に進んだが、今日の社会や政治経済等について学ぶことは少なかった。

　福祉政策の学習は孝橋氏の『全訂社会福祉事業の基本問題』が中心で、現在の社会福祉の現状や政治における福祉政策を学ぶことがなく、消沈していた時期にこの文献に出会ったのである。自分が問題意識を持っていることがすべて、この文献には記載されていた。この時の喜びは忘れられず、大学院の修士論文は「福祉国家と政治―自民党を中心に―」を書きあげ、今までの自分の研究テーマである福祉政治論、福祉政策研究のきっかけとなった貴重な文献であることを申し上げたいと思う。

Ⅱ. 編著者紹介

　萩野浩基氏は1940年7月20日に生まれ、2015年10月18日の没した。早稲田大学大学院政治学研究科を修了後、東北福祉大学の教員に就任し、その後学長を務めた人である。

　その他の経歴もユニークで、衆議院議員3期、参議院議員1期、1994

年羽田内閣の時に科学技術政務次官になり、わが国の科学技術の振興に尽力した。

　この人の人生は、福祉政治の学問と実際の政治家を体験され、この体験から今日の福祉政策研究の学問体系を構築した功績は評価することができよう。

表紙

共同研究者名（所属は出版時）

1. 編著者

荻野浩基（東北福祉大学）

2. 共著者

江上能義（琉球大学）

福岡政行（駒沢大学）

新川達郎（東京市政調査会研究員）

青木泰子（学習院大学大学院在学）

大谷博愛（拓殖大学）

青木一能（日本大学）

中典子（中国学園大学）

Ⅲ．本書の意義

　戦後の社会福祉は、アメリカのソーシャルワークの移入により、実践的、臨床的な社会福祉の構築がなされてきた。また、政策論の研究においては、社会政策と社会事業の概念として孝橋氏による研究も 1962 年『社会事業の基本問題』の公刊により、技術論的体系、政策論的体系を明らかにし、資本主義の矛盾おける社会福祉の問題を明らかした。技術論的体系の代表である岡村理論と政策論の代表である孝橋理論の社会福祉の本質論争は戦後大きなうねりとなり、今日の社会福祉研究の発展に寄与したと言える。

　しかし、一方では少子高齢化が進展し、政治の中でも国民の生活のニーズを取り上げ、官主体の福祉政策から政治主導による福祉政策の進展が顕著となり、現実の福祉が 1980 年代以降大きな変貌を遂げることになる。

　今日では、官邸や政党の福祉政策が決定され、その後法律や制度になることは当たり前である。この福祉政策の先駆的な研究はいつ頃なされたか、また、具体的な著書はどんなものがあるかを検討後、的確な著書がこの文献であった。

Ⅳ．著書の構成

1　目次

はしがき

日・米・スウェーデンの比較

スウェーデン

1　発達史

2　社会福祉史

3　福祉の現状

アメリカ

1　慈善事業としての貧民救済

2　近代社会事業の組織化

3　第二次世界大戦の進展

4　現代の動向

日本

1　福祉発達史

2　戦後の社会福祉

3　福祉の現状と課題

第3章　国家行政における福祉

　　1　福祉国家への日本的制約

　　2　福祉行政と各党の福祉政策の理念

　　3　現代行政における福祉の位置

　　4　日本型福祉国家の条件

　　5　圧力政治と現代デモクラシー

第4章　地方自治の変動と福祉

　　1　福祉国家と地域社会

　　2　地方自治体と福祉政策の展開

　　3　地方自治体の福祉国家化

　　　　―地方財政と福祉の動向をめぐって―

　　4　革新自治体の福祉

　　5　自治体福祉の再構築

第5章　わが国の政党における福祉政策

はじめに
おわりに

第6章　福祉不在の世界
―飢えるアフリカの現実と背景―
著者紹介

2　各章の概要
第1章
　イギリスの福祉国家生成の背景、動向についてわかりやすく、記述している。

　また、W．AロブソンやG．ミュルダールが主張する福祉国家観は「福祉国家を完成されたものとしてとらえるのでなく、未完のものとしてとらえ、その改善によって福祉国家を維持・発展させるものである。」1)と定義しており、今日の福祉国家概念の1つとなっている。

第2章
　スウェーデン、アメリカ、日本の社会福祉生成過程の沿革について記述している。

　スウェーデンの特徴は近代において平和政策を貫き、1814年以来約2世紀戦争を一度も起こさず、平和が福祉国家の生成に大きく寄与した。

　アメリカの特徴は、イギリス救貧法を起点として始まり、慈善事業と

しての貧民救済から出発し、19世紀の初めに慈善組織協会（ＣＯＳ）が設立され、民間の慈善組織活動が後のケースワーク、グループワーク等の社会福祉援助技術の体系化に大きく影響を与えたことである。

日本の特徴についての記述はない。

第3章

わが国の昭和60年度の国家予算、社会保障予算の現状と課題について論じ、各党の福祉政策の理念を紹介している。具体的には各党の綱領にみる社会福祉観についての記述が特徴と言える。

第4章

地方自治体の福祉国家化を紹介し、地方自治体の民生費の推移について説明している。特に革新自治体の社会福祉の拡大を記述し、地方分権における社会福祉の構築を説いている。

第5章

わが国の政党における福祉政策を紹介している。特に公的年金政策、医療保険政策を各党ごと選挙公約におけるこれらの政策のみを並べ、紹介している。

今日の少子高齢化の課題に対して警鐘を鳴らし、財政の赤字や財源調達の必要性を説いている。

第6章

ヒューマニズムとはなにかについて説明し、イタリアのルネサンスを紹介し、聖書における理念についてもふれている。

また、政治におけるヒューマニズムの必要性を主張し、人類の共存、共栄をめざすことが最終目的としている。

第7章

アフリカの飢餓と難民の現状と課題を説明している。先進国の飽食、発展途上国の飢餓を対比し、社会的格差是正を強く主張し、国連の役割や世界の国々の連帯を説いており、今日のSDGsの先駆けを示唆する章となっている。

Ⅴ. 社会的意義

　これから、福祉政治における福祉政策研究はきわめて重要になる。今までは厚生労働省を中心に官が福祉政策の立案と予算化を行ってきた。しかし、現在は官邸や与党においての事前の審議が行われ、特に与党の政務調査会、厚生労働部会等で審議が行われ、政治主導で福祉政策を決定されることが多い。この文献は今日の福祉政策決定の現状に大きな示唆を与えている。

　また、「社会保障と税の一体改革」の3党合意でみられるように「年金」、「医療」、「介護」、「子育て」等が政治で決定され、法改正になっており、政治の力が強くなっていることは否めない。

　この文献は、今日の福祉政策研究の元祖であり、多くの関係者に読んでほしいと強く望む次第である。

Ⅵ. 最後に

　これからも、政治における福祉政策の決定過程について研究したいと思う。この文献を改めて読み返し、ますます研究する熱意が高まったことは喜ばしい。

　文献解題の経験は、これまでの研究を総括する機会となり、いい体験をさせていただいたことに感謝申し上げる次第である。

福祉図書
文献解題
14

政策志向の社会学：福祉国家と市民社会

武川正吾著、有斐閣、2012年、四六判、355頁

中野　航綺（東京大学大学院）

Ⅰ. 本書との出会いと著者紹介

　実践を重視する社会福祉学から見ると、社会学はどことなく現実離れをした学問であり、時にノイズのようにも映る[1]かもしれない。さらにそうした社会学の立場から社会政策を論じた文献が「福祉図書文献」として紹介されるとなれば、そこに違和感を覚える読者もいることだろう。しかし、様々な社会福祉の実践は政策と強く結び付いており、また実践と政策は相互に影響を及ぼしあっている。したがって政策をめぐる社会学の研究は、実践と政策を同一平面で取り扱う有効な視座を提供するといえるだろう。そうした観点から本稿では『政策志向の社会学：福祉国家と市民社会』を取り上げたい。

　筆者が本書と出会ったのは、学部4年生の時であった。当時筆者は行政学のゼミに所属し、高齢者福祉を対象として、生活の場における困難が政策・制度によって解決すべき課題として認識されるためにはいかなる手段が必要かに興味を持っていた。「ソーシャルアクション」や「アドボカシー」に当たる実践を、地方自治や住民参加と関係づけて捉えること（と言語化出来るようになったのは後になってのことであるが）がもっぱらの関心であった。地域の中で生じる様々な課題や困難を、政策・制度により解決するためのアプローチに大きな関心を寄せていたのである。そんな折にたまたま手に取った1冊が本書である。この本をきっかけに、社会福祉政策に対する社会学からのアプローチを知り、後に著者の武川に師事する契機ともなった。その意味で、本冊は筆者の人生を大きく変えた1冊であった。

著者の武川について略歴を簡単に述べたい。武川は 1984 年に東京大学大学院社会学研究室博士課程を単位取得満期退学後、社会保障研究所（現社会保障人口問題研究所）、中央大学、東京大学を経て、2019 年度より明治学院大学教授に着任している。

Ⅱ. 著書の構成
本書は以下の構成となっている。

第 1 章　公共政策における社会学—公共社会学のために
第 2 章　21 世紀型の社会政策—20 世紀的前提を問う
第 3 章　福祉社会のガバナンス—多元主義とレジーム
第 4 章　セーフティネットかナショナルミニマムか—社会政策の理念
第 5 章　生活保障システムの危機—雇用の流動化と家族
第 6 章　社会政策における福祉と就労—ワークフェアの内実
第 7 章　高齢者ケアの政策—介護保険と地域福祉
第 8 章　年金社会学の構想—社会政策における信頼
第 9 章　縮小社会における地域—地域社会学と地域福祉学
第 10 章　ローカル・ガバナンスと地域福祉—地方自治の学校
第 11 章　ベーシック・インカム—ピースミールとユートピアの弁証法
第 12 章　高福祉高負担の社会意識—福祉国家の可能性
第 13 章　社会政策学会の再々出発

本書は、著者が 2004 年 3 月から 2009 年 12 月までに発表した論文を元に出版されている。この書籍に至るまでに、著者は『福祉国家と市民社会』（1992 年）、『福祉社会の社会政策：続福祉国家と市民社会』（1999年）、『地域福祉の主流化：福祉国家と市民社会Ⅲ』（2006 年）（いずれも法律文化社）と同一シリーズを出版しており、本冊はこの 4 冊目として位置づけられている。

Ⅲ. 著書の概要

　前節で述べたように、本書は複数の論文から構成され各章ごとに議論が深められている。しかし同時に、「一方で、生産の領域における（国際的には）グローバル化と（国内的には）脱工業化に対応した公共政策の変化が求められ、他方で、再生産の領域における個人化に対応した公共政策の変化が求められている」（p.ii）という立場が、本書を貫く著者の立場として示されている。

　第1章では社会学が公共政策にいかに接近し、またその循環と革新にどの様な役割を果たすかについて議論が展開されている。公共政策の循環における根拠に基づく知の生産や、公共政策の革新における社会調査・論点整理・事前評価など政策当局には担えない役割の担い手としての可能性が示されている。

　第2章では世紀における「新しい社会政策の構想」を求めるにあたり、前提となる「価値」を明示することの重要性が論じられている。

　第3章ではガバナンス論を社会的な領域かつ組織間関係に焦点を当てて適用した「ソーシャル・ガバナンス」について論じている。福祉多元主義と福祉レジーム論のそれぞれとの比較の上で、両者を高次元で接続した新しい概念として「ソーシャル・ガバナンス」が示されるともに、これをグローバル・ローカルの双方に拡張することの意義が論じられている。

　第4章は社会保障制度の理念としての「ナショナルミニマム」・「セーフティネット」についての論考である。両者の「競争」や「国家」に対する考え方の違いに触れながら、ナショナルミニマムがセーフティネットへと置き換えられてきた事実が示されるとともに、後退するセーフティネットをナショナルミニマムの考え方を取り込みながら再生していくことが本章では提起されている。

　第5章ではグローバル化と個人化の中における日本の福祉レジームの変化と生活保障システムに生じた問題、そしてその解決方向が議論され

る。

第6章では、福祉と就労がテーマとなる。日本のワークフェアを巡る事情が諸外国と異なること、ワークフェアは厳格さを追求すると社会的排除を生む危険を有すること、そして収入労働以外の労働をいかにして正当に評価していくかが課題となることが、今後の論点として提示されている。

第7章では高齢者福祉政策の振り返りと地域福祉の展望が論じられる。1973年の「福祉元年」以降、福祉ビジョンや新旧ゴールドプランなどの具体的数値目標を通じて高齢者福祉施策が進められ、2000年には介護保険法が制定されたが、同時に地域福祉が主流化し、地方行政・地域社会の役割増大や1990年代までに蓄積された資源の活用が重要となると著者は論じている。

第8章では公的年金制度の社会学的考察＝「年金社会学」が目指される。日本における公的年金制度の歴史の概観、2004年改正の背景分析、改革の具体的内容の功績と課題が、福祉国家のなかの公的年金・公的年金の下部構造・公的年金のパフォーマンスという3つの主題に沿って分析されている。

第9章では地域社会学と地域福祉学の架橋が主題となる。地域福祉の主流化が進む今日において、社会学と社会福祉学それぞれが、地域福祉をテーマとして相互に貢献しあい、協力関係を築いていくことが目指される。またそのための方策についても両学問の特徴や得意領域に言及されながら論じられていく。

第10章では、ローカル・ガバナンスと地域福祉の関係が主題となる。今日の地域福祉が「社協主導の段階」、「行政化の段階」そして「地域福祉の主流化の段階」を経て発展してきた国産概念であることが論じられると共に、この地域福祉の方法がローカル・ガバナンスであり、またローカル・ガバナンスの内容が地域福祉であるという相互の密接な関係性が提示されている。

第11章では、「働くということ」が当たり前ではなくなりつつある今日において、その当たり前を根本から問い直す手掛かりとしてベーシック・インカムが議論される。未だユートピアの域を出ないベーシック・インカムを正面から議論することで、ピースミールの社会技術である社会保障改革に対し、人々が持つ社会的な価値や人々の感情の問い直しを促している。

第12章は福祉国家に対する国民意識に量的研究を通じて迫る論文である。「(潜在的)国民負担率」の抑制を目指し、その路線を行くアメリカ型の「低福祉低負担」を追求する日本政府に対し、国民意識はヨーロッパ型の「高福祉高負担」が求められていること、また高福祉高負担の優先度は、高齢者や子どもに対するケアにおいて高くなり、他方失業や住宅においては相対的に低くなっていることが論じられている。

第13章は日本社会政策学会の歴史を振り返りながら、日本における社会政策そのものの変化や、それに連動する社会政策研究の変遷が議論されている。日本の政策形成過程における社会政策の不在が指摘されるとともに、労働・生活・ジェンダー。国際比較の4つの潮流をバランス良く発展させる方向へと社会政策研究が変化していくことが期待されにいる。

Ⅳ. 本研究の社会的意義

著者は本書の位置づけを、純文学と大衆文学の中間に位置する「中間小説」になぞらえて示している (p.iii)。社会学以外の研究者や研究者以外の読者にも本書を読んで貰いたいという著者の狙いの通り、本書の内容は「社会学」を越えて社会福祉に関わる人々に現状を捉え直す視座を提供するものであるだろう。

筆者は本書から、社会学における地域福祉研究に向けた示唆と課題を受け取った。社会福祉学を社会学的に捉える際の着眼点が整理され、地域福祉研究を前進させていくための戦略が描かれている。社会学と社会

福祉学の協力の下で進む地域福祉研究に明るい見通しを示す武川の議論には学ぶところが多い。

　同時に、武川の議論を発展的に継承していくために必要な論点も抽出できるだろう。武川の地域福祉論では地域福祉の主流化とローカルガバナンスが接続され、住民をはじめとした関係諸アクターの参加が、良き社会福祉の実現に貢献するという前提が置かれている。こうした前提は、住民参加の公的な仕組みが途上にあった時代においてはとりわけ有効なものであったといえるだろう。しかしながら、地域住民の参加は必ずしも平和に進むとは言えないし、ときに住民間での利害対立を生む可能性さえ孕んでいる[2)3)]。またどれほどローカル・ガバナンスが普及したとしても、様々な制約の下で行政を実施しなければならない地方自治体は、政策の最終的な決定者としてどの住民の意見を優先するかについて権限を行使せざるを得ない。こうした制約や限界の下で地域福祉を営む際に、どのような対立や葛藤が生じ、またそれをどのように乗り越えようとしているのかという点は、政策志向の社会学が明らかにすべき領域となるだろう。この点については、筆者の引き受ける課題として今後取組んでいきたい。

注

1) 三島亜紀子「社会福祉の教育と研究における社会学」『社会学評論』61 (3)、2010、307-320.
2) 栄沢直子「コミュニティの担い手組織の対立過程を通じたガバナンスの形成――岸和田市葛城町を事例として――」『コミュニティ政策』9、2011、106-126.
3) 朴姫淑『地方自治体の福祉ガバナンス――「日本一の福祉」を目指した秋田県鷹巣町の20年』ミネルヴァ書房、2014.

『福祉図書文献研究』論文セレクション

　過去に『福祉図書文献研究』に掲載された論文のうち、若手・中堅学会員から投稿・採用された論文を対象にし、論文セレクションとして掲載したものである。

　国策として高等教育機関がこの20数年増加した結果、過去と比較して研究者への途は開かれてきたが、雇用条件や研究条件が改善されているとは言えず、厳しい状況の中で研究と教育に従事している者も少なくないと考えている。

　本学会は福祉士教育の育成に関する教育研究を趣旨に成立された学会であるが、上記研究状況のなかで日々研究と教育に研鑽される学会員の育成に寄与することも重要な役割と考えている。

（編集委員　森山　治）

論文
セレク
ション
1

認知症の世界を生きる太田正博氏と その援助者の姿から考える援助のあり方

仲田　勝美（岡崎女子短期大学）

Ⅰ. 問題意識

　近年、認知症を呈した要介護高齢者が増加し、高齢社会を迎えたわが国において社会的な課題として、認識されるようになった。その現状として厚生労働省によると、認知症高齢者は 2010 年の推計で 280 万人、2015 年に 345 万人、2020 年に 410 万人、2025 年には 470 万人に達すると推計している。[注1] これは高齢化に伴う 75 歳以上（後期高齢者）人口の増加が一因として挙げられる。なぜなら一般的に加齢に伴って認知症が増加するからである。

　このような社会情勢において、我々が認知症となり、高齢期を迎えるという認識を持つ必要性もあろう。それはどのように認知症を生きるのかという、私以外の他者という二人称の課題ではなく、私自身という一人称に向けられた課題であり、大きなテーマであろう。当然のことながら、認知症を生きるということは、他者の支援により生活を送る可能性が大きくなる訳だが、それは私という存在に寄り添う他者の存在によって生きることが成り立つことを意味するものである。その関係は端的に言えば援助する側（他者）・される側（私自身）というものであり、更に言えば、それは援助する側・される側という関係をどう生き、その過程において、どのような関係性を構築していくのか、ということでもあるのだ。しかし、認知症に関する文献を紐解くと、その多くは援助側の立場によって記されたものである。それは認知症を病む当事者の世界を客観的に捉えるという姿勢であり、示唆に富むものである。しかし、認知症の世界に主体者として生きる者の言説が記された文献は希少である。[注2] それは「忘れていく」ことが中心となる病であるが故の現状であると

言える。

　認知症を生きるということはどのようなことであるのかという命題が明らかになることで、先にふれた援助関係において、その関係のあり方、いわば関係性（関係の性質・あり様）について議論が可能となるのではなかろうか。

Ⅱ. 本文献の特性と意義

　このような問題意識から、中心に取り上げる文献とその著者は、援助の受け手の立場にある若年性アルツハイマー病を病んだ太田正博氏（以下、太田とする）。そして、その援助者（文献中は支援者・サポーターと記されているが、用語の統一性を図るため本稿では援助者とする）である菅崎弘之、上村真紀らとの協働によって記されたものであり、太田が生きている認知症の世界においてその当事者としての思い・願いが克明に描かれている。これらのことを上野（2011）は「認知症研究で近年注目されるのは、当事者能力すら認められていなかった人々が自ら発言を始めたことであり、さらに驚くべきことは、専門家が彼ら当事者発言に耳を傾けるようになったことである」[1]と述べており、また Tom Kitwood（2005）が「認知障害の経験を伝えるために、認知障害という特別な旅から戻ってきた人は誰もいない」[2]と言及しされているように、認知症の人により語られている本文献は、その体を成している貴重な文献であることから、選択することとする。また著書の周辺において現在確立されている認知症のパラダイム（paradigm）[注3]においても特に現代日本における（①医学の知見②社会政策、特に認知症ケアの人的社会資源としての専門職者である介護福祉士養成の現状③認知症ケア研究の第一人者である小澤勲の論点等）を補足的に紐解きながら、以下に記した目的を明らかにする。

Ⅲ. 本研究の目的

　本研究では、認知症の世界を生きる当事者である太田自身の声を基礎として、氏への援助者としてのサポートの過程から、より一層太田の世界を鮮明に描くと共に、援助者に求められるスタンスが明らかにされている。このことから、両者の協働の姿が象徴されている文脈に焦点を当て、展開されている援助過程から、両者の協働の姿に基づいた援助のあり方について考察することを目的とする。

Ⅳ. 著者（太田）の略歴

　1946年、福井県小浜市にて出生、日本福祉大学卒業、その後長崎県職員として就職し児童福祉の仕事に従事する。26歳で結婚し、2人の子どもを授かる。2002年3月、若年性アルツハイマー型認知症の診断。2004

表1. 受診後の太田氏の病状経過

受診後の太田正博さんの病状経過

2002年1月 [すがさきクリニック初受診]
　診断：①若年性アルツハイマー型認知症の疑い、②抑うつ状態
　抗うつ剤による薬物療法を開始した（現在まで継続）。
　知的機能評価では、
　HDS-R※1: 20/30点
　MEDE判定：軽度の知的機能低下
2002年3月 [精査入院（MRI、SPECT、脳波、他）]
　[検査結果]
　(1) MRI※3：側頭葉の軽度の萎縮
　(2) SPECT※4：後部帯状回、前頭～頭頂葉部の血流低下
　(3) 脳波：α波※5が少なく軽度異常
　(4) 甲状腺機能：正常
　(5) 知的機能評価：MMSE※6 27点（図形模写が不得手）、かな拾いテスト24個、WAIS※7：総合IQ※8 114（言語性IQ136、動作性IQ83）
　診断：①若年性アルツハイマー型認知症、②うつ病
2002年4月～ [個人作業療法開始]
　作業療法士の上村が担当し、外来受診時に1時間程度、主に知的機能を賦活化するようなトレーニングを行った。
2002年6月 [抑うつ症状改善、HDS-R: 25/30点、MEDE判定：健常]
　塩酸ドネペジル（アリセプト）投与開始（現在まで継続）。
　抗うつ剤を服用して5か月後に抑うつ症状が消失し、HDS-Rの得点

も改善、MEDEの判定でも健常域になる。これは気分が上向き、集中力と持続力が回復したため、それに付随して一過性に低下していた知的機能が回復したためと考えられる。
2002年10月 [HDS-R: 28/30点]
2005年1月 [精神科デイケアに参加]
2003年7月 [MEDE判定：健常]
2004年4月 [MEDE判定：軽度の知的機能低下]
2004年7月～ [四者面談開始]
　四者面談は、太田夫妻、常﨑、上村で行い、診断告知・講演活動・今後の太田さんの生活などについて話し合った。面談は1回あたり1時間から1時間半のセッションを月に1回の頻度で計5回行った。その後は、診察、デイケア、電話を通して話し合いを継続している。
2005年3月 [HDS-R: 19/30点、MEDE判定：中等度の知的機能低下]
　鈴木・ビネー式知能検査※9：IQ=66
2005年4月～ [講演活動開始]
　2005年3月末に太田さんは県職員を退職、講演活動を開始した。
2005年10月 [MEDE判定：中等度の知的機能低下]

【注釈】
※1 HDS-R：改訂長谷川式簡易知能評価スケール。長谷川和夫先生が考案した認知症をスクリーニングするための知的機能評価スケール。30点満点で21点以上が正常、20点以下が認知症の疑いがあると判断される。
※2 MEDE (Multiphasic Early Dementia Examination)：年齢補正が可能な知的機能評価スケール。健常、軽健常、検査、軽度障害、中等度障害、重度障害の6段階評価が可能である。
※3 MRI (Magnetic Resonance Imaging)：磁気共鳴画像。磁気共鳴現象を応用して人体の断層像を写し出す方法で詳細な画像が得られる。認知症では脳の海馬といわれる部位などに萎縮が認められるようになる。
※4 SPECT (Single Photon Emission Computed Tomography)：局所の脳血流や脳代謝

を比較的容易に測定できる装置。アルツハイマー型認知症では、後部帯状回の脳血流低下が特徴的所見とされる。
※5 α波：成人の覚醒・安静時に見られる正常脳波。認知症にかかるとα波が減少し、徐波と呼ばれる周波数の遅い波が多く見られるようになる。
※6 MMSE (Mini-Mental State Examination)：認知症をスクリーニングするための知的機能評価スケールで米国を中心に使用されている。30点満点で20点以下が簡単の疑いがあるとされる。
※7 WAIS (Wechsler adult intelligence scale)：成人用の知能指数を測定するスケール。
※8 IQ (Intelligence quotient)：知能指数。100が平均値で、その数値が知的機能の水準を表す。
※9 鈴木・ビネー式知能検査：わが国で作られた知能指数を測定するスケール。

出所：『私、バリバリの認知症です』クリエイツかもがわ、2006　pp.18-19

年7月、診断告知を受ける。2005年3月退職。翌4月から講演活動を開始。また、病状の進行状況について表1.に示した。

V. 主な著書

(1) 『私、バリバリの認知症です』クリエイツかもがわ　2006年（共著者として菅崎弘之、上村真紀、藤川幸之助）

(2) 『マイウェイ　認知症と明るく生きる「私の方法」』小学館　2007年（共著者として太田さんサポーターズ　菅崎弘之、上村真紀）

VI. 認知症のパラダイム─先行研究より─

(1) 医学からの知見

1) 認知症とは何か

認知症とは「獲得された認知機能が後天的な脳の器質性障害によって持続的に低下したために、日常生活に支障をきたした状態で、それが意識障害のない時にみられるものである」と認識されている。主な認知症としては、脳血管性認知症、アルツハイマー型認知症、レヴィー小体病、ピック病、正常脳圧水頭症が挙げられる。また、硬膜下血腫、頭部外傷、脳腫瘍、パーキンソン病、ダウン症等、70以上の症状を示すそれら疾患の総称である。

2) アルツハイマー（病）型認知症

なかでもアルツハイマー型認知症は、日本においてその罹患率は最も高く、主要な認知症として認知されている。その本態は、大脳皮質の神経細胞が萎縮し消失し、老人斑、神経原線維変化、神経細胞の萎縮がみられる。その原因は諸説あり、中でもβアミロイド蛋白が引き金となっているという「アミロイド仮説」が有力であると認識されている。

若年性認知症とはそれらの状態が64歳以下で発症した認知症のことをいう。初老期認知症とも言われる。

3) 治療

　現在、認知症を改善する有効な治療薬は無く、その進行を抑制するアリセプトと言われる経口薬が主である。しかし治療薬の開発は世界的な規模で進められ、現在日本では新たにレミニール、メマリーの2種が2011年に承認され、また同年、貼り薬としてイクセロンパッチ、リバスタッチパッチ（同効能）も承認され症状に応じて、飲み分け、使い分けの選択肢が増えた（薬剤名は全て商品名）。またエーザイや武田といった製薬大手が、今後近い将来新たな新薬の承認を得ることも報告されている。

(2)　介護福祉士養成の現状から

　他方、日常生活の場面における認知症ケアの専門職者として期待されているのが介護福祉士である。その理由として、介護福祉士の従事する臨床や対象となる要介護者の状態は、多岐におよび、現場では何らかの認知症状を有した利用者と24時間におよぶ援助を展開している現状が多々ある。その際、利用者の人権保障、また尊厳のある生活およびその質を確保した援助が、専門性として具体的に発揮されることが資質として求められている。それら社会的な要請を受け、2008年には「社会福祉士及び介護福祉士法の一部改正」が行われた。その中で、法第47条「連携」において「その担当をする者に認知症であること等の心身状況その他の状況に応じて、福祉サービス及びこれに関連する保健医療サービスその他のサービスが総合的かつ適切に提供されるよう、福祉サービスを提供する者又は医師その他の保健医療サービスを提供する者その他の関係者との連携を保たなければならない」[3]と規定された。その対象には認知症である人と具体的に明記され、また介護者の判断だけではなく他職種間の連携の基、包括的な援助を展開することの重要性を示した法改正の内容となった。

　またそのことに応じて、介護福祉士の養成課程におけるカリキュラ

ムの大幅な見直しがなされることとなった（いわゆる新カリキュラムの導入）。その中で、どのような認知症に関連する教育がなされているのか、『介護福祉士養成標準テキスト認知症の理解』を紐解くと「認知症の基礎知識」「認知症の人の心理」「認知症の人のケア」「家族への支援」「認知症の人のケアと権利を守る」という5章にわたる構成の基、更に31節75項目に亘る内容から成っている。特に介護福祉士に求められるケアについては認知症の人の尊厳を守り利用者本位のケアを実現することが求められている。そのため、認知症の人の「BPSD（behavioral and psychological symptoms of dementia）＝行動・心理症状」の理解と具体的なケア方法論についても言及されている。

(3)　小澤勲の認知症の人へのまなざし

　BPSD について小澤（2005）は「理解の世界」とし、医学の側の中核症状における「説明の世界」と分け、日常生活場面を援助する者は認知症の人は「生きる不自由さを抱え、苦しみ・不安な状態に置かれており、認知症という病によってもたらされる「不自由さ」（暮らしの中で生じる葛藤、怒り、不安、あきらめ、不自由でないふりをせまられる、等）の理解と解決が必要である」[4] と利用者の様々な不自由さに寄り添う重要性について言及している。

　また「痴呆を病む人の心に寄り添い、その人の人生が透けて見えるようなかかわりが求められ、そのために現在の暮らしぶりを知り、彼らが生きてきた軌跡を折りに触れ語ってもらえるかかわりをつくること」[5] の2点が認知症ケアの基本と論じている。

　更に「痴呆を病むということは、人の手を借りて生きざるを得ないということであれば、希望は人と人とのつながりに求めなければなるまい。希望に誘うその手は優しさに加えて痴呆を病むことの困難を知り尽くしていなければならないだろう」[6] と認知症の当事者の声に耳を傾け、援助者と共にその不自由さを乗り越えて行く必要性についても言及して

いる。

　このような小澤のまなざしは、認知症の人を尊厳のある者としての権利を強く主張するものであり、示唆に富む指摘であるといえる。

Ⅶ. 太田の生きる認知症の世界とそこに接近する援助者の思い

　上記した認知症のパラダイムをふまえ、太田とその援助者の協働の姿が象徴されている応答の文脈に焦点を当てることとする。その際、互いの思いが交錯する象徴的な場面として①認知症の症状、②日常生活、③告知、④講演活動、といったそれぞれの場面で語られ互いに応答のある主要な文脈を紐解き、その実際について記述することとする。なお、文章中のアンダーラインは筆者によるものである。

(1)　認知症の症状について
【太田談 1】
　「（認知症への呼称変更について）どちらでも構いません。私には「言葉遊び」に思えてならないのですよ。もっと大切なことがあるような気がして。私が生きているだから、私が生き生きとしているところを見ていただければ、それでいいんじゃないかと思います。
　（重症度の分け方について）程度がどうだ、ということよりも、その人をきちんと見て、きちんと関われるかどうかということが問題だと思います。軽度だとか中等度だとかいう、そういう物差しはもういらない。その人が生活しやすいようにみなさんが関わっていくということが一番大切なことだと思います。」[7]
【菅崎談 1】
　「認知症だからといってランク分けをしていくような、そういうとらえ方をしていると、本当の認知症の姿、あるいはその方の心には、ふれることができないのではないかと思います。」[8]

【太田談2】

「（記憶について）つらいです。ぽっと切れるんです。どこへ行ったのか分かりません。<u>そんな時に、声をかけてもらえると助かるんです。声をかけてもらえることが一番いいかなと思います。せかさりたりしたら本当にいやになります。意欲がなくなります。</u>」⁹⁾

【菅崎談2】

「意欲がなくなる。そこですよね。<u>私たちは、そうやって認知症の方の意欲を削ぐようなことをしてはいけないということです。</u>」¹⁰⁾

【太田談3】

「漢字の形がきちんと見えないのです。だから何を書けばいいのか分からない。今は書けないのだったら書けなくていいのではないかと思っております。<u>これ以上続けていくとつらくなってしまいますので、ある程度のところでやめてしまおうかと。</u>」¹¹⁾

【上村談】

「思い出すことのできない字を一生懸命考えて、<u>脳にストレスを与えるよりも、太田さんの豊かな言葉、豊かな表現をひらがなとカタカナとか書けるもので広げてもらったほうがいいことだと思うからです。</u>」¹²⁾

【太田談4】

「思考がバラバラになっていてまとまりがないのです。それを直そうと思っても自分ではなかなか難しい。……つらいという気持ちはある。つらいという気持ちをクリアにしたいのだけど、なかなかできない。ふとした時につらさがポット出てきます。<u>……不安ですね。やっぱりずっと底辺にあるんです。不安はある。何がどうなるのかとか、難しくなるのかなとか、常にある。</u>」¹³⁾

【菅崎談3】

「確かに不安はあると思いますが、でも逆に病気が進行した方と接することから、いろいろなことを感じたり学んだりすることもできるのだと思います。<u>その方が認知症という病気をどうとらえるか大事なのかな</u>

と思います。上村さんは患者さんに病気を受け止めてもらうためにデイケアは機能しているのではないか、と話しています。そうやって病気と正面から向き合っていく、あるいは自分の状態を受け入れていくことが可能になるのだと思います。」[14)

(2) 日常生活について

【大田談1】

「飲まないといけない薬があったのですが、忘れていたというより、飲みたくなかったというのもあったんですが、あるとき、上村さんから薬を飲んでいないことを指摘されました。素直に飲む気になれませんでした。上村さんから色々話を聞かされました。そして薬をちゃんと飲むために、小袋に分けて入れたほうがよいことがわかったのです。」[15)

【上村談】

「あるとき飲み残しが多くなり、このままではマズイと思って話をしました。なんという薬でこういう症状に効くとか、説明しました。するとあぁ、それならやっぱり飲まないとイカンねと分かってくれました。1回分ずつ小分けにしましょうと言うと、イヤだ、そんなことはまだできると言うんです。太田さんは人に"される"ことがイヤなのです。だから私がするのではなく太田さんがしてね、と言いました。ただアイデアとしてこういうふうにするともっと楽だし、あら、また忘れたの、って言われなくてすみますよ、って話しました。そこでやっと、そうね、言われるよりはマシだねと折り合いをつけました。太田さんのお気に入りの言葉に「すり合わせ」というのがあります。つまり、お互いが納得するところまでをサポートすればいいんです。」[16)

【太田談2】

「人と話していて、本当に話ができているのか、中身がうまく伝わっていないのではないか、と思うことがよくあります。すごく不安になるのです。また人の話がわかりにくいこともあります。いっぺんにいろいろ

なことを言われると、なんの話なのかまったく分からなくなってしまいます。だからひとつだけ言ってもらいたいのです。いや、ふたつまではがんばれるかも。今からこれとこれだけを言いますよと先に言ってくれれば理解できるはずです。あと、パッパッと早く言われるのもダメ。ゆ～っくりゆ～っくり言ってもらいたいのです。」[17]

【菅崎談】

「思考がバラバラになって、人にスムーズに話せないのは記憶の障害と関連しています。たとえば、太田さんにはなにか伝えたいことがあるのに今までの話の流れが、太田さんの中では途切れ途切れになってしまっている可能性があります。だからその場でうまくタイムリーに伝えられないのです。でも講演会では、私たちがしっかりとサポートしていますので、きっちりと自分の言いたいことを伝えられています。聴いているみなさんが、太田さんのお話を理解し、感動しているのがなによりの証拠です。」[18]

(3) 告知について

【太田談1】

「クリニックに通い始めて2年半、なんとなく、自分の脳がやられてしまって、ものごとがうまくいかないのだろう、ということぐらいはわかるようになっていました。4人で話を積み重ねていくうちに、先生がなにかを私に伝えたいのだと感じました。先生、そんなに気を遣わなくてもいいです。自分でできることをやりますから。……意を決したように、先生は「太田さんはアルツハイマー病だと想います」と、口を開いてくれました。菅崎先生からの"告知"は本当に丁寧でした。心の準備ができていたんでしょう。むしろ病名を告げられて、なんだかスッキリしました。自分に見切りをつけたことで、気分が楽になったのだと思います。先生、上村さんに支えられていたので、決して絶望的ではありませんでした。」[19]

【菅崎談】

「告知にふみきったのは、太田さんを支える人たち、理解する人たちがそろったからです。医師ひとりでは到底支えきれません。やはり多くのスタッフと太田さんのご家族に助けられてもらってなんとか、太田さんの生活をサポートできるんですよね。そのときに初めて医師としての責任をまっとうできる、ようやくそこで告知ができると思いました。これから先も私たちは太田さんをサポートしていくという意思を伝えたとき、「先生、これからもずっと私、ここに来ますからね。よろしくお願いします。」と言っていただきました。この言葉は、ずしりと心に響き、感動的でした。」[20]

(4) 講演活動について

【太田談1】

「すべてができないわけではないからなにかしたい！このままでは終わりたくない！という気持ちが湧いてきまいた。……自分にできることはなんだろう？そんな私に告知と同時に素晴らしい提案をしてくれたのです。一緒に"講演活動"をしないかというお話でした。私は自分の思いを伝えることならできるかもしれないと思いました。菅崎先生はわたしが何をしたいのか、どんなことならできそうか、上手に思いを引き出してくれました。ようやく目標ができて、とてもうれしかった……。」[21]

【菅崎談1】

「若年性認知症の方の場合は次のステップを見つけるのが難しいのです。次のステップがないのに、簡単に告知はできません。告知は必要ですが"宣告"にならないように万全の準備が必要なのです。」[22]

【太田談2】

「自分にできることは何だろうかな？と考えた時に、やっぱり自分で自分の思いを人に届けて行くことです。……できることはたくさんあります。今の私にできることのひとつとして、(菅崎・上村両氏と共に)講

演活動をしています。認知症の当事者である私が直接お話することで、誰かの役に立てるのがうれしいのです。社会とのつながりを実感できる機会でもあり、私の生き甲斐になっている活動です。」[23]

【菅崎談2】

　「私たちはどのような形で夢の実現のお手伝いができるのかを考えること、その手段をもつことが大事なことだと思います。認知症の方にはこれはできないだろう、と頭から決めつけないでほしい。可能性を信じて共に歩んでいただきたい。」[24]

Ⅷ. 考察

　上記した文脈をふまえ、太田が生きている世界とはどのようなものかを考えると、そこには「現実世界への適応困難性」が生き難さの中心にあるといえる。更に若年性アルツハイマー病の特性として、自身に病識があることによる苦しみ、また今まで培ってきた社会的アイデンティティの喪失という重層的な「喪失体験」による生き難さもあるといえる。そのような中で、自身の体験を講演会を通して語るという活動は、太田にとって、人や社会とつながりを持つことの機会となっている。それは、失った自身を取り戻す過程でもあるといえるだろう。しかし太田はアルツハイマー病に在る「今」というこの瞬間を懸命に、前向きに生きることを前提にしていることからも、病の中に在る自身を否定する姿では無い。いわばアルツハイマー病を生きる中での、社会的アイデンティティの獲得という姿と認識することでできるのではないだろうか。このような生きる希望を持ちつつ認知症を生きられている事は、菅崎、上村という援助者の存在なくして実現され得ないものであることは明らかである。ともすると、援助者は援助の受け手を正常・異常という枠組みで捉えつつ援助を展開することになる。特に認知症という病は独特な精神世界を本人が体験していることから、その世界への理解が困難となるであろう。しかし、援助者はまず認知症の人が抱える困難さに目を向け、理

解しようと接近する姿勢を持つことが求められるだろう。それは現実を強化するという援助の姿勢ではなく、現実を生きようとするその姿や意欲にフォーカスし、援助やサポートを強化していくことが重要であるといえるだろう。そのような理解を基にすることで、太田のように、講演活動という舞台を通して、本人が社会に向けて伝えたいこと、求めていることを最大限表現できる具体的な援助内容を検討することが可能となるであろう。このような視点が認知症の当事者の本来持っている能力・強みといった長所を最大限に発揮させることにつながっていくものと考えられる。

　また太田とその援助者の関係の実際から、援助のあり方を考えると、太田をサポートする援助者は、ある時はその専門的な立場から支持し、またある時は、必要に応じ、生活場面において管理するというスタンスをとる。そのような援助関係を通して太田は、講演活動を通し、認知症を生きることについて、その当事者にしか分からないことを、広く世に問いかけ、その独特な精神世界を啓蒙し、援助における大切な視点を伝えている。このような社会的にも意義のある活動の基盤となる両者の関係の特徴として、そこには相互的な関係が存在している。それは援助する側・される側という画一的・一方的になりがちな援助関係の境界を越えて行く可能性を内包している関係性であるともいえる。このような両者の協働を基盤とした援助関係性から、援助される側の自己実現や本位性が確保されるのではないだろうか。それは、本文献における協働の執筆スタイルによっても具現化されていることが、その重要性を示しているといえるだろう。

　そして、更に認知症が進行した人への援助のあり方について考えた時、その病の特徴からも、現実世界以上に、認知症独特の精神世界が大きく、広がりのあるものになっていくと考えられる。そのことを小澤は「現実世界と虚構の世界」と表現し、その相反する両世界を行きつ戻りつする中で生じる苦しみが強化されていくと論じている。更に、虚構の世

界を豊かにすることが認知症の人の生きにくさを解決していくものとする認識を示している。その認識について筆者は以下のように考える。まず虚構という言葉の意味を紐解くと「実際にはないものをあたかも実在するように見せかけること」とある。この意味から虚構の世界とは「実際には存在しない世界」と解釈できる。しかし、虚構の世界は認知症の人にとっては、まぎれもない現実の世界である。要するに、虚構と現実という二極対立で捉えるのではなく、認知症の人にとっての虚構と現実の両世界はどちらも区別し難い、一体化した現実世界であるという認識を持つ必要があるということである。それは虚構という言葉と、その認識自体が、認知症を生きる側の者からの見方、捉え方ではなく、現実世界に生きる側の者による見方、捉え方ではなかろうか。太田のように、認知症の人がその独自の世界を表現し始めた現実を、積極的に認識すると、この当事者の声に真摯に耳を傾け、それに基づいた認識を手がかりとした援助を実現する必要があると言えるだろう。

Ⅸ. おわりに

　TomKitwood は医学的な見地から捉えた認知症（脳の器質的知的障害）を通常パラダイムと述べ、その認識の限界性について論じている。^{注4)}つまり、客観的な認知症の認識とはその専門家らにより確保されており、実は認知症の当事者性については考慮してこなかった訳である。当事者性を見過ごしてきたということは、認知症の人を、尊厳のある個人としての認識について考慮してこなかったということになろう。その結果、当事者性を欠いた認知症の通常パラダイムの確実性は揺るぎ始め、混乱状態に陥り、やがて新たなパラダイムが形成されるものと考えられる。現状は、まさに混乱状態の只中にあると考えられる。そこには認知症であったとしても、一人の人間としての思いや要求が尊重され、様々な人々との相互関係の中で展開される人のつながりや、援助のあり方を考慮した、新たな知見により構築されるパラダイムであることを求めて

いく必要がある。では、その基礎となる認知症の当事者の声は社会ではどのように認知されているのか。それは、認知症の当事者であるクリスティーン・ブライデン氏が克明に認知症の世界を語る中で、専門家らにより「彼女は認知症ではない」という"新たな偏見"に見舞われたことからも、まだその声は社会に承認される状況には無いようである。しかし、認知症について語り始めたその声に共鳴し、調和が図られる中で、やがて社会の中に浸透していくものと考えられる。認知症の人が語りだしたことの意義を、援助に携わる者が、社会に向けて発信していくことも求められるであろう。真に人々が寄り添う社会の実現を目指して。

【編集委員注】

　本稿は「認知症の世界を生きる太田正博氏とその援助者の姿から考える援助のあり方」(『福祉図書文献研究』第12号、2013年) を再録したものである。

注

注1) 厚生労働省老健局高齢者支援課認知症・虐待防止対策推進室資料 (2012年9月6日) において認知症高齢者の最新の推計結果が示されている。そして、その推計結果は要介護 (要支援) 認定者 (第1号被保険者) における認知症高齢者の将来推計を基にしており、それは認知症高齢者の日常生活自立度判定基準ランクⅡ以上の者により構成されていることから、ランクⅠである者はこの統計には反映されていない。よって認知症高齢者は統計を上回る数が予想され、また認知症予備軍の存在があることも考えられる。

注2) 認知症の当事者として、声を上げた人としてクリスティーン・ブライデン氏が日本でも著名である。元オーストラリア政府高官で46歳にアルツハイマー病の診断を受ける。認知症の当事者として初めて国際アルツハイマー病協会理事となる。太田氏と同様に自身が生きる認知症の世界への理解を求める講演活動を先駆けて行った人である。その際の様子は様々なメディアで紹介され大きな反響を得ている。著書としては『私は誰になっていくの？―アルツハイマー病者から見た世界―』2002『私は私になっていく―痴呆とダンスを―』2004 (共にクリエイツかもがわより出版)。

注3) パラダイム（paradigm）＝Ｔ．クーン（Thomas S. Kuhn）によって提唱された概念。主著『科学革命の構造』中山茂訳　みすず書房1971においてパラダイムとは「ある科学領域において科学者が通常期間の模範とする標準的な業績、また承認された認識の枠組み」を示すものであり、それは科学の発展の中である時期をもって意味を持たなくなる（通約不可能性）をも含んだ概念であると規定している。よって本論文における認知症のパラダイムは過去から現代という一定の期間において了承され、認識されている認知症科学の枠組みを意味するものである。

注4) トム・.キットウッド（Tom.Kitwood）によると認知症における通常科学の枠組みの問題点として①脳の機能が脳の構造に翻訳される説明を持ち合わせていない②単線的な因果関係の論理に基づいており、生物システムを見るには十分とはいえない③単純な神経病理以上のものが個別な変化を的確にとらえきれていない、と主に3点について指摘している。また彼は新たな認知症ケアの考え方として「パーソンセンタードケア（認知症の人を中心としたケアのあり方）」を提示しており、現在日本においてもその思想は認知症ケアの臨床場面においても認識されている。

引用文献

1) 上野千鶴子『ケアの社会学—当事者主権の福祉社会へ—』太田出版　2011 pp.178-179

2) トム・キットウッド著／高橋誠一訳『認知症のパーソンセンタードケア—新しいケアの文化へ—』筒井書房2005　p.125

3) 厚生労働省社会・援護局資料「社会福祉士及び介護福祉士法の一部を改正する法案について」2008.3月

4) 小澤勲『認知症とは何か』岩波新書2005　pp.149-150

5) クリスティーン・ボーデン著／桧垣陽子訳『私は誰になっていくの？—アルツハイマー病者から見た世界—』クリエイツかもがわ2003　p.229

6) 小澤勲『痴呆を生きるということ』岩波新書2003　p.195

7) 太田正博、菅崎弘之、上村真紀 他『私、バリバリの認知症です』クリエイツかもがわ2006　pp.13-14

8) 前掲書7) p.14.

9) 前掲書7) pp.50-51

10）前掲書7）p.52

11）前掲書7）pp.57-58

12）前掲書7）p.57

13）前掲書7）pp.60-62

14）前掲書7）pp.62-63

15）太田正博、太田さんサポーターズ『マイウェイ―認知症と明るく生きる「私の方法」―』小学館 2007　p.165

16）前掲書15）pp.166-168

17）前掲書15）p.169

18）前掲書15）p.170

19）前掲書15）pp.90-91

20）前掲書15）pp.01-92

21）前掲書15）pp.97-99

22）前掲書15）p.99

23）前掲書15）p.4

24）前掲書7）p.46

参考文献

1）宮崎和加子『認知症の人の歴史を学びませんか』中央法規　2011

2）阿保順子『認知症の人々が、創造する世界』岩波書店　2011

3）水野裕『実践パーソンセンタードケア―認知症をもつ人たちの支援のために―』ワールドプランニング 2008

4）竹中星郎『明解痴呆学』日本看護協会出版会　2004

5）雨宮克彦、雨宮洋子『専門性あるケアのために老年期痴呆のケア実践』一橋出版　2004

6）クリスティーン・ボーデン著／桧垣陽子訳『私は誰になっていくの？―アルツハイマー病者から見た世界―』クリエイツかもがわ　2003

7）クリスティーン・ブライデン／桧垣陽子訳『私は私になっていく―痴呆とダンスを―』クリエイツかもがわ　2004

8）トム・キットウッド著／高橋誠一訳『認知症のパーソンセンタードケア―新しいケアの文化へ―』筒井書房　2005

9）野口裕二『物語としてのケア―ナラティブアプローチの世界へ―』医学書院

2002

10) 斉藤道雄『悩む力―べてるの家の人びと―』みすず書房　2002

11) 小澤勲『痴呆老人からみた世界老年期痴呆の精神病理』岩崎学術出版社　1998

12) 雨宮克彦、雨宮洋子『専門性のあるケアのために老年期痴呆の医学的理解』一橋出版　2003

13) J.レイダー、E.M.トーンキスト『個人に合わせた痴呆の介護』日本評論社　2000

14) 新井平伊『アルツハイマー病のすべてがわかる本』講談社　2006

15) 和田行男『大逆転の痴呆ケア』中央法規　2003

16) 岩田誠『認知症の脳科学』日本評論社　2009

17) 小澤勲、土本亜理子『物語としての痴呆ケア』三輪書房　2004

18) 飯島裕一、佐古泰司『認知症の正体―診断・治療・予防の最前線―』PHPサイエンス・ワールド新書　2011

19) 小澤勲『痴呆を生きるということ』岩波新書　2003

20) 小澤勲『認知症とは何か』岩波新書　2005

21) 小澤勲、黒川由紀子『認知症と診断されたあなたへ』医学書院　2006

22) 小阪憲司、尾崎純郎『第二の認知症―増えるレビー小体型認知症の今―』紀伊国屋書店　2012

23) 長谷川和夫編著『介護福祉士養成標準テキス15 認知症の理解』建帛社　2010

24) T.クーン著／中山茂訳『科学革命の構造』みすず書房　1971

25) M.フーコー著／神谷美恵子訳『臨床医学の誕生』みすず書房　1969

論 文
セレク
ション
2

介護福祉士養成教育におけるペスタロッチーの直観教授法の応用についての一考察
—ペスタロッチー全集に学ぶ—

中野　一茂（皇學館大学）

Ⅰ. 緒言

　平成 24 年の介護福祉士・社会福祉士法の改正において介護福祉士の業務に「医療的ケア」として、痰吸引・経管栄養等の医療行為が新たに加わることになった。それに伴い介護福祉士教育においても「医療的ケア」及び関連する名称の科目が介護福祉士養成校で開講されて教育が始まっている。この「医療的ケア」も含めて介護福祉士の業務は、対象である障がい者・高齢者の支援にとって欠かせない何らかの技術が必要となるものが多い。その介護福祉士を養成する教育の中で技術に関する教授方法はどのようなものが望ましいのか。本研究は介護福祉士の技術教育について概観しながら、問題点とその解決方法としてのペスタロッチーの直観教授法について、焦点をあてて考察をしていくことを目的とする。

　最初に本研究で使用する語や概念についての整理を試みる。下記に示す語については介護福祉分野において充分に整理されているとは言えない状況であるが、本研究を始めるにあたり用語や概念の持つ意味をここで整理する試みは必要と考える。黒沢は介護福祉士の役割について「生活支障をもつ人々への生活支援[1]」としている。同時にこの生活支援に必要とされている介護福祉士の生活支援に関する認識・判断について、黒沢は「恣意・独断ではなく客観的基盤に基づくものであるべき[1]」としている。また、津田は介護福祉の概念の一部として「介護福祉は生活を支えるために専門的な技術を用いた実践概念である[2]。」介護福祉士の役割・介護そのものが上記のようなものとするならば、その介護福祉

士の養成教育の中でも利用者を支援するのに必要な技術はどのように位置づけられるのか。そのことを考える前に技術と実践といった語について考えてみたい。三枝は、技術について、以下のように定義づけている。「技術とは、一般に規定すれば、過程なのである。広い意味で、手段である。今少し細かく規定していえば自然と人間とを媒介する過程なのである[3]。」実践については介護福祉士の技術教育は授業においても実習室等で実践を中心として行われている。また、隣接分野である医療分野同様、学生が実際の現場に赴いて授業で学んだ技術等を実際に行う実習教育が介護福祉士養成教育の中でも、大きな割合を占めている。中村は実践について、「各人が身を以てする意思的で、決断と選択をとおして、隠された現実の諸相を引き出すことである[4]。」としている。つまり、利用者を支援するのに必要な技術は、具体的な目的、対象手段を兼ね備えていてかつ、介護福祉士の選択と決断を伴わなければならないとなる。そして選択と決断には黒沢がいうところの客観的基盤が必要となる。このような条件を満たしてはじめて、介護福祉士が利用者に対して行う技術は、客観的基盤となるのではないかと考える。では、介護の現場において技術が客観的基盤と成り得るには、どのような要素が必要であろうか。中村は、その著書において客観的基盤に必要な要素と考えられる普遍性・論理性・客観性について次のように説明している「まず（普遍性）とは理論の適用範囲がこの上なく広いことである。例外なしにいつ、どこでも妥当するということである。（中略）例外を持ち出して反論することはできない。原理に例外はありえないのだから。次に（論理性）とは主張することがきわめて首尾一貫していることである。理論の構築に関しても用語の上でも、多義的な曖昧さを少しでも含んでいないということである。（中略）最後の論者によって選ばれた筋道によってしか、問題は立てられず、議論できないことになる。最後に（客観性）であるが、これは或ることがだれにも認めざるを得ない明白な事実として、そこに存在していることである。個々人の感情や思いから独立して存在しているという

ことである。だからそのような性格をもった理論にとっては、物事の存在は主観によっては少しも左右されないということである[5]。」本来ならば、黒沢が言うように客観的基盤に基づいた技術を教授するためには、中村の示したこれらの条件を満たすべきだと考える。

　ここで、介護福祉士養成教育における技術の教育について焦点をあて、その内容について概観する。現在の介護福祉士養成教育において所管の厚生労働省は、教授すべき内容とその到達目標について次のように定めている。「(2) 別表1から3までに定める教育内容ごとに、資格取得時の介護福祉士養成の目標、当該教育内容が含まれる領域の目的及び当該教育内容のねらいを踏まえ、介護福祉士養成施設としてふさわしい科目となるよう、科目編成を行うこと。この場合、当該教育内容に係る科目には、当該教育内容に係る教育に含むべき事項が全て含まれていること。また、一の教育内容に複数の科目を設定する場合には、一の科目に少なくとも一以上の教育に含むべき事項が含まれ、かつ、当該教育内容に係る全科目をとおして教育に含むべき事項が全て含まれていること[6]。」表1に介護における技術にあたる生活支援技術の教育内容のねらい、教育に含むべき事項について抜粋したものを示した。現在、養成校で使用されている教科書は厚生労働省の示した教育内容に沿った形で編集されているが、実際の教授方法や技術の到達目標などは、それぞれの養成校の裁量にまかされているのが実態である。例外として介護福祉士国家試験の関連の介護現場の職員が受ける介護技術講習会において指標が示されているにすぎない。

　また、実際に技術を教授する立場の教員は技術を教授するために必要な教授方法をどの程度、学んでいるだろうか。介護福祉士養成教育における教員は、平成19年12月に社会福祉士及び介護福祉士法（昭和62年法律第30号）の一部が改正されたことを契機に、介護教員の要件等についても「社会福祉士介護福祉士養成施設指定規則」（昭和62年厚生省令第50号）及び「社会福祉士介護福祉士学校指定規則」（平成20年文部科

表1 「社会福祉士養成施設及び介護福祉士養成施設の設置及び運営に係る指針」p65より抜粋

教育内容	ねらい	教育に含むべき事項
生活支援技術 （300時間）	尊厳の保持の観点から、どのような状態であっても、その人の自立・自律を尊重し、潜在能力を引き出したり、見守ることも含めた適切な介護技術を用いて、安全に援助できる技術や知識について習得する学習とする。	① 生活支援 ② 自立に向けた居住　環境の整備 ③ 自立に向けた身じたくの介護 ④ 自立に向けた移動の介護 ⑤ 自立に向けた食事の介護 ⑥ 自立に向けた入浴・清潔保持の介護 ⑦ 自立に向けた排泄の介護 ⑧ 自立に向けた家事の介護 ⑨ 自立に向けた睡眠の介護 ⑩ 終末期の介護

学省、厚生労働省令第2号）（以下、これらの規則を「両規則」という。）の改正又は制定が行われ、両規則において、介護福祉士養成施設等で専任教員になろうとする者等は、厚生労働大臣等が定める基準を満たした講習会を修了した者等と規定された。講習会の全講習時間300時間の中で教育関係の専門科目としては教育学、教育方法、教育心理、教育評価、介護教育方法があり、時間数としても半数近くの120時間あるが、使用されるテキストは教育学のものであり、介護福祉士養成教育に特化したものを使用していない。内容についても授業案の作成や授業の進行等など基礎的なものである。そのため、上記の制度は、教員の質の担保には一定の効果があると考えられる。技術の教育については、特に規定があるわけないため、教員個人の裁量で行われていると考えられる。また、実習教育の場においては、介護保険施行以降、生活支援の対象者の権利や安全確保が以前に比べて厳格化され、学生が実際に担当する対象者が限定されているため、学生自身の技術の実践が困難になってきていると考えられる。先行研究分野については、技術の教育の教授方法に関するものは充分あるとは言い難い。まとまったものとしては川廷に介護福祉士養成教育についての著作があるが、技術の教育についての具体的な教授方法についての記述はなく、授業の指導案等を示しているにすぎ

ない。

　このような状況の中で、介護福祉士養成教育における技術の教育をどのようにしたらよいのか。上記のような社会的な背景、法律の改正、介護福祉士養成教育に起こっている問題等を充分に考慮に入れながら考えてみると、介護の専門職として必要な技術を教授するための教授内容と方法の整備が必要であると考える。しかしながら他分野の教育学において、教授方法には様々な方法が既に開発されているため、これらの教授法の中からの応用が可能ではないかと考える。その中でも古典とされているが、技術に関する教育と生活に着目して教授方法を開発して、その後、日本の学校教育実践を支える教育法として長年にわたり活用された[7]、ペスタロッチーの直観教授法の考え方を概観しながら、介護福祉士養成における技術教育の在り方について考えていきたい。なお、後ほど詳述するが主に使用するテキストは平凡社版邦訳ペスタロッチー全集を使用する。

Ⅱ. 使用テキストとペスタロッチーの略歴について

　ペスタロッチーの著作は世界中で様々な形で、出版されているが、邦訳としては長田新によって、編集された平凡社版邦訳全集13巻がある。この全集は既に出版されている。コッタ版、ザイファルト版、ラッシャー版、校訂版の四つの全集のほかにマン、F. の選集やバウムガルトナーの選集の長所をすべて採り入れ、更にはこれら全集・選集からはもれたとされている、『幼児教育の書簡』(1819-19) なども入れてまとめられたとされている[8]。本研究においては、この平凡社版邦訳全集を中心にペスタロッチーの直観教授法について考察を進めていく。

　次に本研究ではペスタロッチーを単なる教育家ではなく、理論の実践家としても理解しているということを示すためにその略歴を主な著作と実践活動にしぼって記しておく。

1746年　1月12日、ヨハン・ハインリヒ・ペスタロッチー、チューリヒに生まれる。

1777年　（31歳）6～18歳までの貧児・孤児36人に、ノイホーフに木綿工場導入。

　　　　作業と読・書・算を教え、子どもたちの自立を計る。

1781年　（35歳）小説『リーンハルトとゲルトルート』第1巻発行。

1783年　（37歳）『リーンハルトとゲルトルート』第2巻

1785年　（39歳）『リーンハルトとゲルトルート』第3巻

1786年　（40歳）『人類の発展における道徳観念の発生について』

1787年　（41歳）『リーンハルトとゲルトルート』第4巻

1797年　（51歳）『人類の発展における自然の歩みについてのわたしの探究』

　　　　『私のABC読本即ち私の思惟の初歩的原理に対する輪郭』

　　　　（『寓話』と改題して1803年に第2版を出版）『家庭についての談話』

　　　　『フランス軍への戒め』『文化と野蛮』

1798年　（52歳）12月、シュタンツの孤児院の指導を委ねられる。単身赴任。

1799年　（53歳）シュタンツ孤児院での苦闘。孤児・貧児80人に達する。

1800年　（54歳）5月、第二男子小学校に転任し生徒60～100人（8～12歳）の教師となる。『メトーデ』『ブルクドルフ師範学校設置の告知』

1801年　（55歳）『ゲルトルート児童教育法』『人類の友とヘルヴェーチアの友に訴える』

1802年　（56歳）『ペスタロッチーの自己描写』『初等教科書の本質・目的ならびに使用法について』『ペスタロッチー、わが時代に訴える（時代）』『ヘルヴェーチアの立法が

特にその目標とすべき事柄についての見解』『チューリヒ州の状況と憲法についての覚え書』『メトーデの本質と目的』

1817年　（61歳）イヴェルドン学園、世界の教育関係者の関心を集めた。『新年講演』『アールガウ州の貧民学校設置に関する提案』『基礎体育の試みへの入門としての身体陶治について』『学校と家庭における教授・教育の改善』『基礎陶治の理念に関する見解と経験』

1825年　（79歳）イヴェルドン学園の挫折と解散。3月、自分の地所のビル村のノイホーフに還る。『公衆への告示』『教育・教授の計画』『ノイホーフにおける模範的初等学校と師範学校──故人の趣意書』

1826年　（81歳）2月17日朝、胆のう炎でブルックに没す。

Ⅲ．ペスタロッチーの直観教授法について

　スイスで生まれた、教育実践家であり、教育思想家でもあったペスタロッチーは、18〜19世紀に教育理論の構築・実践を行っているために、教育領域においても古典とされている。そのため、今日の介護福祉士養成教育にそぐわない点もあるかもしれない。また、その著書はペスタロッチー自身の独特の表現方法を用いているため、理解が困難な部分があるのも事実である。ペスタロッチーの研究者であるシュプランガー（Eduard Spranger）はペスタロッチーの著書について「ペスタロッチーについて、数十年間研究を続けてきたわたしには、つねに一つの謎がつきまとってきた。彼が理解されるのにかくも困難であるのは、どこに原因があるかということである。それは、彼に表現力が不足しているからだとは思わない。（中略）かれが一般に使用されている概念を用いないで、自分の専門語をひとりで創りだした、まったく特異な、孤独な思想家であることに帰せられる。（中略）かれの根本思想がしばしば退屈な反

復の形で述べられているということもたしかにかれの説話や叙述の特徴といえる。それについても、冗漫であるという、わかりきった非難を放つまえに、なお、別の弁明がなされよう。ペスタロッチーの思考過程は直線的にすすまない[9]。」と述べている。また、シュプランガー（Eduard Spranger）の著書を邦訳した吉本は「かれの思想や原理には、当時の科学の未発達や、時代の関心のちがいなどによって、もとより多くの限界がある。いや、現代教育の原則にてらしてみれば、理論的なあやまりさえも含まれている[10]。」しかしながら、実践を通して理論を確立しようとしたことや介護福祉士にとってもっとも重要と思わる利用者の「生活」とそれを支える「技術教育」の本質をペスタロッチーは対象を児童にしながらも重要視していたと考えられるため、ペスタロッチーの直観教授法は今日の介護福祉士養成の技術教育に生じている課題の解決に寄与できるのではと筆者は考えている。

　ペスタロッチーの直観教授法についてみる前にペスタロッチーのいうところの直観について考えてみたい。直観は本来ならば宗教・哲学・心理学等と多岐に使用されている概念である。本研究ではコメニウス、ルソー等の影響を受けながら、ペスタロッチー自身が考察を重ねて用いた直観の定義を採用する。ではペスタロッチーは直観をどのように考えたのだろうか。東岸はペスタロッチーの直観について次のように述べている「ペスタロッチーは、教育において人間の生命活動、生きる働きを重視し、生活との闘い、喜び、悲しみ、悩み、不安の渦中にある人間と取り組んだのである。人間の生を全一なものとして捉えるペスタロッチーの直観は、生きる働き、生命活動そのものの自己表現である。[11]」そしてその特徴として（1）直観が直接的把握の働きであるということは、直観は直接に生きる働き、生命活動に根ざしている。否、直観は生きる働き、生命活動そのものの働きであるという意味において、直観は生きる働き、生命活動の自己表現であることを示している。(2)身体的、精神的としての人間においては、直観が生きる働き、生命活動の自己表現であると

いうことは、直観は心的、身体的であり、心的には知的、心情的であることを示している[12]。以上のようにみてみると直観は人間の生命活動そのものであり、心的・身体的で、両面を結合した活動であるということがいえる[13]。この「直観」について、介護福祉士の主な役割として、考えられている利用者の「生活」（例えば社会のかかわり、食物の調理をはじめ、光熱の管理、整容など、生活そのものを維持）という毎日、積み重ねられる心的・身体的の両面を使用した行動で継続によって成立する営みを支えることにも通じるものがあると考えられる。

　では、ペスタロッチーの直観教授法は、18世紀当時どのような社会的背景から生み出されたものだろうか。田中はこれについて、次のように述べている「中世までの教育は修道院等宗教施設で行われている他、一部の貴族や富裕層を対象とした教育でしかなかった。しかし近代以降教育の平等性が大きなテーマとなる。（中略）近代以前では暗唱・反復教育が行われてきたが、主に言語が子どもに注入されてきた。しかし言語を子どもに詰め込む教授法は子どもにとって苦痛であり、興味・関心を引き起こさない。むしろ具体的事実・感覚的知覚に子どもは興味を示すので、楽しく且つ効率よく子どもに知識を伝えるには『直観』に依るべきとされた[14]。」このような時代的な背景もあって直観教授法は考案された。また、直観教授法そのもの概念や方法を模索し続けた人間はコメニウス、ルソー等がいるが、その中で自分の教育方法を直観教授法と呼んだのはペスタロッチーだけである。ペスタロッチー全集編集者ザイファルト（L.W.Sayffarth）によれば1803-1804年頃に書かれたと推測されている、「メトーデの特徴（ノート）」においてである[15]。

　では、ペスタロッチーがいうところの直観教授法とはどのようなものはだろうか、簡単に言うと学習者の直観を通じて外界の事物に対する具体的な知識を獲得させる教授の方法及び原理を指す[16]。そして「生活に即した教育」「自然に即した教育」を唱導するとともに早くから言葉を教えたり、既成概念を押しつける教育を批判した[17]。この直観教授法につ

いて例をあげて説明すると、小鳥を教材化するとき、従来は漠然と「小鳥がいます。」と教材化していたものが「青い小さな鳥がいます」、「3羽います」、「名前はカワセミです」と要素化して明晰にした [18]。この理論を考案し教育に適用し実践していったのが、ペスタロッチーである。

　ペスタロッチーは、直観教授法を通して自然の法則の中で、人間の五感を使用してその原理や方法を正しく理解していく力を持つことにより、道徳的・身体的・精神的なものを高めていく教育を行ってきた。それらのことは次のような言葉から容易に理解することができる。「第1は知的基礎陶冶である。この目的は人間が彼の知的自立の保持のためにそれの形成を必要とする彼の精神の諸素質を、正しく普遍的にかつ調和的に彼のうちにおいて発展させ、そしてかくすることによってそれを一定の訓練された技倆（Fertigkeit）にまで高めるにある。第2は身体的基礎陶冶である。この目的は人間が彼の身体的自立性ならびに彼の身体的安定の保持のためにそれの発展を必要とする身体的諸素質を、正しく調和的に彼のうちにおいて発展させ、そして形成された技倆へと高めるにある。第3は道徳的基礎陶冶である。この目的は人間が彼の道徳的自立の保持のためにそれの発展を必要とする心臓の諸素質を、正しく普遍的にかつ調和的に彼のうちにおいて発展させ、そしてそれらを一定の技倆にまで高めるにある [19]。」そして、これらの直観を認識するためには、基礎的な要素を必要とする。そのためペスタロッチーは認識の基礎として数、形、語を直観の認識の基礎として「基礎陶冶」として提唱したのである。ペスタロッチーの直観教授法とは基礎的な要素から始めて段階を得てより複雑な段階への過程である。そして精神、技術的能力、心情と三つの分野へ要素化することである。ペスタロッチー自身の言葉によると「人類の知識と技量の全部門にわたってきわめて単純な始点から出発しつつ、飛躍のない順序に従って、平易なものから困難なものへと導き、生徒の諸能力の成長と同じ歩調を保ちながらたえず活気づけ、決して疲労させ、また消耗させることなく、生徒自身から出発させ、かれに働き

かける教授手段の組織化への自然に導いた[20]。」としている。

　この「基礎陶冶」の具体的な教授法としてペスタロッチーは「直観の
ABC」を考案した。数・形・語という三つの基本的な軸に分類するとと
もに、それぞれを最小なものから多数なものへと段階的に構成するとし
ている。ペスタロッチーは、事物を「数」と「形」と「ことば」の要素に分
けて認識する時、はっきりした概念を獲得するとして、数（どれだけ多
くの、またどのような種類の事物が自分の目の前にあるか）・形（それら
の事物がどのようなに見えるか）・語（その名称は何というか）を直観の
ABCとした[21]。

　シュプランガー（Eduard Spranger）門下のケーテ・ジルバー（Kätc
Silbcr）は、ペスタロッチーの教授法を「授業の目標は、理解できないこ
とがらを伝達する代わりに、子どもたち自身のちからや能力を開発する
ことであり、彼らに学習すべきものを教えることではなく、学習の仕方
を教えることであった。重要な点は最終の結果ではなく、学習の過程で
あった[22]。」と表現している。そして「教育の本質は力を生み出すことで
はなく、ただそれらを活性化させ発展させることであると定義する[23]」
とした。　その他に虎竹はペスタロッチーの教育について「教育の術は、
感覚的存在から道徳的人間への自然の歩みに対して意識的に手をかす
ことにほかならない。そしてそれがペスタロッチーのメトーデであっ
た[24]。」としている。この基礎陶冶から人間の陶冶までを視野に入れた
教授法こそがペスタロッチーの教授方法の最大の特徴と言えるのではな
いか。

　技術についてペスタロッチーが自らの言葉で次のように述べている。
「子供はあらゆる地上の出来事に際して、境遇や環境の必要に即応し
て行動することができる力と熟練とを獲得していなくてはならないの
だ[25]。」　つまり、生活していく上での技術教育の必要性を説いている。
そして、子どもが生活していく中で生活の場（ペスタロッチーの表現
では居間）において学んでいく必要があるとしている。そしてはペスタ

ロッチー自身の言葉を借りれば、「あらゆる地上の出来事に際して、境遇や環境の必要に即応して行動する[25]」ことが必要だとしている。

次にペスタロッチーが技術の教育について、どのように考えていたかみていきたい。「実地の技能のための陶冶は、およそどんな根本的な機構のための陶冶もそうであるように、技術のABCに基づいている。技術のABCは一般的な術の諸規則であって、これらのもろもろの規則に従うなら、児童は最も単純な技能から最も複雑な技能へと漸次的進歩を遂げつつ、彼らが身につけることを必要とするあらゆる技能を日々ますます容易に獲得することができるように、物理的な確実さをもって作用する一連の訓練によって陶冶されることができる。このABCは最も複雑な人間の技能の基礎を含んだ身体的諸力の最も単純な表現から出発しなくてはならないということだ。打つ・運ぶ・投げる・押す・引く・回す・捩る・振り回す等々は、われわれの身体的諸力の単純な表現として最も顕著なものだ。技能の機構は認識の機構と完全に同じ歩みを辿る。(中略) 能力を獲得するためにはいつも実行しなければならない。知るためには多くの場合ただ受動の態度をとればよく、多くの場合ただ見たり聞いたりするだけでよい。反対に技能の場合には、人は単にその習得の中心点であるばかりでなくても、多くの場合同時にまたそれらの技能の適応の外形をも決定し、しかも常に自然的機構の法則が指定する制限の範囲内でそれを決定しなくてはならない[26]」ペスタロッチーはこの中の「打つ・運ぶ・投げる・押す・引く・回す・捩る・振り回す等々」をすべての技術の基礎として考え、その上で技術が単なる訓練のみで習得できるものとして見ていなかったことと考えられる。ペスタロッチーは技術におけるABCそのものを基礎的陶冶として考え、その上で技術が習得されることによって習得した技術全般に広がりが生まれていくことにより、その人間の基礎的陶冶が進むと考えていたのではないか。それは次のような言葉として自身の著書に残っている。「自然が優れた力によって目的としているものは、跳ぶことではない、泳ぐことではな

い、木を割ること等々でもない。いうまでもなく、自然は子供が一般に手や足を確実に、力強く、そして普遍的にしようすることができるようになることを求めている[27]。」ペスタロッチーはただ反復練習のみで習得できるような「跳ぶ」「泳ぐ」「木を割る」といった能力を部分的に子どもにおぼえさせることが技術の教育の目標としているのではない。ペスタロッチーが言う技術教育を通して、子どもの自己活動を促し、それが生活活動そのものを陶冶することになると考えていたと思われる。このことについて、ペスタロッチーは生活についても次のようにも述べている。「自然は社会生活においては、自然の純粋な使用から引き離される程度に応じて、より多くの発達手段をもってくる。けれども、木を細工したり、削ったり、粉を引いたり、脱穀したりする行為によって、われわれのこの場合の陶冶に対する自然の純粋な影響から引き離れるということはまったく考えられない。というのは、このような日々の必要から生まれる活動は、多面的であり、多様であり、たえず変化にとんだものだからである[28]。」この中でペスタロッチーは「木を細工したり、削ったり、粉を引いたり、脱穀したりする行為」は生活に必要な行動であり技術である。そのうえで生活を、「このような日々の必要から生まれる活動は、多面的であり、多様であり、たえず変化にとんだもの[28]」と表現したのではないか。

Ⅳ. ペスタロッチーの技術教育と介護福祉士養成教育における技術の教育

　利用者の生活を支援していく介護福祉士にとって、利用者にとって生活とはどのようなものか、また生活を支援していくために介護福祉士はどのような技術が必要とされているかを教育していくことは介護福祉士養成教育の中でも重要なことである。このことは教科書上においてもその説明に相当数ページを割いていることからもわかる。そのことを踏まえながら、改めてペスタロッチーの生活そのものについての考え方をみ

てみると、生活とは「多面的であり、多様であり、たえず変化にとんだもの[28]」としている。介護福祉士の養成教育においても利用者にとっての生活はまさに「多面的であり、多様であり、たえず変化にとんだもの[28]」であるため、それを支援していく技術は単純な反復練習のみではなく、生活というものを理解した上での支援でなければならない。例えば、トイレに行き排泄するという行為、ひとつとっても座位の維持、移乗、後始末（お尻を拭く、立ち上がる、着衣、移動）、トイレ内での方向転換など動作があり、これら利用者の身体状況・介護度によってそれぞれの動作を支援する技術はすべて違う。それぞれの技術を取得した上で介護福祉士は生活という「多面的であり、多様であり、たえず変化にとんだもの[28]」に客観的基盤に基づいた判断で対応する必要がある。

　上記のようなペスタロッチーの直観教授の中の技術の教育の考え方を概観した上で現在、介護福祉士養成教育において行われている技術の教育方法を改めてみてみると、学内における教科書を中心とした活字・言語及び視聴覚教材、演習を含めた教育と実習の場における実践から学ぶ教育と分けることができる。しかしながら教科書を読み、専門用語を暗記し続けることをいくら続けても技術に関しては学生が実際にイメージして技術を取得することは困難であることは容易に察することができる。それは、介護が利用者の「今その時」に起こっている生活上の課題について、つねに「何らかの」判断することにより「介護」という行為を構成しているからである。現在、養成校などで使用されている各種の教科書は、介護に必要な技術のひとつひとつの動作について、文章で説明しきれていないところは、写真やイラストで補完をしながら学生にイメージしやすい体裁をとられている。それでも、利用者の「今その時」に起こっている生活上の課題についての専門知識と利用者の個人の事情を背景とした「判断」をどのようなに考え、教えるのかという問題が介護福祉士の技術教育には残されているのである。この問題は、イラスト、写真などでは学生には伝わらない。この「判断」は技術を教える立場の教

員の個人的経験も含まれる。川島は経験について人間が実践を通して外界の事物や現象と触れ合い、その性質やふるまいを直接に知覚することであるとしている[29]。ペスタロッチー自身も児童を教育するにあたって「つねにみずからのおかれた具体的状況に即して『いま、ここで』体験し、思索した[30]。」として経験を表現したとされている。この「『いま、ここで』体験し、思索した」とされている、判断・経験を技術教育の中でどのように言語化しどのような方法で教授するのかが、介護福祉士養成教育における課題の糸口になるのではないか。利用者の生活支援に必要な技術は単純な手先の訓練で得られるものではない。そこにはその利用者の生活を継続させるための課題の克服に必要な支援ための技術の取捨選択に要する、思考訓練も含めての教育が必要である。当然のことながら、専門家としての倫理的な思考も必要とされる。その他に支援のための技術を習得しようとしている学生の自主性を介護福祉士養成教育においてどのよう形で、引き出していくことも必要かつ重要である。ペスタロッチーは学生の自主性をひきだすために、「学習すべきものを教えることではなく、学習の仕方を教えること[22]」を直観教授法の主な教育目的としたと考えられる。

　では、介護の技術の教育に直観教授法をどのように応用するのか。例を挙げて考えてみる。介護を必要としている利用者がベッドからイスなどの移動の際に介護者が使用する技術の概念で「ボディメカニクス」というものがある。これは人間の運動機能である骨・関節・筋肉等の相互関係の総称、あるいは力学的相互関係を活用した技術のことである[31]。この技術は①支持基底面積を広くする（介護者の足幅を前後左右に広くとる事で立位が安定する）②重心の位置を低くする（介護者が膝を曲げ、腰を落とす事で重心が低くなり、姿勢が安定する）③重心を近づける（本人に接近する事で容易に介助できる）④てこの原理を使う（肘や膝を支点にし、てこの原理を使う）⑤大きな筋群を使う（腕や指先だけの力で動作するより、大きな筋群を使用する方が力が大きく効率的である）等

の技術で成立している。現在の介護福祉士養成教育では、教科書にある上記の説明以外にイラスト・映像等をみせてから、実習室での学生同士の実践に入り、そこで教員は自分自身の経験と学生の動きを見ながら指導をしていくといった内容が一般的である。このボディメカニクスの教育を直観教授法で応用するならば、次のようになる。本来なら介護福祉士養成教育の中の「こころとからだのしくみ」などの医療分野科目で教える、人体の神経・関節・筋肉の動き、特に体幹（運動時のバランスをとるために骨格筋）の説明を詳しく行う。学生達がボディメカニクスの技術を再現する際は、教員が学生達の身体の動作をひとつひとつ確認しながら、筋肉の動き、体幹（バランス）の働きを身体の部位に沿って教えることにより、学生達は自分の身体のどこを動かせば、ボディメカニクスとして成立するのかを自分達で体感することができる。学生達がボディメカニクスを体感するができれば、その技術の応用として自分達と利用者の身長・体重の差を考慮に入れた移動の技術が生まれる。以上のように、ペスタロッチーの人間の基礎的陶冶を基礎とした直観教授法を介護福祉士の技術の教授方法として、応用が可能になるとすれば、今以上に学生は利用者の生活を支援するための技術を実践し、その技術を応用・発達させようとする思考過程が生まれていき、自身の経験と併せて専門家として成長していくのではないかと考える。

V. 結語

　以上のようなことを踏まえて改めて介護福祉士養成教育における技術教育について考えるならば、これまでの技術教育とは違った教育体系・過程が必要であろう。三枝は技術に関して、次のようなことを述べている。「人間の生活のあるところには必ず技術がある。技術のあるところには必ず知性が働いている。技術は知力発達の母胎である[32]」このように三枝は技術の目的について、人間の生活が基本であるとしている。また、森川は「人間陶冶にとって、『生活の立脚点』が決定的な出発点である。

あらゆる陶冶は、現実の生活状況にむすびつけられねばならない。[33]」と
している。介護の目的も同じである。介護の対象である利用者の生活を
支援していくという前提が介護にある以上、介護福祉士養成教育には介
護の技術の教育に関する教授法の発展は不可欠のではないかと考える。
そのことを踏まえて、ペスタロッチーの直観教授法を介護福祉士養成教
育の中に取り入れていくことを考えるならば、ペスタロッチーの理論と
実践について充分に考察を行い、今の介護福祉士養成教育にどのように
生かしていくかの作業を行いまた理論化が必要である。なぜならば、ペ
スタロッチーの教育について、森川は「根源的かつ実存的で孤独な思想
界はきわめて独創性に富み、歴史的な枠組みをはるかに超えているとい
うことである[34]。」としている。そうした中でペスタロッチーが提唱し
たような、人間陶冶の理念に基づき、なおかつ客観的基盤を示すことが
できる技術教育を実現できたならば、介護福祉士における本来の役割で
ある利用者の生活支援という部分に今まで以上に寄与できるのではない
かと考える。

【編集委員注】

　本稿は「介護福祉士養成教育におけるペスタロッチーの直観教授法の応用に
ついての一考察―ペスタロッチー全集に学ぶ―」（『福祉図書文献研究』第13号、
2014年）を再録したものである。

　なお、今回の再録に際して著者による必要最低限の誤字脱字の修正と所属機
関の変更が行われた。

引用文献

1) 黒澤貞夫：人間科学としての介護福祉士の専門性,日本介護福祉士養成施設
　協会,創立20周年記念論文集,2011,p4.
2) 津田理恵子：介護福祉の構成, 2007,3 ,p92.
3) 三枝博音：技術思想の探究, 飯田賢一編, 戦後日本思想の原点, こぶし書房,
　1995, 79.

4) 中村雄二郎：臨床の知とは何か, 岩波新書, 2000,p70.

5) 前掲書, p6-p7.

6)「社会福祉士養成施設及び介護福祉士養成施設の設置及び運営に係る指針について」(平成20年3月28日、厚生労働省社援発第0328001号).

7) 浜田栄夫：ペスタロッチー・フレーベルと日本の近代教育, 2009,p1.

8) 日本ペスタロッチー・フレーベル学会編：増補改訂版ペスタロッチー・フレーベル事典玉川大学出版部,2013,p350-p352.

9) Eduard Spranger, 邦訳吉本均：教育の思考形式, 明治図書, 1962,p13-p14.

10) 前掲書,p1

11) 東岸克好：ペスタロッチーの直観教育思想の研究, 建帛社, 1980年,p25.

12) 前掲書, p65.

13) 前掲書, ペスタロッチー・フレーベル事典, p186.

14) 田中潤一：直観教授の意義と方法：コメニウス・ペスタロッチーからディルタイへ, 佛教大学教育学部学会紀要, 2011,pp 89-pp100.

15) 石井正司：直観教授の理論と展開　教授理論研究2, 明治図書, 1981,p132.

16) 依田新監修：新教育心理学, 金子書房, 1997,p567.

17) 前掲書, ペスタロッチー・フレーベル事典, p187.

18) 中村弘行：人物で学ぶ教育原理, 三恵社,2010,p47.

19) J.H.Pestalozzi, 邦訳 是常正美：ペスタロッチー全集第8巻, メトーデの本質と目的,平凡社, 1974,p316.

20) J.H.Pestalozzi, 邦訳是常正美：ペスタロッチー全集第8巻, メトーデの本質と目的,平凡社, 1974,p317.

21) 前掲書, ペスタロッチー・フレーベル事典, p188.

22) Käte Silber,邦訳 前原寿：ペスタロッチー人間と事業,岩波書店, 1981, p157.

23) 前掲書, p336-p337.

24) 虎竹政之：ペスタロッチー研究　職業教育と人間教育,玉川大学出版部,1990,p124.

25) J.H.Pestalozzi, 邦訳 吉本均：ペスタロッチー全集第11巻, 体育論, 平凡社, 1974, p324.

26) J.H.Pestalozzi, 邦訳 長田新：ペスタロッチー全集第8巻, ゲルトルートはいかにしてその子を教えうるか, 平凡社, 1974,p200.

27) J.H.Pestalozzi, 邦訳 吉本均：ペスタロッチー全集第11巻,体育論,平凡社,1974, p326.

28) J.H.Pestalozzi, 邦訳 吉本均：ペスタロッチー全集第11巻,体育論,平凡

社,1974,p 327.

29) 川島みどり：看護の技術と教育, 勁草書房, 2002, p121

30) 前掲書, 教育の思考形式, 明治図書, 1962,p1

31) 介護福祉士養成講座編集委員会：新・介護福祉士養成講座7生活支援技術Ⅱ
　　第2版,中央法規出版,2011,p103.

32) 三枝博音：三枝博音著作集第10巻, 中央公論社,1973,p291.

33) 森川直：ペスタロッチー教育思想の研究,福村出版,1993,p62.

34) 前掲書,p4.

参考文献

1) 川廷宗之他：介護教育方法論,弘文堂,2008.

2) J.H.Pestalozzi, 長田新編：ペスタロッチー全集　全13巻平凡社,1974.

論 文
セレク
ション
3

研究動向にみる
父子家庭支援施策の課題

浅沼　裕治（松山東雲短期大学）

Ⅰ. はじめに

　本稿は、日本における「ひとり親家庭」のうち「父子家庭」における研究の動向に焦点をあて、文献や統計資料等で示されている言説を検証し、父子家庭への社会的支援施策に関する課題を明らかにすることを目的とする[1]。

　現代の日本社会において、ひとり親家庭への支援は、社会福祉政策においても重要な課題のひとつとして考えられるようになってきている。離婚件数の増加等にともない、ひとり親家庭となる世帯が増加している。また 2014 年には、ひとり親家庭の 50.8% が相対的貧困の状態にあるという調査結果が公表され、母子家庭を中心として、ひとり親家庭の経済的な困窮状態が社会問題化し、喫緊の課題として政府においても対策が進められるようになってきている。

　同時に、ひとり親家庭に関する研究も社会福祉学、社会学、経済学の領域をはじめとして蓄積がみられるようになっている。しかし、そこで主として焦点化されているのは母子家庭を中心とする言説であり、父子家庭への言及は少ないのが現状である。その原因としては、母子家庭に比べ父子家庭の絶対数が少ないことが考えられる。「平成 28 年度全国ひとり親世帯等調査」によると、母子家庭の世帯数は 123 万 2,000 世帯に対し、父子家庭の世帯数は 18 万 7,000 世帯と推計されており、父子世帯は母子世帯の 20% にも満たない[2]。

　このことが「ひとり親家庭＝母子家庭」ということで定式化され、母子家庭を主な対象とした各種の施策がとられているものと考えられる。母子家庭への社会的支援は未だ不十分な点を多く含んでいるとはいえ、

支援をするべき対象として社会的認知が進んでいるように思われる。

　一方、父子家庭への支援は「母子福祉法」の施行から20年を経た1983年に「全国母子世帯等調査」において初めて「父子家庭」が調査の対象となり、公的機関によって父子家庭の状況の掘り起こしが始まるようになる。ひとり親家庭支援における代表的な法律である現在の「母子及び父子並びに寡婦福祉法」において「父子家庭」への支援に関する条文が加わるのは2002年の改正時からである。2014年10月に「母子及び寡婦福祉法」は「母子及び父子並びに寡婦福祉法」に改正・施行され、父子家庭に対する福祉の措置に関する章が創設されるなど父子家庭への支援の拡大が打ち出されている[3]。湯澤直美は、これまで政策的に父子家庭が除外されてきた要因として「男性稼ぎ手モデルを前提に、男性を一括して扶養者とみなすジェンダー・バイアスが貫かれている」結果であると指摘している[4]。徐々にではあるが、父子家庭への社会的支援に関する法体系も整備され、父子家庭へも母子家庭と同等の支援が必要との認識が広がりつつある。

　本稿では、こうした政策上の変化に伴って展開をみせているひとり親家庭研究のうち、これまであまり焦点化されることのなかった父子家庭研究に関する言説の動向を検討することにより、父子家庭への社会的支援施策に関する課題点の理論的知見を提示する。

Ⅱ. 家族形態の多様化とひとり親家庭の増加

　日本において、ひとり親家庭という言葉が使用されるようになったのは1985年に「東京都単親家族問題検討委員会」が「ワンペアレント・ファミリー（One-Parent Family）」を「ひとり親家庭」と訳すことが提案されて以降であるといわれている[5]。現在は両親で生活している「ふたり親家庭」と対比される形でこの用語が浸透してきている。1980年代頃まで、ひとり親家庭に対しては「欠損家庭」・「片親家庭」などと呼ばれ、ひとり親家庭の子どもが就職や結婚をする際には差別的な処遇を受けるこ

とが多かったといわれている[6]。

　周知のように、ひとり親家庭となった理由については、戦後から現代にかけて大きく変化をしている。戦前から戦後間もなくにかけては、夫婦のどちらかの死亡を主因とする、ひとり親家庭が大半を占めていたが「平成28年度全国ひとり親世帯等調査結果」による数値によると、母子家庭については79.5%、父子家庭については75.6%が「離婚」によるものとなっており、「死別」については母子家庭8.0%、父子家庭19.0%となっている[7]。また、「平成24年人口動態統計」によると、2013年の年間の離婚件数については23万5,394組であり、減少傾向にはあるものの過去の離婚件数と比較して水準としては高いものとなっている[8]。このように現代の日本において、ひとり親となる者は、離婚を理由とするケースが大半を占めていることがわかる。今後さらに、ひとり親となる母親や父親は増加することが見込まれている。

　その結果、ひとり親家庭となり母子あるいは父子のみで生活する家庭や、離婚した者同士が再婚し家族となるステップファミリーなど、以前にはあまり見られなかった家族形態が誕生することにより、高度経済成長期まではなかば「常識」であった「ふたり親家族」の形を標準的な家族モデルとした形態が維持されることが難しくなり、家族形態の多様化が進行していく[9]。

　ところで日本は、先進国の中においても性別役割分業の意識が強固な国としての指摘がなされている。他の先進諸国と比べ女性の労働力率は低く、また、家庭内における性別役割分業として夫は仕事、妻は家庭内での家事・育児および家計を助けるための補助的労働という形態をとる夫婦が多い国である。15歳以上の女性の労働力率はスウェーデン60.3%、アメリカ56.3%に対し、日本は48.9%であり、先進国においては低い水準にある[10]。

　こうした性別役割分業下において、夫婦が離婚し、ひとり親家庭となった場合には相手方が担っていた役割を引き受けなければならない状

況が生じる。こうした中で母子家庭となった母親に対しては、従来の夫が担っていた家計を支えるという役割を補うべく、社会施策として経済的側面からの支援がなされてきたのである。

　一方、父子家庭の父親に対する社会的支援については、長く社会福祉施策の網の目からは漏れた存在であったが、近年の法令等の改正によって父子家庭への支援も母子家庭と同様にその対象と位置づけられ、法整備が行われていく方向に向かいつつある。

Ⅲ. 父子家庭研究の類型

　前節で述べたように、ひとり親家庭への社会的な施策が充実されてくるにともない、父子家庭へ焦点をあてた研究も蓄積がなされてきている。しかし、母子家庭へのそれと比べ、ひとり親家庭のうち父子家庭へ焦点が絞られた研究は蓄積が少ないのが現状である。「ひとり親家庭」といっても「母子家庭」／「父子家庭」によって、また、同居する祖父母などの存在の有無によっても抱える問題の内容は異なる。

　こうしたなか、日本において父子家庭研究の萌芽的な考察を行ったものとして、1977年に発表された本間真宏の考察を挙げることができる[11]。この論文の中で本間は「現実に存在する父子家庭のニードの把握など、基本的なところからの出発が必要」[12]であるとし、ひとり親家庭が抱える問題が考察されるにおいて、母子家庭のみが対象とされ父子家庭がほとんど考慮に入れられておらず、また、それのみならず当時は父子家庭が求めている事項に関しての公的な調査すら行われていないことを問題視している。また、高橋重宏らも1994年の時点で「今までのところ、父子家庭の生活状況など実態が明らかになっていず、これを明らかにするのがまず必要」であると指摘している[13]。

　厚生労働省が概ね5年ごとに実施している「全国ひとり親（母子）世帯等調査」において「父子家庭」が対象となったのは1983年調査からであり、1980年代に入ってからようやく公的機関によって父子家庭の状況の

掘り起こしが始まった。また、ひとり親家庭支援における代表的な法律である現在の「母子及び父子並びに寡婦福祉法」において「父子家庭」への支援が加わるのは2002年の改正時からであり、父子家庭への公的支援が明確に打ち出されるのは極めて最近になってからであるということができるだろう。

こうした父子家庭への社会的施策が少なくとも制度的には充実されてくるにともない、父子家庭に関する研究もみられるようになってくる。現状の父子家庭に関する研究動向を分類するならば、大きく分けて以下の3つの視点に類型が可能である。

・母子家庭の母親と比較した際の、父子家庭の父親が特有に抱える諸問題について、ジェンダー構造の側面から考察されたもの。
・父子家庭の父親がおかれている雇用就業環境から、仕事と子育ての両立の可能性について考察されたもの
・父子家庭で育った子どもへのインタビュー調査から、父子家庭が抱えている困難を浮き彫りにし、その課題への考察が行われたもの。

本稿では、これらの類型した3つの視点から言及されている言説を整理することにより、父子家庭研究の論点を整理していくことにする。

Ⅳ. 類型による父子家庭研究の動向

1. ジェンダー的側面から言及されている父子家庭研究の動向

母子家庭へは経済的支援の必要性が前面に主張されるのに対し、父子家庭のへの言及はジェンダーの側面からなされることが多いのが父子家庭研究の特徴である[14]。今日の日本の性別役割分業下における規範意識、すなわち男性は就業、女性は家事・育児に従事するという意識は、ひとり親となった家庭の親にとっては、一方の役割を引き受けなければ

ならず多くの負担を強いるものとなっている。橋口茜は、父子家庭の父親は母親役割も担わなければならない状況だが、このような実態に対して母親としての役割を父親がどのように代替していくのかという視点が欠けていることを指摘している[15]。

　実際に今日の性別役割分業下において、ひとり親となった父親は仕事に加えて家事・育児にも従事しなければならなくなる。橋口も指摘しているように、「父子家庭に対する社会資源は性別役割に目を向けていると言いがたいため、今後は性別役割分業のあり方も踏まえながら父子世帯をとりまくサポート体制の構築が重要になる」[16]。しかし、現実的には性別役割分業を考慮した父子家庭への支援体制は未だに等閑視されている状態と言えるだろう。こうした意識は社会的施策の整備のみで改善されるものではなく、われわれの意識に深く根差した意識でもあり、こうした意識をどのように捉え修正していくかが問われているともいえる。

　このような性別役割分業構造から父子家庭が抱える意識の問題をクローズアップして論じたものとして、春日キスヨの論考を挙げることができる。春日は、父子家庭問題を語るうえでいまや欠かすことのできない重要性を帯びるに至った著書『父子家庭を生きる』において、ジェンダーの視点から父子家庭における父親が抱える困難について論じている[17]。この中で春日は、父子家庭支援においては社会政策の充実のみでは父子家庭が抱える困難を根本的には解決することが難しいと指摘している。それを春日は「男の面子」という表現で捉えている。「援助が必要な〈弱者〉の位置に男女が立たされたとき、〈男らしさ〉の価値、〈女らしさ〉の価値ゆえに、ひきおこされる状況は男女で全く異なってくる」[18]。ひとり親家庭への支援を受ける際においても、父子家庭の父はそのジェンダー構造に規定された規範を内面化している限り「面子」によって自ら支援を遠ざける傾向が指摘されている。「〈弱者〉として社会的に位置づけられた女性が、子どもを抱えてさらなる〈弱者〉になったとき、初めから〈弱者〉として位置づけられてきたからこそ、彼女らは、まさに状況

に応じた行動をとり、援助を受けることができる」のに対して、「男性は
〈強者〉とみなされるために、援助を与えられるどころか、よりいっそう
の自己崩壊の危機に立たされる」[19]。

　それは社会的な支援制度の利用についてだけではなく、より私的な関
係性についても同じことが言える。例えば、ひとり親本人が何か困った
ことがあった際の相談相手について、「相談相手なし」と回答した母子家
庭の母が 20% に満たないのに対して、父子家庭の父は 40% を超えてい
る。そして、「相談相手なし」のうち、「相談相手は必要ない」と回答して
いる母子家庭は 38.2% に対して、父子家庭は 50% に近い数値である（表
1）。

表1.「ひとり親本人が困っている際の相談相手の有無」、厚生労働省『平成23年度 全国
　　　母子世帯等調査結果報告』2012年、p.74 より

	総数（人）	相談相手あり（人）	相談相手なし（人）	相談相手が欲しい	相談相手は必要ない
母子世帯	1,617 (100%)	1,300 (80.4%)	317 (19.6%)	196 (61.8%)	121 (38.2%)
父子世帯	545 (100%)	307 (56.3%)	238 (43.7%)	120 (50.4%)	118 (49.6%)

　先に挙げた春日のひそみに倣うならば、男性は社会的に「強者」とさ
れているがゆえに、女性に比べ他者へ援助を求めることや、相談を行う
ことに躊躇がみられるということである。「面子」によって、「誰にも援
助を求めず、誰にも相談しようとせず、ひとり自分の孤立の中に閉じこ
もっていく」[20]。

　「強者」と位置づけられている男性が、「父子家庭の父親」という立場
におかれた瞬間から社会的には「弱者」となるのである。父子家庭の父
親が抱えているジェンダーの側面から捉えることのできる問題とは、単
にひとり親となり、性別役割分業における「母親」の役割を自身が受け

持つ必要が生じるだけではなく、父子家庭としての社会的支援を受けられる状況があるにもかかわらず、それを自ら拒絶してしまうことであると指摘ができる。それを緩和するには、社会的な支援制度の充実のみではなく、父子家庭の父親へ内面化されている「男性性」へのケアについても求められているのである。

2. 雇用就業継続環境からみた父子家庭の父親の仕事と子育ての両立の問題

　父子家庭の経済的問題に関しては母子家庭のそれに比べて小さく、むしろ問題とされるべき点は、父子家庭の父の家事や子育てに関する支援のあり方と考えられる傾向がある。若干古いデータではあるが、1994年に302カ所の自治体を対象に行われた調査において、父子家庭の経済状況に対して「困難を抱えている」と認識している自治体と、逆に「余裕がある」と認識している自治体とで大きく二分されていることが指摘されている[21]。

　平成23年度の児童のいる世帯の平均収入が658万円であるのに対して、母子世帯が291万円、父子世帯が455万円であり、父子家庭の年収についても低い傾向にはあるものの、母子世帯の収入が圧倒的に低いことから、経済的支援に関するまなざしは専ら母子家庭へ注がれていた。そして、ひとり親家庭へ支援が考えられる際には、こうした状況下におかれている母子家庭が念頭におかれ、まずもってひとり親家庭への経済的支援が立案・実行されてきた経緯がある。

　しかし、山田亮らは、父子家庭という状況下における父親は、子育てや家事（家庭重視）と、仕事重視の二者選択を迫られていること、そしてその選択として「家庭重視」を選択した場合、それは窮乏への選択を意味することを、事例を交えて述べている[22]。ひとり親家庭となり、父親が子育てを行う場合、自らの両親など身近な関係にある者へ子育ての支援を仰ぐことができない場合、父親はひとり親となる前に就いていた職

に留まったまま子育てを行うことが困難になるという[23]。現代の日本において多くの職場では男性・女性ともに正社員で就業する者の多くは、ある程度の残業を前提とした就業構造となっており、子育て等により、そうした就業形態をとれない者はパート・アルバイトによって就業することが半ば暗黙の前提となっている[24]。

　父子家庭において子育てを行う必要のある父親は、たとえ家計を支える立場であっても、ひとり親となる前の就業状態を継続してゆくことが困難となり、週末が休みであり、かつ残業のない職場へ転職を余儀なくされ、その結果、父子家庭の父が子育てを優先した就業形態を選択すると収入が大きく減少し貧困への道を辿るメカニズムが起動する[25]。そして、こうした就業形態への転職は、本人が望んで行っているのではなく、子育てをするためにやむを得ず転職をせざるを得ないという点が特徴である。高橋らが独自に行った父子家庭への量的調査の結果をみると、父子家庭の父親たちが市町村の行政機関からの支援として最も望むこととして「経済的な支援」が24.7%でトップに挙がっている[26]。

　先に男性は女性に比べ平均収入という点では高い傾向にあることをみた。しかし、これは「サラリーマン―主婦型家族」モデル（夫が仕事を行い家計のほとんどをひとりで支え、妻が家事・育児を主に担う）を前提とした雇用就業形態において可能になるものであり[27]、父子家庭などの、ひとり親が子育てを行いながら就業を行うことを前提とした就業モデルではない。このモデルが前提とする就業形態を維持してゆくことが困難となったとき、父子は容易に経済的貧困の状態に陥るのである。

　また父子家庭における家事・育児に関しても、周囲からの援助が期待できない父子家庭の父親にとって最大の問題は、仕事と家事・育児の両立が困難な点にあり、その根幹として正規労働者の多くが残業や休日出勤、あるいは出張や単身赴任など、家庭での役割を果たす時間や家族と向き合う時間を犠牲にしてはじめてその雇用形態と賃金が維持確保できるという、労働・雇用形態と家庭生活とのバランス設定にある[28]。

父子家庭の父が抱える経済的問題の根本は、現代の日本を覆っている雇用・就業構造そのものが抱える問題と密接に関連しているということができる。

3. 父子家庭の子どもの立場からの言及

　父子家庭で育った子どもの立場からの言及として、服部範子らの研究が挙げられる[29]。服部らは、父子家庭において子どもの立場で育ち、成人した人を対象に子ども時代の自分自身の経験について、聞き取り調査を行っている。服部らが行った研究で挙げられている事例は2例のみであるが、これまでの日本における父子家庭研究のうち、父子家庭の子どもとして育った者への公刊されている事例調査として数少ない貴重な研究である。

　服部らの研究に挙げられているもののうち、事例1は調査時点で26歳の男性で小学校に上がる頃に両親の離婚により父子家庭となった事例である[30]。この男性は父子家庭となってからは母親との交流はなく、祖母（父親の母）が母親代わりとなって家事・育児全般を行ってくれていたという。学校の参観日や運動会などの学校行事へも祖母が来てくれ、母親がいないことを特別さみしいとは思わなかったという[31]。

　一方、事例2は調査時点で22歳の女性が挙げられている。この女性が3歳の時に母親が死亡し父子家庭となった事例である。この女性の家庭の場合、母親が死亡後は叔母が同居し家事・育児を行ったという。叔母がほぼ家事・育児を担っていたため、この女性の父親は家事・育児についての負担はかからず、「安心して仕事に打ち込めた」とのことである。

　この女性の叔母が父親と同居し家事・育児全般を行うことにより、女性の父親も転職せざるを得ない状態に追い込まれることもなく、経済的に困窮することもなかった。また父子家庭への福祉も利用したこともないという[32]。

　ここで挙げた2つの事例については、ともに父子家庭の子どもの祖母

や叔母が母親代わりとなって養育を受けていた事例となっている。この当時でも、ある程度は用意されていた父子家庭への社会資源を利用していない点も共通している。

そして2つの事例とも先に見たような「サラリーマン―主婦型家族」モデルに類似する家族形態がとられている点が注目に値する。実の母親（主婦）ではないが、父子家庭の子どもにとって限りなく実の母親に近い存在が同居することによって、「サラリーマン―主婦型家族」が代替されていたということができるだろう。逆に言えば、こうした母親の代替となる存在が身近にいない場合、父子家庭の父親は母親の役割を同時に引き受けざるを得ず、状況によっては現在の就業・雇用形態も本人とって不利益となりうる方向へ変更せざるを得ない状況に追い込まれることとなる。

服部らが投げかけている研究の本質は、父子家庭が抱える問題とは、母子家庭と異なり経済的な困難よりも、家事や育児などの人的な援助・サービスが必要であり、母親となりうる存在が父子家庭にいない場合、家事・子育ての困難が父親へのしかかり、やがては経済的困窮へと発展していくことだといえる。それは、父子家庭への父親に対する人的な支援をいかに社会的に担保していくかという点にあると思われる。

V. おわりに

以上、今日の父子家庭に対する研究の動向について、①ジェンダー的側面からの父子家庭研究の動向、②父子家庭への経済的側面からの言及、③父子家庭の子どもの立場からの言及という、3つの側面に類型化し、父子家庭が抱える問題群について考察を行った。このようにみると、父子家庭への社会的支援は、母子家庭へのそれと比べ、多層的な問題を抱えていることが指摘できる。

父子家庭の父親は、母子家庭の母親と比べ、社会的支援を受ける際においても、「面子」によって自ら支援を遠ざける傾向が指摘された。母子

家庭の母親は、ひとり親という「弱者」に陥ったとき、状況に応じた行動をとり、援助を受けることができる心性を内面化している。

それに対して、父子家庭の父親は「強者」としての男性性を内面化しているがゆえに、「面子」によって本来は支援が受けられるはずの制度でさえ自ら利用しない傾向があることが明らかにされた[33]。

父子家庭の父親は、こうした多層的な問題を抱えているにも関わらず、子育て支援政策の面において「要請されているのはあくまでも『育児参加』であり、男性が主体的な親役割を担う家族モデルには政策的無関心が続き、結果として子どもの福祉が差別化されてきた」[34]。ひとり親家庭への支援として政府は、2016年度より児童扶養手当の増額を行うなど、社会的支援としては「経済的支援」を充実化する方向に動いている。しかし、本稿でみてきたように、こうした施策は母子家庭においては一定の効果が発揮されることが見込まれるが、父子家庭においては、ひとつの側面からの支援にしかすぎない。母子家庭と比べ経済的には余裕がある父子家庭においても、仕事と家事・育児の両立が困難な状況に追い込まれ、同居する祖母や叔母に家事・育児の負担がかかっているケースが実態として多いものと考えられる。また、こうした親族に頼ることができない場合、例えば兄弟や姉妹がいる父子家庭においては、年齢の高い子どもへ家事負担がかかっている状況も考えられる。

父子家庭への社会的支援に関する研究は、現代においても未だ萌芽的段階にあり、父子家庭が抱える問題の実態を正確に把握し、父子家庭のニーズに合わせた施策を立案する必要がある。その際に必要なことは、母子家庭への支援と同列に扱い、同等の支援を行うのではなく、それぞれがおかれている社会的状況、ジェンダー構造を加味した政策が求められている。

【編集委員注】

本稿は「日本における父子家庭研究の動向と支援施策の課題─言説にみる問

題の所在—」(『福祉図書文献研究』第15号、2016年)を改題し、再録したもので
ある。

注

1) 「父子家庭」、「父子世帯」、「父子家族」それぞれの用語について金川めぐみは、
政府の各種統計調査で示される表記においては「父子世帯」という用語が使
用されているが、厚生労働省における父子への就労・福祉的支援を総称する
用語としては「父子家庭」という用語が使用されており、厳密な定義や用語
の区分は明確ではないという。金川めぐみ「日本におけるひとり親世帯研究
の動向と課題」『経済理論』第369号、2012年、p.2。本稿では、「母子及び父子
並びに寡婦福祉法」第6条第5項において「『母子家庭等』とは、母子家庭及び
父子家庭」と定義されていることに倣い、引用部分を除き、原則として母子
で生活を行っている家庭へは「母子家庭」、父子で生活を行っている家庭へは
「父子家庭」、両者を総合して「ひとり親家庭」という表記を用いる。
2) 厚生労働省『平成28年度 全国ひとり親世帯等調査結果報告』2016年、p.2。な
お、ひとり親家庭の相対的貧困率については、厚生労働省『ひとり親家庭等
の支援について』、2014年、p.9を参照。母子家庭の平均年間収入は243万円
であり、平均年間就労収入においては200万円と低い水準にある。また、母
子家庭の母親は雇用形態として「パート・アルバイト」である比率が43.8%
と半分近くを占めており、相対的に低賃金の雇用形態に留まっているため
「相対的貧困」の状態から抜け出せないものと思われる。
3) 浅沼裕治「父子家庭への社会的支援に関する一考察—母子家庭が抱える困難
との比較分析を通して—」『地域福祉サイエンス』第2号、地域福祉総合研究
センター、2015年、p.129
4) 湯澤直美「ひとり親世帯をめぐる分断の諸相」、庄司洋子編『親密性の福祉社
会学—ケアが織りなす関係—』、東京大学出版会、2013年、p.78
5) 松浦勲「日本における『ひとり親家族と子ども』研究の動向と課題」『九州工
業大学学術機関リポジトリ』2000年、p.83
6) 浅沼裕治「ひとり親家庭等支援施策・DVの現状と課題」、星野政明・石村由
利子・伊藤利明編集『全訂 子どもの福祉と子育て家庭支援』みらい、2015年、
pp.151-162
7) 前掲書、『平成28年度 全国ひとり親世帯等調査結果報告』2016年、p.2
8) 厚生労働省『平成24年(2012年)人口動態統計(確定数)の概況』2012年、p.2

9) 前掲書、「父子家庭への社会的支援に関する一考察―母子家庭が抱える困難との比較分析を通して―」、p.124

10) 松田茂樹「共働きが変える夫婦関係」、永井暁子・松田茂樹編『対等な夫婦は幸せか』勁草書房、2007年、p.1。なお女性労働力率の最新のデータについては以下の文献を参照した。国立社会保障・人口問題研究所『人口の動向日本と世界2015―人口統計資料集』2015年、厚生労働統計協会

11) 本間真宏「児童福祉規定・試論 (3)：父子家庭における問題を考えるなかで」『東京家政大学研究紀要』第17集、1977年

12) 同上書、p.44

13) 高橋重宏・坂本健・庄司順一・滝口桂子・松原康雄・井田千昭・新保幸男・清水美登里「父子家庭施策のあり方に関する研究 (1) ―302市区町の現行施策等の実態調査―」『日本総合愛育研究所紀要』第31集、1994年、p.74

14) 春日キスヨ『父子家庭を生きる―男と親の間―』勁草書房、1989年。岩下好美「ひとり親家庭の父の家庭役割と職業役割―家庭と職場における役割遂行と資源―」『家族関係学』32号、日本家政学会家族関係部会、2013年。橋口茜「父子世帯における社会化過程に関する研究」『文京学院大学人間学部研究紀要』Vol.9,No.1、2007年。中田照子・杉本貴代栄・森田明美『日米のシングルファーザーたち―父子世帯が抱えるジェンダー問題―』ミネルヴァ書房、2001年などを参照のこと。

15) 同上書、「父子世帯における社会化過程に関する研究」、p.171

16) 同上書、p.172

17) 前掲書、『父子家庭を生きる―男と親の間―』

18) 同上書、p.105

19) 同上書、p.105

20) 同上書、p.111

21) 前掲書、「父子家庭施策のあり方に関する研究 (1) 」、p.74

22) 山田亮「父子家庭における仕事と家事の両立問題―経済的問題を中心に―」『経済科学通信』第89号、1999年、p.80。また前掲書、「父子家庭施策のあり方に関する研究 (1) 」、p.77も同様の指摘をしている。

23) 同上書、「父子家庭における仕事と家事の両立問題―経済的問題を中心に―」p.79

24) 浅沼裕治「雇用流動化時代における若年就労問題への一考察」『国際文化研究紀要』第14号、2007年、p.154

25) 前掲書、「父子家庭における仕事と家事の両立問題―経済的問題を中心に―」

26) 高橋重宏・山本真実・庄司順一・坂本健・滝口桂子・松原康雄・井田千昭・大平薫・新保幸男「父子家庭施策のあり方に関する研究 (3) —ホームフレンド事業の実施状況と今後の父子家庭施策—」『日本総合愛育研究所紀要』第33集、1996年、p.110

27) 山田昌弘『希望格差社会』筑摩書房、2004年、p.162

28) 前掲書、「父子家庭における仕事と家事の両立問題」、p.84。および前掲書、「父子家庭施策のあり方に関する研究 (1) 」、p.70

29) 服部範子・三島令子「ひとり親家庭への社会的サービスに関する一考察—父子家庭の事例を中心に—」『兵庫教育大学研究紀要第3分冊、自然系教育・生活・健康系教育』第14号、1994年

30) 同上書、p.164

31) 同上書、p.165

32) 同上書、p.168

33) もっとも、男性が「強者」であるということ自体が神話であるという指摘が近年の男性学の研究でなされている。Warren Farrell "The Myth of Male Power",Berkley Trade,1994 (＝久米泰介訳『男性権力の神話——＜男性差別＞の可視化と撤廃のための学問』作品社、2014年)

34) 前掲書、「ひとり親世帯をめぐる分断の諸相」p.78

論文セレクション3　研究動向にみる父子家庭支援施策の課題　| 295

論 文
セレク
ション
4

生活保護制度の一般扶助主義を阻害する要因の検討
〜 1960年代「第二次適正化政策」の分析を中心に〜

村田　隆史（京都府立大学）

Ⅰ. はじめに―研究課題の設定

　本稿の課題は生活保護制度の一般扶助主義を阻害する要因を検討することである。具体的には、生活保護行政において稼働能力者への対応が争点になった1960年代「第二次適正化政策」を分析する。

　本稿は拙稿「生活保護制度の制限扶助主義への転換と『第二次適正化政策』〜1960年代の『生活と福祉』の分析を通じて〜」（『福祉図書文献研究』第10号、2011年）をリライトしたものである。同論文の執筆時期は「自主的」な保護の辞退による餓死事件、「水際作戦」による日常的な保護請求権の侵害、老齢加算の廃止など生活保護制度をめぐる状況は極めて厳しかった。特に稼働能力者に対しては厳格な対応がとられており、一般扶助主義が徹底されてないことがそれらの原因になっていると筆者は考えていた。「日本の生活保護保護制度はなぜ一般扶助主義が徹底されないのか」というのが、筆者の一貫した研究テーマである。そのために、生活保護法成立過程（1945〜50年）や稼働能力者が争点になった1960年代の生活保護行政を分析してきた。10年間の現実の変化をふまえつつ、改めて上記の課題を検討してみたい。生活保護制度をめぐる状況が劇的に改善されたとはいえないし、制度面の課題は残っているが低所得者を対象とした制度は拡充したのも事実である。

　なお、1960年代の生活保護行政をめぐる研究では、同論文執筆以降に新たな進展はみられなかった。そのため、本稿で用いる分析は上記論文がベースとなっていることを先にお断りしておく。

　まずは今日の生活保護制度をめぐる状況を整理しておく。日本の貧困

と不平等が深化・拡大していることは、各種の統計調査や実態調査で明らかである。新型コロナウイルスの影響によって、状況はさらに悪化し改善の見通しは立っていない。生活保障を実現するためのセーフティネットのうち、雇用・労働政策のネットと社会保険のネットに綻びが目立つ状況であるからこそ、「最後のセーフティネット」である生活保護制度の果たす役割は大きい。

　2020年9月時点の生活保護受給者数は約205万人である。2015年3月を期に減少傾向にあるが、1995年に約88万人であったのに比べると大幅に増加している。制度受給者の増加はセーフティネットの構造的課題もあり必然的であったが、生活保護制度への批判を招くことになった。そのため、社会保険と生活保護制度の狭間を埋める新たなセーフティネットとして求職者支援制度（2011年10月から実施）と生活困窮者自立支援制度（2015年4月から実施）がつくられた[1]。これも「働ける人が生活保護制度を受給することはおかしい」という批判に応えた側面があり、低所得者に対して生活保護制度をメインに最低生活保障を実現することへの危機感の表れといえる。

Ⅱ. 生活保護研究における本研究の位置づけ

1. 救貧制度から公的扶助制度へ

　1960年代の生活保護行政を分析する前提として、日本における救貧制度から公的扶助制度への発展過程を分析する。現行の生活保護法（1950年公布）は、憲法25条の生存権保障を具体化した制度であり、全ての国民を対象とした一般扶助主義をとっている。しかし、法律制定をめぐっては国民の権利と国家の義務、失業対策の実施と稼働能力者への対応、最低生活保障としての水準などをめぐり、厳しい意見が出されていた。結果的には上記のような法律として制定されたが、権利抑制的側面も法律に組み込まれた[2]。本稿との関連でいえば、生活保護法以前の制度が稼働能力者に対して厳格な対応をとっていたことが関連している。

日本の救貧制度では、1874年に恤救規則が初めて制定されている。恤救規則は「人民相互の情誼」を基本とし、「無告の窮民」を救済対象としていた。つまり、親族や地域共同体の助け合いを基本とし、それでも生活を維持できないという人のみを保護する方針であった。1929年には新たに救護法が制定される。救護法では救護機関として市町村長を明記し、業務を行う補助として救護事務のための委員が配置されることになった。また、救護の種類も生活扶助、医療扶助、助産扶助、生業扶助が設けられた。恤救規則と救護法に共通していたのは制限扶助主義をとって、あらかじめ制度の対象者を限定していたことである。具体的には身寄りがいないことを前提とした、高齢者、児童、障害者、妊産婦などである。救貧制度といわれるのは、制限扶助主義をとっていたためである。

　日本で一般扶助主義の制度が定着するのは、第二次世界大戦以降である。1946年に生活保護法（旧法）が制定される。法律の第1条で「この法律は、生活の保護を要する状態にある者の生活を、国が差別的又は優先的な取扱をなすことなく平等に保護して、社会の福祉を増進することを目的とする」と規定し、国家責任や無差別平等の原理が導入された。しかし、旧法の最大の問題点は、2条で「欠格条項」を設けていたことにある。「怠惰な者」や「素行不良な者」は制度の対象外とされた。また、親族による扶養義務を優先したことも戦前の救貧制度と共通している。生活保護法（新法）の制定により、日本でも公的扶助制度が定着した[3]。

　生活保護制度が稼働能力者に対して厳格な対応をとり続けるのは、戦前の救貧制度へと回帰しているともいえる。もしくは、公的扶助制度の制度特性なのかもしれない。しかし、生活保護法施行から60年が経過しているが、生活保護制度は常に一般扶助主義が徹底されていなかったわけではない。1964年までは、被保護世帯数に占める稼働世帯の割合は5割を超えていた（後述の表1）。1964年以降、稼働世帯数は徐々に減少していき、1989年に20%を下回り、今日の水準にいたっている。

2. 1960年代の生活保護制度に関する先行研究

　生活保護制度の「適正化政策」に関する先行研究では、朝日訴訟の契機となる「第一次適正化政策（1950年代半ば）」、日常的に人権侵害が発生する生活保護行政の契機となった「第三次適正化政策（1980年代以降）」が中心に分析されてきた。「第二次適正化政策」に関しては、特定の地域や団体を対象としていること、他の社会保障・社会福祉制度の拡充、「高度経済成長」による労働条件の改善、生活保護制度の一定の改善（朝日訴訟第一審判決の影響による生活扶助基準の増額、相対的貧困概念に基づく「エンゲル方式」の採用、日雇労働の男性を含むモデル世帯への転換）がされたこともあり、これまであまり分析対象とされてこなかった。しかし、重要な指摘や問題提起は、すでに先行研究によってなされている。

　1960年代の生活保護行政「第二次適正化政策」に焦点を当てた研究には大きく分けて、3種類存在する。第1に、1960年代の時点で、自身もケースワーカーとして働きながら、生活保護実施要領、監査方針、特別実態調査を分析し、稼働世帯に対する「処遇」の変化を具体的に指摘した杉村宏[4]、白澤久一[5]による研究である。第2に、2000年以降に生活保護法施行後50年の分析を行う中で、生活保護制度が実質的な制限扶助主義になっていることの説明として、「第二次適正化政策」に転換があったと指摘した大友信勝[6]、岡部卓[7]、後藤道夫[8]による研究である。第3に、第2と同じく、生活保護制度の分析を行う中で、稼働世帯の減少に着目するが、それが「適正化政策」か「高度経済成長による労働条件の改善」か、結論が出ていないと指摘した副田義也[9]、京極高宣[10]による研究である。

　いずれの先行研究も示唆に富む点が多いが、いくつかの問題点を抱えている。例えば、杉村と白澤の研究は、具体的な事例を実証的に分析しているが、文献による実証（『生活と福祉』、『生活保護百問百答』、『生活保護手帳』など）が十分とはいえず、当時の生活保護行政の全体を捉え

られていない。大友と岡部の研究では、1960 年代の「第二次適正化政策」によって、稼働世帯が減少したことは指摘されているが、実証はされていない。後藤は、なぜ「第二次適正化政策」が行われたのかを『生活と福祉』や『生活保護三十年史』をもとに分析しているが、具体的な生活保護行政の変化については言及できていない。副田と京極は、新たな問題提起を行っているが、副田は仮説の提示にとどまっており、京極は生活保護と日本経済のマクロ的分析を行っているに過ぎない。このように先行研究は、現在の生活保護制度が一般扶助主義の徹底を阻害している要因を明らかにしたとはいえない。

3.『生活と福祉』を分析対象とする意義

そこで、本稿では 1960 年代の生活保護制度の運用を、『生活と福祉』を中心に、『生活保護手帳』、『生活保護百問百答』、『生活保護三十年史』、『生活保護行政回顧』を用いて、分析する。『生活と福祉』は、1956 年 4 月から財団法人社会福祉調査会の編集によって、毎月発刊されている（現在、社会福祉調査会は財団法人社会福祉振興・試験センターに改称されている。また、『生活と福祉』の編集・発行は、1959 年 5 月の第 38 号から全国社会福祉協議会へと移っている）。灘尾弘吉（当時．社会福祉調査会会長）は、『生活と福祉』の刊行目的を、国家責任による最低生活保障を明確にした生活保護制度は、行政運用が不完全で不満足な状態にあるが、それを容易に責めることはせず、社会福祉調査会という民間の立場から生活保護指導職員の活動が円滑に行えるようにすることだと述べている。さらに、生活保護制度は福祉国家建設の基底となりうる鍵と強調している[11]。

雑誌の内容は、生活保護行政運用方針と監査方針の変更点などの解説（評価も含む）、生活保護行政に関わる会議の内容紹介、社会福祉全般に関わる年度予算の紹介、研究者によるケースワークの解説、全国各地の福祉事務所での取り組みの紹介、など多岐に亘っている。本稿が分析対

象とする 1960 年代は、今日の内容とは大きく異なっており、厚生官僚が
生活保護制度に対する問題認識を明確に示し、最前線にいるケースワー
カーからも保護受給者の実態（この時期は、主に「不正受給」）を踏まえ
て、制度そのものに対する問題提起がされていた。『生活と福祉』を中心
に分析する理由は、小川政亮が「生活保護行政を管轄する厚生省社会局
保護課が、その編集に強力な発言権を持っている定期刊行物」と指摘す
るように、厚生官僚、ケースワーカーによる生活保護行政の運用や保護
受給者に対する認識や態度が如実に表れているためである [12]。これを
分析することによって、なぜ、どのようにして生活保護行政が変化して
いったのかを、具体的に分析することが可能になると考えられる [13]。

Ⅲ. 1950 年代後半～ 1963 年の生活保護行政
1. 社会経済的状況

　本稿の分析対象は「第二次適正化政策」であるが、生活保護行政の変
化をみていく際には、社会経済的状況を把握しておかなくてはならな
い。日本経済は戦後直後の復興期を経て、1950 年代後半から「高度経済
成長期」を迎えた。幾度かの金融引き締めによる不況期はあったものの、
神武景気、岩戸景気、オリンピック景気などの好況期を経験し、日本経
済は世界に類を見ないほど高く継続的な成長を続けた。1960 年代に入る
と、若年労働力は地方から都市部に流入し、年功賃金、終身雇用、企業別
組合を特徴とする「日本型雇用」、「日本的経営」に組み込まれることに
より、「高度経済成長」を支えた。

　一方で、「高度経済成長」を支えることになった「石炭から石油へ」と
いうエネルギー政策転換により、炭鉱労働者は職を失い、炭鉱が集中す
る地区の生活に大きな影響を与えた。職と食を失った炭鉱労働者は、生
活保障を求める労働運動・社会運動を繰り広げた。日本政府は、これに
応える形で炭鉱離職者対策として「労働力流動化政策」を実施した。し
かし、「労働力流動化政策」は、失業保険法改正、失業対策事業の打ち切

り、職業安定所における職業紹介の就労強制などを含むものであり、労働者の要求に必ずしも応えたものではなかった。このことが結果的に、生活保護受給者の増加をまねくという状況にあった。

2. 貧困問題を直視する厚生省

　次に、戦後復興期を経て貧困問題が徐々に潜在化する中、厚生省がいかにして貧困問題と向き合っていたのかをみていく。厚生省が編纂している『厚生白書』は1956年から刊行されているが、1956年版の『厚生白書—国民の生活と健康はいかに守られているか—』では「貧困といかに取り組んでいるか」、1957年版の『厚生白書—貧困と疾病の追放—』では「社会保障—貧困追放への途—」という節を設け、実態を分析している。1960年代に入っても、貧困問題を直視する姿勢は変わらず、1960年版の『厚生白書—福祉国家への途—』では、「福祉」=「人間が解放され、豊かな生活を享受することができる状態」を追求する「福祉国家」建設を前面に掲げている[14]。また、各論の生活保護制度に関する節においても、生活保護基準以下の所得水準でありながら、生活保護受給をしていない層が160万世帯に達することや労働者が低賃金で働いていることが、保護受給者に占める稼働能力者の割合を増加させていることを指摘している[15]。このように、初期の『厚生白書』では、貧困問題が広汎に存在すること、社会保障の拡充（「福祉国家」建設）を通じて、いかにして貧困問題を解決するかという記述が数多くみられ、真正面から問題解決に取り組む姿勢をみせていた。

　貧困問題に対する認識は、社会保障制度審議会も同じであった。1962年8月に出された社会保障制度審議会「社会保障制度の総合調整に関する基本方策についての答申および社会保障制度の推進に関する勧告」（「1962年勧告」）では、日本に多数のボーダーライン層が存在することを指摘したうえで、その改善策として、低所得者への社会福祉の拡充、社会保険に対する国庫負担の増額、生活保護行政の改善（生活保護水準

の引き上げなど）を内閣総理大臣に対して勧告した[16]。厚生省、社会保障制度審議会の貧困問題に関する認識は、生活保護制度の運用にも大きな影響を与えている。実際に、1960年度の生活保護監査方針の主眼事項では、「漏救の防止」が挙げられていた[17]。

3. 稼働能力者増加に対するケースワーカーおよび厚生官僚の疑問視

1960年代前半には、生活保護制度を積極的に活用する方針がとられていた。しかし、実際に生活保護行政の窓口を担っているケースワーカーとそれを監査する厚生省生活保護監査参事官室は、異なる認識を持っていた。

例えば、『生活と福祉』誌上で行われた座談会「『第17次改定』の反響（施行2ヵ月後における第一線の声）」では、「現在の被保護者は半分働く世帯で半分働けない世帯です。そうすると働く者の保護と働かない者の保護というのは当然違ってこなければならないんじゃなかろうか」（神奈川県社会福祉課・武野国彦）という意見[18]、同じく座談会「生活保護監査みてあるき（昭和36年度監査結果から）」では、「たとえば都道府県のある一部の被保護者は、働いても収入をごまかそうという外部団体の圧力があるわけです」（厚生省生活保護監査参事官室・小西川勉）という指摘[19]、同じく座談会「第一線行政は悩んでいる（生活保護の取扱いをめぐって）」では、「一つは最近非常に厳しくなった進歩的団体による保護費獲得の突き上げ、それから今一つは、これと全く逆の、一般の地域住民から、なぜあの世帯を保護するのかという納税者側からの圧力です。…中略…現在の被保護者は権利義務の意識をはっきりもつようになってきた。これは大へんけっこうだと思うが義務のほうが案外守られていないということを、最近痛切に感じるわけです」（神奈川県民生部保護課係長・奈須斌）とそれぞれの立場での「本音」が語られている[20]。

それでは、厚生官僚と現場のケースワーカーの間で、生活保護行政に

関する認識は異なっていたのであろうか。実は、『生活保護百問百答』の記述の中には、先述した厚生省の貧困問題への積極的な取り組みとは異なる側面も存在する。例えば、1960年版の『生活保護百問百答』には、生活保護制度は労働能力喪失者に対する最低生活保障が本来の機能であると書かれている[21]。また、1963年版の『生活保護百問百答』では、ケースワーカーから、「自立」のためにケースワーカーが職業紹介したにも関わらず、保護受給者が職業選択の自由を理由として、就労を「拒否」した場合、どのように対応すればいいかと問われている。それに対する回答は、憲法22条で保障される職業選択の自由は、「公共の福祉に反しない限り」と限定されていることから、上記のケースは稼働能力の活用を指導指示した上で、それに従わない場合、生活保護の停廃止を含めた対応をするようにということであった[22]。これらの記述から、厚生省社会局保護課には生活保護制度を活用することによって貧困問題の解消を前面に掲げている積極的な側面と、稼働能力者が生活保護を受給することに疑問を持っている消極的な側面があったことがわかる。

Ⅳ. 1964 〜 1967年の生活保護行政（「第二次適正化政策」の実施期）

1. 監査方針の方向転換

　1960年代前半の稼働能力者への対応は、二つの側面を持っていた。稼働能力者に対して、厳格な対応をとることを明確にしたのが、1964年度の監査方針である。はじめに、1964年に開催された全国主管課長会議の中で、厚生省社会局保護課長が生活保護制度の現況を説明し、特定の地域（産炭地域）で保護受給者が急増していること、それが一部の集団によって「濫救」を招いていることを指摘し、「適正実施」を行うよう指示した。これをもとにして、『生活と福祉』誌では、「"適正実施"に強い指示」という特集が組まれた[23]。そして、1964年度生活保護監査基本方針では、「保護の適格性の再確認」が掲げられた。その理由は、集団陳情に

よって福祉事務所の本来業務が歪められたこと、生活保護基準の増額に伴い生活保護に依存する者がいること、稼働能力のある者に対して自立助長のための生活指導が欠けていること、ごく一部であるが不正受給が存在すること、監査の結果、ケースの不適正率が 18% に達していることであった。稼働能力者を含む世帯（常用勤労世帯、不完全就労世帯、日雇世帯、自営世帯、無報酬で団体役員として活動している者）の中でも、特に無報酬で団体役員として活動している者が問題視された。福祉事務所に求められた具体的な対応は、生活保護の停廃止措置を含む生活保護法 27 条に基づく就労指示や第 28 条に基づく検診命令、就労所得が一定しない者に対する所得調査の徹底、訪問調査の徹底、自立のためのケースワークの実施などである。そして、それを個人のケースワーカーではなく、福祉事務所全体の組織として実施することが求められた[24]。

　1964 年度の監査方針は 2 ヵ年度の計画であり、1965 年度の監査方針にも基本方針は引き継がれている。1965 年度の監査方針では、「問題点の解決に重点」を前面に掲げた上で、「一部地域におけるいちじるしい濫救の実態も、漸次是正され、生保運営の適正化が、ほぼ軌道にのったといえる」と高く評価しながら、「一部民主団体による集団陳情に対する対策が十分確立されていない」、「これを重点として取り上げたのは、いまなお問題の追及が不十分であるとの認識の上にたっているからである」と 1964 年度の監査方針で示された具体的な対応をより強化し、実施することが求められた[25]。「適正化政策」は、2 ヵ年度の計画であったが、1966 年度の監査方針にも「適正な執行とあわせ自立助長の組織的推進」として、継続されることになった。「生保の適正化もほぼ軌道にのったということである。しかしながら、生保運用上の問題点が基本的に解決をみたわけではない」と「適正化政策」を継続する必要性を指摘している。その理由は、「不正受給」は極力排除できたものの、自立可能なケースに対しての処遇方針が確立していないこと、また、自立可能にも関わらず、自立可能ケースとみなされていないということであった[26]。

2.「不正受給」と対峙するケースワーカー及び厚生官僚

それでは、なぜ「不正受給」の問題に焦点が当てられたのであろうか。『生活と福祉』には、生活保護法の原理原則に基づいた「適正実施」と福祉事務所で増加する「不正受給」の狭間で苦悩するケースワーカー及び厚生官僚の「本音」が表れている。

『生活と福祉』の座談会「高度成長の裏側」で、「やはり生活保護法の中に稼働能力者がまあいっぱいいるわけですよね。…中略…ほかの救済の方法、対策の方法を考えていかないと、現業員はたまらないというのが率直な実感です」（東京都江戸川福祉事務所・白沢久一）と戸惑いを隠していない[27]。厚生省社会局保護課と生活保護監査参事官室によって行われた、座談会「全国の点数つける監査官の目」では、民主団体や「不正受給」に対して強い嫌悪感を隠していない[28]。例えば、「一部地域においては団体攻勢が激しくなりつつあることも事実で、実施機関、県本庁が想像以上に苦労しておられます。…中略…特に悪質な不正受給とか、稼働能力者の保護に依存しているような点」と生活保護行政の現状に疑問を呈している発言や、具体的に「全国一番問題のある北九州や福岡」と自治体の名前を出している発言もある。特に、稼働能力者の中でも問題とされているのが、「集団陳情」を行う団体であり、「個々の事務所に対して、保護の決定実施の過程の中で保護の適正な実施を曲げさせようとする方法をとる」と述べている。これらの「集団陳情」を行う団体に対して、福祉事務所が「適正実施」のために強い態度で臨むようにという発言が座談会の中に存在する。小見出しで、「不当な圧力に行政マンとしての姿勢を正せ」、「生保実施に甘いムードはないか」と書かれていることが、その典型である。そして、座談会では、特定の地域で「濫救」が存在するが福祉事務所の指導員の研修に問題があること、被保護者と摩擦を起こしたくないという思いから、生活保護法第27条の指導指示を十分に活用できていないことが指摘されている[29]。厚生省社会局保護課のこれらの態度は、具体的な生活保護行政を記した『生活保護手帳』にも表れて

いる。「適正化政策」の一環として、収入調査と就労調査のために、訪問調査を強化することが掲げられていたが、失業者がいる世帯や就労状態が不安定なものがいる世帯に関しては、臨時訪問を行うことになっていた[30]。

3. 1960年代の稼働能力者と今日の稼働能力者の相違

　ここまでみてきたように、1964年度以降の監査方針や生活保護行政の運用は、受給抑制の方向性を明確にした。監査方針などで想定されていた稼働能力者とは、稼働能力を持ちながら、働く機会や十分な労働条件が得られない者というよりも、むしろ特定の地域に住む者や特定の団体に所属する者が福祉事務所に圧力をかけて、生活保護を獲得している「不正受給者」であった。現在の生活保護行政の運用において、稼働能力者とは「65歳未満で医師の診断書のない者」とみなされることが多いが、1960年代の稼働能力者として想定されていた層とは全く異なっている。1960年代の「第二次適正化政策」は、一部の「不正受給者」を稼働能力者として一般化し、監査方針が決定、『生活保護手帳』が編纂され、福祉事務所がそれに基づき、「適正実施」するという形で行われていった。そして、保護の停廃止を含む稼働能力者への厳格な対応は、生活保護制度の運用に組み込まれ、徐々に強化されていった。

4. 運動団体の対応

　1960年代に、特定の団体として批判の対象とされていたのは、主に全国生活と健康を守る会、全日本自由労働組合である。全国生活と健康を守る会や全日本自由労働組合は、「失業者や低所得者・患者・障害者など、いわゆる予備軍や沈殿層とみられる階層の生活要求やそのたたかい」を担っており、「世界に例をみない困窮者の組織」として、この時期の社会保障運動を牽引していた[31]。厚生官僚やケースワーカーは、「濫救の防止」を前面に掲げていたが、運動団体はどのような取り組みをしていた

のであろうか。

　厚生官僚やケースワーカーから最も批判の対象とされていた、全日本自由労働組合が編集した『全日自労の歴史』には、「失業と貧困に反対する共闘会議」による生活保護基準の引き上げや「手当てさしひき反対」運動の取り組みは書かれているものの、生活保護受給を積極的に進める方針は書かれていない。また、1960年代の記述部分には、厚生省による生活保護引き締め政策に関する記述はみられない[32]。一方、全国生活と健康を守る会連合会『全生連運動の50年』には、「生活保護行政をめぐる人権蹂躙」の実態として、福岡県での自殺事件など、炭鉱地区において失業問題が深刻化したことが理由で生活保護受給者が増加しているにも関わらず、福祉事務所による引き締め政策が行われていることや、それに対抗する生活と健康を守る会の取り組みと成果が記述されている[33]。

　これらの運動団体は、生活保護受給のみを前面に掲げていたわけではない。全日本自由労働組合は、先述した「労働力流動化政策」の中の失業対策事業の縮小・打ち切り、失業保険法の改正などへの反対運動を中心に行っており、求めていたのは雇用保障である。全国生活と健康を守る会は、国民健康保険、国民年金、就学援助の改善に向けた取り組み、住民税の自主申告運動など、低所得者の生活と健康を守るための運動を広範に繰り広げていた。しかし、雇用保障や他の社会保障制度が十分に機能していない状況では、運動団体の構成員にとって、生活保護受給の可否は「生きるための死活問題」であり、結果的に運動が生活保護受給へと向かっていったのも事実である。「第二次適正化政策」を分析する際、保護受給者が置かれていた状況も踏まえなくてはならない。

V. 生活保護制度と一般扶助主義
1. 1958年から2017年までの稼働世帯数の推移

　それでは、「適正化政策」と連動して、稼働世帯数はどのように変化していったのであろうか。本節では、生活保護の受給状況の中でも、特に

稼働世帯数の推移を分析する（表1）。国立社会保障・人口問題研究所の最新版のデータを利用している。

2017年度時点の稼働世帯数の構成比は15.8%であり、1958年度時点の58.4%と比べると、4分の1程度に減少している。その中でも急激に減少しているのが、1960年代である。より詳細をみると、1960〜1970年代では、稼働世帯数は33万3744世帯から22万130世帯に減少し、構成比は55.2%から33.6%へと21.6%も減少している。元々の母数が異なるため単純に比較することはできないが、10年間で約20.0%も減少していることはこの時期を除いては他にない。また、1960年代の10年間を5年ずつに分けてみると、1960〜1965年では、55.2%から47.4%へと7.8%の減少にとどまっているのに対して、1965〜1970年では、47.4%から33.6%へと13.8%も減少している。

稼働世帯の中でも、世帯主が働いている世帯では、常用雇用数に大きな変化はみられない。1958年から1970年の間で減少しているのは、日雇労働、内職、その他である。1960年代は、稼働世帯が減少していることが特徴であるが、この要因が「高度経済成長による労働条件の改善」であるならば、常用雇用が最も減少すると考えられる。しかし、実際に減少しているのは、日雇労働である。先行研究で取り上げた副田や京極の指摘を論証するのはより緻密な分析が必要であるが、本稿で確認したいのは生活保護行政の運用が明確に変化し、稼働世帯数が減少することによって生活保護制度が稼働能力者の利用しづらいものになっていったという事実である。

2. 生活保護行政の運用厳格化の後押し

これまでは稼働能力者に対する生活保護行政の運用方針を中心にみてきたが、運用厳格化を後押しする要因は行政以外にもある。それは不正受給批判である。1960年代も地域住民からの不正受給批判に苦しんでいるケースワーカーの姿が紹介されているが、これは生活保護法制定過程

表1　世帯業態別被保護世帯数の推移

単位：世帯，%

年	総数	実数								構成比		
		稼働世帯							非稼働世帯	総数	稼動世帯	非稼働世帯
		総数	世帯主が働いている世帯					世帯員が働いている世帯	働いている者のいない世帯			
			総数	常用	日雇	内職	その他					
1958年	585,014	341,684	250,948	34,057	81,644	45,416	89,831	90,736	243,330	100.0	58.4	41.6
1960年	604,752	333,744	236,713	32,171	81,477	37,063	86,002	97,031	271,008	100.0	55.2	44.8
1965年	639,164	302,707	213,004	36,547	71,546	25,804	79,108	89,703	336,457	100.0	47.4	52.6
1970年	654,550	220,130	151,021	33,709	42,506	19,131	55,675	69,109	434,420	100.0	33.6	66.4
1975年	704,785	160,767	109,542	29,936	27,637	15,230	36,740	51,226	544,017	100.0	22.8	77.2
1980年	744,724	161,217	113,254	43,476	25,768	14,459	29,552	47,962	583,509	100.0	21.6	78.4
1985年	778,797	166,190	122,909	62,486	21,761	14,168	24,494	43,281	612,607	100.0	21.3	78.7
1990年	622,235	116,970	90,200	51,065	13,144	10,226	15,765	26,769	505,266	100.0	18.8	81.2
1995年	600,980	81,604	63,705	37,546	8,788	7,076	10,294	17,899	519,376	100.0	13.6	86.4
2000年	750,181	89,660	71,151	45,552	9,318	6,360	9,921	18,509	660,522	100.0	12.0	88.0
2005年	1,039,570	130,544	105,505	71,493	15,302	6,526	12,184	25,039	909,026	100.0	12.6	87.4
2010年	1,405,281	186,748	152,427	106,684	22,996	7,553	15,194	34,321	1,218,533	100.0	13.3	86.7
2015年	1,621,356	259,104	218,529	160,503	28,459	9,661	19,906	40,575	1,362,252	100.0	16.0	84.0
2017年	1,632,548	257,152	218,386	164,757	24,964	9,146	19,519	38,766	1,375,396	100.0	15.8	84.2

出典：国立社会保障・人口問題研究所「『生活保護』に関する公的統計データ一覧」より筆者作成。
資料）厚生労働省大臣官房統計情報部『社会福祉行政業務報告（福祉行政報告例）』
注1）1カ月平均である。
注2）保護停止中の世帯を含まない。

においても同様の傾向があったし、現在も同様である。客観的な数字を
みれば、生活保護受給者のうち不正受給はわずかである。しかし、法律
や制度運営上で定義される不正受給以外の行動についても、地域住民か
らは「不正受給ではないか」という批判の声があげられている。「適正化
政策」に限らず、この世論の後押しが生活保護行政運用の厳格化を後押
ししているという事実は無視できない。多くの場合は生活保護制度に対
する誤認が原因であるが、正しい知識を持っている人々の中にも批判的
な声は存在する。劣等処遇思想をいかに克服するのか、その方法を提案
していくことが必要である。

　また、本稿の課題との関連でいえば、生活保護制度に関しては「働け
るのに生活保護制度を受給するのはおかしい」というものがある。生活
保護法制定時や1960年代には失業対策事業が実施されていたが、それ
がまた「失業対策事業があるのになぜ生活保護制度を受給するのか」と
いう批判を招いていた。今日も低所得者対策として、就労支援と現金給
付を一体化した制度が運用されている。これらの制度が低所得者の自立
を促進しているという面は否定できないが、生活保護制度に対する厳し
い態度を生み出すというジレンマを抱えている。ジレンマといえば、制
度改正に反対する社会運動団体にも同様のことがいえる。社会運動が広
がりをみせると、その運動に対する批判を利用して制度運用の厳格化を
図っている。その事実は前述したとおりであるし、生活保護法成立過程
でも同様であった。

3. 社会保障水準引き下げの要因

　筆者が生活保護制度と一般扶助主義というテーマにこだわっているの
は、本来であれば制度を利用できる人が不当な理由で排除されているの
は許されないという思いからである。さらに、生活保護制度を利用でき
るのに利用しない人（つまり、生活保護基準以下で暮らす人）の存在は
社会保障水準引き下げの要因にもなるからである。

2010 年以降に生活扶助基準額が引き下げられている。厚生労働省の社会保障審議会生活保護基準部会では生活扶助基準に関する議論がされているが、引き下げという決定がされる根拠は「一般低所得世帯との均衡」である。「均衡」が引き下げを意味するものではないが、生活保護基準以下で暮らす人々が存在するということは、相対的に生活保護受給者の生活水準が高くなる。生活保護制度は最低生活保障だから、「均衡」を図ることによって引き下げられるという結論になる。生活保護基準が引き下げられれば、制度を受給できる人が減少する。同時に、以前までの基準であれば利用できた人々や基準ギリギリのボーダーライン層を増加させる。ボーダーライン層の増加は生活保護受給者に対して厳しい目を向けさせることになり、「一般低所得世帯との均衡」がより厳密に運用されることになる。

　生活保護基準の引き下げは、制度受給者やボーダーライン層の生活に影響するだけではない。生活保護基準は、就学援助制度、生活福祉資金貸付制度、社会保険の保険料や利用料の減免、住民税の非課税限度額などに利用されている。生活保護基準引き下げは、結果的に社会保障水準を低下させることになる。また、最低賃金制度も生計費原則として、生活保護制度との整合性を配慮することになっている[34]。

　全ての人々の生活保障を実現していくためにも、「生活保護制度の一般扶助主義が徹底されているのか」は重要な論点なのである。

VI. おわりに

　ここまで、生活保護制度の一般扶助主義から制限扶助主義への転換過程を 1960 年代の生活保護行政に着目し、雑誌『生活と福祉』を中心としながら分析してきた。本稿が明らかにしたのは以下の 4 点である。

　第 1 に、1960 年代前半は貧困問題を解決するために生活保護制度を積極的に活用する方針と稼働能力者の増加への疑問視が併存していたことである。この時点では、生活保護制度の運用方針は明確にされていな

かった。第2に、1964年度の監査方針によって稼働能力者に対しての厳格な対応が明確にされたことである。この厳格な対応の背景には生活保護行政の最前線に立つケースワーカーとそれを監査指導する厚生官僚が、稼働能力者に対して生活保護を支給することへの疑問視と強い嫌悪感があった。第3に、稼働能力者とみなされていたのは特定の地域、特定の団体に所属し、福祉事務所に押し掛け、生活保護受給を要求する「不正受給者」であったということである。第4に、「不正受給者」を稼働能力者として一般化し、これに「適正実施」（保護の停廃止を含む指導指示）することを通じて、生活保護制度が一般扶助主義を徹底することが困難になっていった。ただし、4点目については、当時の実態を踏まえた分析が今後は必要であるし、『生活と福祉』を中心に分析すれば、上記のような結論を得られるが、他の分析方法（アプローチ）を用いれば、他の結論が得られるかもしれない。この点は今後の課題であるし、『生活と福祉』を中心に分析した本研究の限界である。

　これらは元原稿執筆時点で出した結論である。今回は主にはじめに、Ⅰの1、Ⅴを加筆した。筆者はこの10年間で生活保護法制定過程や2000年以降の生活保護行政を分析してきた。戦後の生活保護制度の一定部分を分析してきたことになるが、稼働能力者に対しての厳格な対応は一貫している。それはつまり「一般扶助主義を徹底することがいかに難しいか」ということである。救貧制度から公的扶助制度への発展、公的扶助制度としての生活保護法など、現在では不十分な面もあるが制度面では着実に発展を遂げてきた。しかし、現実には厳格な対応が残っている。それは制度運用に携わる厚生官僚やケースワーカーの問題なのか、厳格な対応を後押しする地域住民の問題なのか、もしくは制度受給者の問題なのであろうか。最低生活保障を実現するという公的扶助制度の制度特性ということも考えられる。いずれにしても、一般扶助主義としての生活保護制度が徹底されない限り、社会保障水準が引き上げられることはない。むしろ、引き下げられる一方である。社会保障全体の課題もそう

であるが、生活保護制度における稼働能力者の位置づけはまだまだ改善の余地がある。一般扶助主義としての生活保護制度を実現するための具体的な方法を今後も研究課題としたい。

【編集委員注】

　本稿は「生活保護制度の制限扶助主義への転換と『第二次適正化政策』～1960年代の『生活と福祉』の分析を通じて～」(『福祉図書文献研究』第10号、2011年)を加筆・修正したものである。

注

1) しかし、両制度ともに最低生活保障機能を持っていないことが課題としてあげられる。村田隆史「失業がもたらす貧困と社会保障制度の果たす役割」公益財団法人日本医療総合研究所『国民医療(No.337)』2018年、46～54ページ。
2) 生活保護法成立過程については、村田隆史『生活保護法成立過程の研究』自治体研究社、2018年を参照のこと。
3) 上記の記述は村田隆史「第10章　生活保護と生活困窮者支援制度」芝田英昭・鶴田禎人・村田隆史編『新版　基礎から学ぶ社会保障』自治体研究社、2019年、184～185ページを要約したものである。
4) 杉村宏「昭和35年以降の保護行政の変遷―特にいわゆる『稼働能力者』の『処遇』に関連して」日本社会事業大学社会事業研究所『日本社会事業大学社会事業研究所年報(第7号)』1968年、28～47ページ。
5) 白澤久一「1960年代生活保護行政の稼働能力者対策―『生活保護実施要領20年の歩み』によせて―」鉄道弘済会弘済会館『社会福祉研究(第7号)』1970年、64～70ページ。
6) 大友信勝「生活保護制度改革に問われるもの」竹下義樹、大友信勝、布川日佐史、吉永純『生活保護「改革」の焦点は何か』あけび書房、2004年、14～16ページ。
7) 岡部卓「生活保護制度の展開と変容」社会事業史学会『社会事業史研究(第30号)』2002年、66～75ページ。
8) 後藤道夫「第2章　最低生活保障と労働市場」竹内章郎、中西新太郎、後藤道夫、小池直人、吉崎祥司『平等主義が福祉をすくう―脱〈自己責任＝格差社会〉の理論』青木書店、2005年77～96ページ、同「現代のワーキング・プア―労

働市場の構造転換と最低限生活保障」後藤道夫他編『ポリティーク（第10号）』旬報社、2006年、28 〜 33ページ、同「ワーキングプア急増の背景と日本社会の課題」社会政策学会編『社会政策（第1巻4号）』ミネルヴァ書房、2010年、24 〜 26ページ。

9) 副田義也『生活保護制度の社会史』東京大学出版会、1995年、200 〜 210ページ。

10) 京極高宣『生活保護改革と地方分権化』ミネルヴァ書房、2008年、32 〜 42ページ。

11) 灘尾弘吉「創刊のことば」社会福祉調査会『生活と福祉（No.1）』1956年、1ページ。

12) 小川政亮『権利としての社会保障』勁草書房、1964年、286ページ。

13) 政策は、多様な主体の動向によって決定されるため、本来であれば、広汎な分析が必要である。厚生官僚およびケースワーカーの発言を中心に政策分析をおこなうことは、分析としての限界があることも事実である。しかし、生活保護行政は「通知・通達行政」といわれるように、政策決定がオープンにされることなく、厚生官僚の与える影響が大きいという事実を踏まえると、一定の意義があると考えている。

14) 厚生省大臣官房企画室編『厚生白書―福祉国家への途―（昭和35年版）』1960年、3 〜 11ページ。

15) 同上書、53 〜 57ページ。

16) 社会保障研究所編『戦後の社会保障（資料）』至誠堂、1968年、249 〜 266ページ。

17) 厚生省社会局保護課編『生活保護三十年史』社会福祉調査会、1981年、388ページ、大友信勝『公的扶助の展開―公的扶助研究運動と生活保護行政の歩み』旬報社、2000年、440ページ。

18) 全国社会福祉協議会『生活と福祉（No.64）』1961年、7ページ。

19) 全国社会福祉協議会『生活と福祉（No.75）』1962年、8 〜 9ページ。

20) 全国社会福祉協議会『生活と福祉（No.84）』1963年、4 〜 5ページ。

21) 厚生省社会局保護課監修『生活保護の諸問題〔生活保護百問百答第13集〕』全国社会福祉協議会、1960年、210ページ。

22 （厚生省社会局保護課監修『生活保護法の運用〔生活保護百問百答第16集〕』全国社会福祉協議会、1963年、124 〜 125ページ、190 〜 201ページ。

23) 全国社会福祉協議会『生活と福祉（No.96）』1964年、20ページ。

24) 全国社会福祉協議会『生活と福祉（No.97）』1964年、10 〜 16ページ。

25) 全国社会福祉協議会『生活と福祉（No.108）』1965年、20 〜 28ページ。

26) 全国社会福祉協議会『生活と福祉（No.121）』1966年、12 〜 17ページ。

27) 全国社会福祉協議会『生活と福祉（No.94）』1964年、6 〜 13ページ。

28) この座談会は参加者の名前が明記されているものの、発言に関してはアルファベットで誰の発言かわからないようになっている。他の座談会にはみられないことである。その理由は、座談会での発言の内容が関係している可能性がある。

29) 全国社会福祉協議会『生活と福祉（No.98）』1964年、4 〜 12ページ。

30) 厚生省社会局保護課監修『生活保護手帳（1964年版）』全国社会福祉協議会、1964年、154 〜 156ページ。

31) 社会保障運動史編集委員会編『社会保障運動全史』労働旬報社、1982年、70ページ、92 〜 94ページ。

32) 全日本自由労働組合編『全日自労の歴史』労働旬報社、1977年、172 〜 175ページ。

33) 全国生活と健康を守る会連合会『全生連運動の50年』2004年、42 〜 51ページ。1960年代に運動団体がどのような取り組みを行っていたかを具体的に分析するためには、全日本自由労働組合の機関紙『じかたび』、全国生活と健康を守る会連合会の機関紙『生活と健康を守る新聞』の分析を行うことが必要である。

34) 村田「第10章　生活保護と生活困窮者支援制度」前掲書、192 〜 193ページ。

論文
セレクション
5

再説　出発点としてのアリストテレス

村上　　　学（東京理科大学）

　社会福祉を考察する時、繰り返しアリストテレスに立ち還るべきであることを二本の論考で示した[1]。今回機会を得たので、再度その点を確認し、加えて関連する現在の議論を検討することで上記主張を補強してみたい。

Ⅰ. 何の出発点か

　周知のようにアリストテレスはスコラ哲学の伝統において The Philosopher「哲学者の中の哲学者」と呼ばれ、現代の学問体系においてもその礎となっている。すべての学問を辿っていけば結局アリストテレスに行き着くではないか。そのように見る向きはあるのかもしれない。しかし、ことはそれほど簡単ではない。

　とりわけ「科学」の世界ではアリストテレスは教科書の中の「すでに乗り越えられた」時代遅れの論でしかないとみなされている。17世紀から18世紀に「（近代）自然科学」がアリストテレスの「自然学」を否定し乗り越え（「パラダイムチェンジ」）現在に至る、と。当然、近代科学の黎明期に引き続いて出てくる「社会科学」がそうした「科学観」に乗って自己規定したとしてもそこに不思議はない[2]。

　拙稿は、結果的にではあるが、こうした「時代遅れの」哲学者の社会科学における復権を主張したことになる。アリストテレスが「出発点」であることは自明ではないのである。

　では、何の、どのような出発点なのであろうか。この問いを再び論じるにあたり、まず最初に二本の拙稿要旨を振り返る。その上で、現在から見て何がそこから考え始められるのかを論じることにしよう。

Ⅱ. 家庭を社会福祉の対象とする

　「家庭福祉と文献」と題された論文では、いかなる意味であれ「家庭」と呼ばれる人間集団が形成され、そこに働きかける福祉活動を論じる場合、「共通の善さ」を研究者が言葉にすることが必要であると結論された[3]。その理路は少しナイーブであり、現在の地点（2021 年）から眺めれば、拙論で予見された不安のいくつかは悪い方に当たってしまったと言えるのかもしれない。

　拙論の前半の議論は以下のようであった。（当時）「家庭」とか「家族」の概念自体が不安定であり「幸福は家族なしにもありうる」という言説に一定の説得力がある。だとすれば、（当時新進の分野であった）「家庭福祉」が学問として成立するためには、まずは「家庭」とか「家族」がいかなるものか、それはどのような意味で必然的に「在る」のかを語るような家庭論・家族論を含まなくてはならない、と。

　すでにこの議論自体が「アリストテレス的」である。すなわち、学問分野の「特定」や成立が学問（知識）の「対象」（アリストテレス的な表現で言えば「目的」）に依拠しているからである。そして現在、「家庭福祉」という、社会福祉の中での一つのブランチになるはずだった領域は子どもの福祉や地域を対象とした福祉へと還元されてしまった感がある。拙論の筋に従えば、それだけ我々は家族とか家庭を一つの形ある何かとして捉えきれずにいる。これが拙論で示した「不安」の一つであった[4]。

　現在においても家庭を、ある人々は（歴史的）偶然の中の、あるいはある種の「機能（function）」を果たすだけの人間的集合としてしか扱えていない[5]。そして、性別役割を増長し、虐待やドメスティックバイオレンスを外部から隠蔽してしまうといった「機能」を有してしまう点も問題である。少数の「極端な」事例を社会科学的に統計的数字の「外れ値」のように見なすことが社会福祉学にはできない以上、この隠蔽作用を見逃すことはできない[6]。こうした事例を真摯に受け止めれば受け止めるほど「人はまずは家庭の中で生活すべきである」とは単純に主張できな

いことを社会福祉は知っている。「家庭」を無条件に存在する対象として扱うことは、ある特定の「家庭像」の固定化に加担してしまうことを恐れるのである。

だが、他方、やはり個人の生活において家族の重要性は動きそうもない。先に挙げた事例も見方によっては家庭が人間の生活から切り離せないからこそ起きている、とも言えるからである。この点も重要な事実認識であろう。こうした否定と肯定とが混じり合う微妙な問題を社会福祉学は引き受けてきたし、今後も引き受けていかなくてはならない。拙論の後半はアリストテレス『政治学』のテキストを手がかりに家庭に関する「知」の可能性を探っている。その鍵の一つが「サービス (service < servus)」概念であった [7]。

そして、そのサービスが真性の意味を持って家庭において力を発揮するのに必要とされるのが「善さ」の概念である。すなわち、対象が子どもであろうと老人であろうと、あるいは性別を問わずそのメンバーにおいて、家庭の善さを希求し実現する活動の中で「それはそれとして形を持つ」＝存在することになる。「善い家」は、それぞれの地域の気候、土地柄、材料、そしてそこに住む人の文化・伝統を背景とした (生活) 様式など、様々な要素の中で多様な仕方で「在る（建っている）」。これと類比的に、ダイナミックな活動の中であっても「善い家庭」を語る可能性をアリストテレスの「目的論」は担保していたはずである [8]。反対に、何か「家庭」なるものが静的に規範（イデア）として定められ、そこから照らし合わされて「よい家庭（／悪い家庭）」が判定されるわけではない。アリストテレスがそうした意味での「イデア」を歴史上誰よりも早く否定したことが思い出されて良い。

だからこそ、と論じたつもりであった。「家庭福祉」を対象とする研究が、そしてその名を冠した活動が可能になるためには、アリストテレスに倣って家庭（あるいは共同体）における「共通の善さ」を探求し、繰り返し家庭が「ある」ことを示し続ける必要があるのだ、と [9]。その「共通

の善さ」を求める活動によってこそ、真の意味で家庭の善し悪しを語ることができるのであり、それでこそ家庭への「ケア」もその内実を的確に定められるだろう。我々は現在も家族とか家庭の、人にとっての重要性を認めている。他方、制度においてその扱いはますます困難な問題を抱えてきているように見える。社会福祉の活動の本体であるところの「ケア」自体が、家庭と呼ばれる何ものかにおいても同様に最も重要な「機能」の一つである点を鑑みても、社会福祉研究から家庭の善さについてアプローチすることには重要な意義があるだろうと予感させたのであった。

　かくして、順序が違うのだと「出発点」は教えてくれる。「家庭」なるものが規範としてあり、それを考究するのが家庭福祉学なのではない。むしろ、血縁であるのか、あるいは「共に住む」「衣食住を共にする」という何かある性質を持った「場の共有」なのか、いずれにしてもそこにいる人たちの共通の善さが先に探究され、それによって家庭とはどのようなものかを語ることができる。さらには、「家庭」と呼ばれる制度に人々が縛られ「不孝な生」を送っているのを、まさに「福祉に反する」のだと非難し「否」と明確に否定できる力を持つことになるだろう。

　もし以上の見立てに一定の理があるのであれば、それはその出発点をアリストテレスに置くからに他ならない。

　では、以上の対象と学の関係や探究の方法は家庭福祉にのみ当てはまるのだろうか。そもそも『政治学』は、直訳すれば「ポリス（国家）について」の学（知識）である。そこでの探究は社会福祉学全般においても何らかの意味で出発点なのではないか。これが次の拙論『福祉国家と哲学』（以下「続・出発点」と表記）の基本線であった。

Ⅲ. 「出発点」は何を問題としたか

　「続・出発点」での議論を振り返っておく。

[1]『政治学』の冒頭の箇所「およそ国家というものは共同体の一種である」を引用し、国家が幸福を目的とした人間の集団「共同体」であることを確認する。ただし、ここでの「国家」は、その国政の特定以前の観念であることから、「それぞれの国民（市民）に合った国制が何であるか」自体はむしろ問われるべき問題であり、かつそれは「最高の善（＝幸福）」あるいは「現実に考えうる最善」の実現を目指して選択される。

[2]『政治学』で「人間は自然によってポリス（国家）的動物である」と述べる時、アリストテレスはその「ポリス（国家）」を「生存」と「善き生」、二つの目的の相において論じている。そしてそのことと類比的に、社会福祉の活動が「生活保障」と「ウェル・ビーイング」の二つの側面で捉えられる。

[2-1]前者を拙論では「必要を満たす生」と呼んだ。『政治学』では「自然によって」人間が「生存のため」「自足のため」にある規模を持った集団（国家）となると語られているからである。

[2-2]後者を拙論では「善き生」と呼び「ウェル・ビーイング」とほぼ同義として扱っている。すなわち、アリストテレスは「善く生きるため」に集団（国家）となる人間のあり方を捉えて「国家的（ポリス的）動物」との規定を人間に適用している。そしてその場合、その成員がどのような善を「共通の善」とするかによって、その国家（共同体）の性格が違ってくる点に注意を向けた。

[3]『政治学』では国家の性格としての「正義」という概念によって、個人にとっての「善き生」が、国家（共同体）における共通の善と結びつくことがプラスに評価される（市民の「徳（アレテー）」）。

[4]アリストテレスの論述に即すと、国家の二つの側面の実現のためにその「規模」が問題になる。『政治学』においてそれは先の二つの側面（2-1）（2-2）のどちらにとっても同様の結論が得られる。

[5]「共同体」が共通の善さを目指す以上、その成員（市民）には「徳」が

備わっていなければならない、あるいは徳が備わるようにはどのように
うにしたら良いのか探求する「倫理学」が必要であることが簡単な
例と共に確認される。

[6] 最後に探求の方法についても言及しつつ、初発の問いについて、ア
リストテレスの『政治学』(及び関連する著作) が社会福祉学におけ
る学的探究の文献でもあると結論することになる [10]。

いくつかコメントしておこう。

[1] と [2] について、我々の社会 (共同体) に共通の善があることの想
定がむしろ政体のダイナミックな考察・選択可能性を開いている点。そ
して人間の自然を根拠として社会福祉の活動の二つの相が導出される
点。この二つは現在の地点においても強調したい重要な論点である。ま
た、[4] の地理的「範囲」の問題は、特に現代においてその実現性や議論
の射程が見えにくいかもしれない。だが、他方、拙論では「社会福祉の実
現」という側面から考えるなら「小さな共同体」論は再考の余地があるこ
とを指摘している。すなわち、アリストテレスの『政治学』が当時の「地
方分権」の流れの理論的な裏付けになるのではないかという見通しを論
じていた。これは、ナショナリズムへの対応など、引き続き現代的課題
なのだと考える。

以上の論点に比して [3] の論点は、国家や共同体、あるいは社会の求
める道徳と、個人や家族、特定の団体の倫理の関係を問う重要な論点で
はあるが、残念ながら拙論ではその註 6) や註 18) で『政治学』第 3 巻、
第 7 巻の箇所を引いて証左としたのみで、問題の大きさに比して十分に
議論されているとは言えない。これは [5] についても同様である。2004
年当時はまだ日本に紹介され始めたばかりの「徳倫理学」との関連性も
判然としないばかりでなく、社会福祉に関わる人々 (援助者、被援助者
の両者) を「市民」として扱うという点についてもその問題の射程が過小
に評価されている。

全体としてこの「続・出発点」は現時点から眺めて、いくつかの論点にさらなる展開が求められる。そして特に上記 [3] ～ [6] の項目は課題としてもかなり大きなものであるが、拙論内での扱いはあくまでも見通しに過ぎない。なるほど、社会福祉学と哲学の「距離」や重なりを問題とし、(当時)「福祉においても実践を舵取りする理論や規範が揺れている」(同 p.54) との状況認識は正確だったかもしれない。しかし、結局はアリストテレスの方法論に学ぶべきことが多いこと。そして「人は自然によってポリス (国家) 的動物である」という規定の分析を、その学ぶべき「方法論 (methodos)」の一例としか扱っていない。たとえば「人の在り方・生き方における「自然」が、「善き生」であるという視点が福祉学においても重要な存在論たり得る」(同 p.61) と語る時、その意味内容が必ずしも明確では無かったのではないだろうか。

　この機会に、まずこの点を再び論じることにしよう。

Ⅳ.「自然によって」

　以下、アリストテレスの論考が「社会福祉学の議論にとっても」繰り返し参照されるべきアルケー (始原) であるとの主張を補強したい。取り上げるのは「人間は自然によってポリス的動物である」という『政治学』(1253a2-3, 1278b19) での命題である。

　「自然 (nature)」という概念で何を問題とし、何を指し示しているのかについては常に曖昧であり、その都度明確にする必要がある。そのことはアリストテレスの場合に限らず、社会福祉学においても変わりがない。たとえ「自然」あるいは「本性 (ほんせい／ nature)」という用語を直接使用しなくても、「生まれながら」とか「本能 (的)」、あるいは「傾向がある」といった場合も、同様の問題を抱える。

　アリストテレスの言う「自然 (ピュシス)」は、まず第一に「自然学」の対象である。そうであるから彼の『自然学』における「自然」の規定を確認しておこう [11]。

『自然学』で「自然」概念を分析するとき、日常的に「自然によって（physei）」という（与格）表現の用法分析から始める点は重要である。一つは目下我々が問題にしているのも「自然によって）」という表現が含まれる文であるからである。もう一点は社会福祉研究でも「現場」とか「日常」の感覚を重要視する点で、考察の方法に類似性を見出すことができるからである。

　さて、アリストテレスの言う「自然によって」の「自然」とは、「事物に付帯的にでなく、直接的にそれ自体として内属している運動変化と静止の原理であり、原因である」とされる。そして、そうした自然を「持つ」のは全て「基本存在（実体）」であるとする。また、アリストテレスはこうした「自然」を「本質」をなすものとする人たちを紹介している。その説明によれば、この場合の「本質」とは、それが「何であるか」を語るところのものである。

　さらにもう一点。アリストテレスは同じ箇所で「自然とは、自らのうちに運動の原理（始原）を持つものの形態であり形相であるということなろう」と述べつつ、続けて「なお、素材と形相との両方から成るもの、たとえば人間は、自然そのものではなく、自然によってあるものである（193b）」（傍点筆者）と注釈をつけている。

　以上のことから問題の「人間は自然によってポリス的動物である」の「ポリス的動物」とは、人間のいわゆる「本質規定」であると解される。人が生き、存在することと「共同体」を組織しその中で生きることとは不可分なこと、日本語でいうところでも「人間の自然」なのである。念を押すことになるが、アリストテレスにとってこの点は、人が「生物」としてどのようであるかということと同じである。事実、『政治学』では、人間の「ポリス性」がミツバチのそれと比較される。さらにここには「善き生」を目指して生き「共通の善」を皆で求めることが含まれる。「ポリス的動物」とはそういうことだからである。

　かくして「ポリス的動物である」という言明は「人とは如何なる存在

者であるか」の一つの答え（「本質」）であり、「それ以外ではあり得ない」。ギリシア語テキストにおいてもこの点は正確に表現されている。アリストテレスは何らかの原因によって、あるいは状況の中でポリス的動物に「なる」とは語らない。人はポリス的動物で「ある (estin)」のだ。

　また、「自然によって」とは「生まれながらにして」、さらに言えば生まれる前からということでもある。人が共同体の一員であるのに、能力その他「資格」や「条件」は問題とならない。人であるそのことだけで一員なのである[12]。

　他方、人のあり方や倫理・道徳、そして政治について、自然科学の知見も参照するという、現代においても至極真っ当な方法論を採用してもいる。対照的な、自然科学とその他の学（宗教や哲学など）を分離させた上で、確実性や実証性を盾に世界把握を物理的・機械的因果性に還元しようとする物理主義・科学主義的な思考でも、逆に先に見た宗教的ドグマによって自然科学による説明を歪めるような態度でもない。人が「生きる」という場合、たとえば栄養摂取という生物学的・医学的な側面がある一方で、美味しく食べるという喜びが備わっている点を見逃さない、ということである。しかもその美味しさが、複数の人たちと食卓を共にすることで増幅されることが、単なる偶然でもなく「人間の自然」として、もう一歩踏み込んで（ポリスにおける）「善き生」なのだ、と述べることになるのである。

　日本語においても「自然な」という副詞は、一方では単に物理的現象や生物学的な動植物の変化・活動を形容するが、他方、ある種の「規範性」を持って何らかの「善さ」を表現する。社会福祉の諸活動がケアによって実現したい人々の生活は「自然な」それなのだと言うべきであろう。

V. 目的論の選択と「共同体」概念の導入

　アリストテレスにおける人間存在の規定「ポリス的動物」の原因が「自然によって」と表現される時、それが受け入れ難い理論に見える観点が

もう一つ残っている。それは、先に見たように、アリストテレスにとってのポリスは「共同体」として、その成員が「共通の善」を目指す場である、という点である。

「共通の善」に関わるアリストテレスとの齟齬は、単に目的論をとるかどうかではない。また、理念（イデア）に対して現実主義をとるかどうかでもないことも明らかである。そうではなくて、ここに横たわる溝は「個人の善」をある種の出発点（「自然」）とするかどうかにある。

すなわち、現代の社会が採用している理論のうち、特に功利主義や契約論とその系譜（リベラリズム）においての「個人の善」は、多様でかつある種の不可侵、他者の善を侵害しない限りそれを実現しようとする「自由」が認められる（「他者危害の原則」）と主張される。功利主義にしても個人の快苦、あるいは便益（善）は「尺度」であり、確かに「多数」とならない限りその便益は実現されないかもしれないが、「共通」ではない。個人の善が「先行する」ことは動かないだろう。

これに対して、アリストテレスの場合は、個人の「倫理」を考える場合もそれは「政治の知識」であると指摘する[13]。ポリスにおける「共通の善」と、各個人の行為において目指される善とは明らかに相関性があり連動すらしている。この違いはどこにあるのだろうか。それは「善の実在」という哲学・倫理学において現在も論争の的の一つである問題なのだと思われる。

かなり乱暴な思想史を続ければ、神の否定や科学主義の隆盛の一つの特徴は善（価値）の実在性への疑いである。そしてその疑いの中で「目的論」は矮小化していく。というのも、「目的」はその文法からして「善に向けて、そこを目指して関連する事柄をそれへと秩序づける」ということである[14]。信仰や「自然本性論」の否定によって、（それがいかなる範囲であれ）「共通の善さ」なるものも不信の闇の中へと迷い込むことになる。共通の善さが再び表立って語られるようになるためにはそれなりの時間と労力が必要であったのだが、それはまた別の話になる。

社会科学が、たとえばオーギュスト・コント（1798-1857）以来の社会学に見るように、「実証主義」を掲げるとき、自然本性や人間本性は趣を全く逆にする。社会において統計的に現れた傾向がある種の「自然本性」としてみなされる。すなわち、慣習や生物学的・心理学的傾向からなる「傾向」、それが現れる「社会が」価値を作り出す、あるいは「決める」のである。つまり、「実証的」思考は、暗黙のうちに「社会が道徳をつくる」ことを前提とし、そのように世界を見るようになる[15]。これが典型的な価値（善）の「非実在論」である。社会福祉学が、自分たちの仕事を「政策論」「制度論」に定位しながら、「社会の仕組み（道徳）が決まれば、人々はそれに従って（道徳的に）行動する」だろうと想定しているとすれば、こうした価値の非実在論の流れの中にあると、とりあえずはまとめることができる。

　だが、果たして、社会福祉の諸活動はこのような価値把握の下で、正当に評価できるのだろうか。

　アリストテレスと対決することによって問題となるのは、こうした倫理・道徳の「非実在論」に対して、それがどのような仕方であれ、この世界の「中」に価値はすでに存在し、かつそれ故我々の生（存在）とは切り離せない、そのような「善」の概念把握（「実在論」）が可能か、ということである。そして、明らかにアリストテレスは「目的論」をとっており、価値の実在論の立場に立つ。ポリスが共同体として把握され、そこが人が善く生き、共通の善を実現する場だとするならば、目指される善は「それ自体として目指される」[16]、人間の「何であるか」にかかわる善でなければならない。こうしたことが「自然によって」人の本質として語られるわけだが、その自然は「事物から離れて独立的に存するものではない」[17]のである。

　拙論「続・出発点」では議論の前提として、社会福祉の諸活動がそれぞれの人々の幸福を「目指す」と考えていた。そうであれば、社会福祉が自らの活動の目的である「幸福」が何であるかの探究「から」、場合によっ

ては社会科学の一部が前提とする世界観に対して肯定、または異議申し立てをすることになるかもしれない。

　一般的には近現代の自然科学は価値を問題としない[18]。物理法則と因果法則に支配される機械論的な「自然」の概念の下では、価値は人間における申し合わせや「生存のための都合」の別名や「反応」に還元されれる言語上の出来事に過ぎない。繰り返しになるが、多くの社会科学がこの「世界＝自然観」の影響下にある。社会福祉もまた、その影響から免れてはいない。

　ところで、社会福祉が、たとえばケアの活動を「愛によって」基礎づけようとした時、上記の事情がそのまま類比的に当て嵌まることがわかるであろう。宗教的な「信」が欠けたところで語られる「愛」は、「生物学的生存の利便」において「社会」が必要とする習慣・性向に還元されるか、人間存在に特有な「道徳感情」として「共感」や「好悪」と並んで「自然に」備わった性質・あり方として扱われるか、理論的な選択を迫られることになる。

　このように、アリストテレスと対決するとき、社会福祉学は理論的な選択を迫られる。社会科学のおいて「共同体」と対比された「社会」は、（それが如何なる意味であれ）「自由な個人」がそれぞれの善を追求していく、そのような人間の集団として措定される。これに対して「共同体」は、（それが如何なる意味であれ）「共通の善」が理論的には先行し、そこから個人の善さの全て、または一部が測られる。社会福祉学がその名の冠に抱く「社会」とはいずれの意味なのだろうか。あるいは、それらの「中間」形態とでも呼ぶものなのや、そのどちらでもないような第3のタイプだろうか。

　社会福祉学にとって、この問いが繰り返し問われなければならない理由は明白である。一つは、社会福祉学の本体は「制度論」であり「政策論」なのだという自己認識となるほどに、社会福祉の活動は、同語反復ではあるが、「社会的活動」である[19]。そうであるので、単純に、「社会的」と

いう場合にそれが「共同体」であるのか、それともそれに対比された「社会」であるのか、あるいはそれ以外であるのかで、その活動の位置付けが違ってくる。単純化して述べれば、共同体なのであれば、全体の福利の向上の中でその活動が位置付けられるが、対比された「社会」であれば各個人の自由に奉仕する活動だとなろう。

　アリストテレスが「ポリス的（動物）」と表現する時、そのポリスはある種の「共同体」であって、それと対比された「社会」では断じてない。アリストテレスが人をして「自然によって」性格づける、そのポリスは、「共通の善」を目的としてその善が現実化（エネルゲイン）する場である[20]。「福祉国家」と我々が呼ぶ何ものかが、以上の対比の中においてある種の共同体だとすれば、ますますアリストテレスへの参照は意味があると言わねばならないだろう。

Ⅵ.「ポリス的動物である」　福祉活動の道徳的性格

　アリストテレスが人は「自然によってポリス的動物である」と述べる時、共同体（社会）の成員であることに資格を問わないことは先に述べた。この点はとても重要で、社会福祉においてはケアが共同体の成員間の「社会的協働」である限り、その対象者であることに「資格は不要である」という信念の正当化根拠にもなる。人は生まれながらにしてある種のケアを受けられるのである[21]。

　これは奇妙な指摘に聞こえるかもしれない。しかし、我々の多くは、「無償の愛」と呼ばれるような動機で他者への善を為すことは少ない（だからこそそうした人たちは、いわば「聖人」として大いに称賛されることになる）。あるいは逆さまに質してみよう。なぜケアが「無償の」と形容されるような愛ある活動でありうるのか。普通はそこに代償を求めるのではないのか、と。

　この問いを、現代的な義務の「完全・不完全」の区別や宗教的な信仰の概念を用いずに考えてみたい。問題を一部矮小化してしまうかもしれ

ないが、筆者にはこれは（それが善きことであるという理由でその善さために行う、という点で）「倫理的行為」の問題だと思われるのである。

　まず、社会福祉の活動（ケア）が社会的協働（アリストテレスの言う「社会的分業」）の一種だと位置付けることを前提としておこう。もう一度確認するが、『政治学』おける社会的分業は「自足」の観点からそれぞれに課されるが、そこには「自足」から最も遠い人、端的には子ども、の世話（ケア）も含まれるからである。そのことからも、何らかの分業を担うか否かとそのポリスの一員であることとは連動しないことが確かめられる[22]。すなわち、担える仕事をすることは「共通の善」（この場合は「自足」）の観点から求められるが、それが「できない」ことが（少なくともポリスの成立やその成員であるという観点から）咎められるわけではない。こうした存在了解が共同体・社会の中にあってこそ「働かない身体」を援助する活動の正当性（「正義」）を認知することができるし、同じ理由で援助活動が称賛されることになる。

　かくして、アリストテレスを出発点としてカウントし、その思想と対決することで見えてくるもう一つの問題は、社会福祉の活動の価値、いわゆる「倫理（道徳）的価値」である。

　我々のポリスが「民主主義社会」だとしても、アリストテレスを参照することによって促されるのは「共通の善」の探究や共有となる[23]。現在リベラリズムの理論の批判的検討を通じて出てきた共同体主義[24]や、共同体主義に与しないとしてもある種の（共通の）「善」の観念の導入を提案する場合[25]、どちらもアリストテレスが参照される。こうした現代リベラリズムの論客によれば、一方では個人の「善き生」と、それを求める自由を担保しながらが、他方で社会的協働の必要性・必然性とその評価の基盤が「バラバラの個人」を成員とするような「社会」では保てないことが指摘される[26]。

　この点は次のように説明できるだろう。バラバラの個人、すなわち抽象的に「個人」の観念が先にあって、その上で「個人の善」が優先される

場合の「社会的活動」とは、受ける側にとって（利益があるとか快いなどの意味で）「善い」ことがまずあって、それによって「意味がある」行為であると評価されるだろう。その場合、働きかける側のその働きの評価は、働きかけそれ自体にはなく、働きかけた「結果」生じる受ける側の善さの照り返し（たとえば「感謝の念」「喜びの表情」など）、または、それ以外の外在的な善（たとえば「報酬」「命令に従うこと」）によって測られる他ない[27]。

　このようなケアの価値を外在的に測る思考は、皮肉なことに、不当とも言える福祉活動の低い対価を良しとする思考の温存にも繋がっている。すなわち、「もともと無料だった家庭内の労働を社会化（制度化）した」との意識的・無意識的認知は、いずれも活動の価値の外在化に基づく社会的習慣化によって引き起こされている[28]。ここに重ねて、市場の正義として「十分に見合う対価」を払うべきだ、という議論を惹起するかもしれない。それはそれで重要であるとしても、結局社会福祉の活動の評価が外的な価値、つまり「十分な対価」の算定問題に還元されている点は動かない。

　では、なぜ支援者たちがこの仕事それ自体を「大事な仕事」「生きるに値する活動」だと把握しているか[29]。最初に述べた「無償の愛」といった表現で把握されるその活動の価値を見定め明確に言語化するのは社会福祉学の仕事であると思われる。

　前途瞥見として次の点だけ指摘して課題としよう。「社会」においてそれぞれの人にとっての一定の内実を持った幸福が「共通の善」として目指されるとなれば、ケアは「それ自体のためになされる」活動だと評価できるはずである。だとすれば、社会的協働としての社会福祉の活動は生きるに値する、そうした生の選択の一つであり、倫理的・道徳的行為でもある。だからこそ正当な対価が支払われなければならないのである。こうした見解が社会福祉の活動を正確に捉えているとすれば、「バラバラの孤立した個人」とそれぞれの善を理論上まず先立てて、そこから

社会福祉の活動を評価していく社会（福祉国家）を社会福祉学は選ばないだろう。

　かくして、アリストテレスが論じる倫理は、共同体と連動するという点でより道徳的なものであり、しかし、社会的な合意や慣習に還元することができない。アリストテレスによれば、我々は共通の善を共有できる「ポリス的動物である」。そこでのケアの活動は何よりもその従事者にとっての「善き生」の一つの形として、個人の幸福に関わる本質的に善なる社会的な活動なのである。

Ⅶ. 最後に

　現在「（新）アリストテレス学派」と呼ばれるような潮流がある。社会福祉学に関連する範囲では、例えば、アマルティア・センによって「アリストテレス派」と形容されるヌスバウムを挙げることができるだろう[30]。センはロールズの政治哲学を批判的に検討し「可能力（ケイパビリティ）」概念を提唱したが、ヌスバウムは具体的な可能力のリストを作成するなど、その理論の具体化を試みている。今回論じたいくつかの問題についてもより詳細で有効な議論が期待される。

　以上は一例でしかない。今後もこうした仕方で、社会福祉に関連する課題の考察においてアリストテレスへの参照が繰り返されるだろう。現存するアリストテレスの著作が、社会福祉が抱える諸問題を考える出発点として、あるいは試金石として重要な文献であるとの主張を再び繰り返すことにしたい。

【編集委員注】

　本稿は「家族福祉と文献―出発点としてのアリストテレス―」（『研究紀要』第2号、2003年）と「福祉国家と哲学―続・出発点としてのアリストテレス―」（『研究紀要』第3号、2004年）を加筆・修正したものである。なお、『研究紀要』は当時の学会誌名であり、現在は『福祉図書文献研究』に改名されている。

引用文献

Aristotle（ed. G.C. Armstrong）, *Metaphysics Books X-XIV, Oeconomica, Magna Moralia*（Loeb Classical Library）, Harvard U.P., 1935（アリストテレス（荻野弘之訳）『大道徳学』アリストテレス全集16、岩波書店、2016）

Aristoteles（ed. W.D.Ross）*Physica*, Oxford Classical Texts, 1950（アリストテレス（内山勝利訳）『自然学』アリストテレス全集第4巻、岩波書店、2017）

Aristoteles（ed. L.Bywater）*Ethica Nicomachea*, Oxford Classical Texts, Oxford, 1894（アリストテレス（神崎繁訳）『ニコマコス倫理学』アリストテレス全集15、岩波書店、2014）

Aristoteles（ed. W.D.Ross）*Politica,* Oxford Classical Texts, 1957（アリストテレス（牛田徳子訳）『政治学』京都大学出版会、2001）＊アリストテレス引用の詳細箇所については慣例に従ってベッカー版のページ数、段記号、行番号で記載する。

一番ヶ瀬康子・古林澪映湖（編）『社会福祉概論』誠信書房、2001

岩田靖夫『アリストテレスの政治思想』岩波書店、2010

Sandel, Michael. J., *Justice: What's the right thing to do,* Penguin books, 2009

Nussbaum, Martha C., *Frontiers of justice: disability, nationality, species membership*, Harvard U.P. ,2006（マーサ・C・ヌスバウム（神島裕子訳）『正義のフロンティア　障碍者・外国人・動物という境界を超えて』法政大学出版局、2012）

Nussbaum, M.C. & Sen, Amartya（eds.）, *The Quality of Life*, The United Nations Uni.,1993（マーサ・ヌスバウム、アマルティア・セン編著（水谷めぐみ訳）『クオリティー・オブ・ライフ』里文出版、2006）

村上学「行為者が望んでいるのは何か　プラトン『ゴルギアス』467C-468Eでのパラドックスについて」『ディアロゴス』第6号、九州大学哲学研究室、1993、pp.15-27）

村上学「家庭福祉と文献　―出発点としてのアリストテレス―」、『日本福祉図書文献学会研究紀要』第2号、2003、pp.61-73

村上学「福祉国家と哲学　―続・出発点としてのアリストテレス」『日本福祉図書文献学会研究紀要』第3号、2004、pp.53-66

村上学「リベラリズムの中の社会福祉　～活動の評価と互恵性」『紀要　教養編』東京理科大学、第53号、2021、pp.225-247

注

1) 村上（2003）及び村上（2004）

2) この単純な科学史の是非については本稿の課題ではない。

3) 村上（2003）p.70

4) ibid. p.66

5) ibid. PP.64-6（II.4）。

6) この見過ごすことが「できない」点は論者としては強調しておきたい。これは経験的に「援助対象者の『個別の』ニーズ」であるとか「多様なニーズ」などと表現されてきたものと通じるだろう。そしてこの「個別性（particularity）」、「今・ここ（hic et nunc）」の持つ「普遍性」という見方自体が現在アリストテレスが見直されている理由でもある。次章参照。

7) ibid. pp.68-9。拙論で既に指摘したことだが、サービスの語源servusには「奴隷」の意があるが、そこから奴隷制や奴隷的家事労働を是とするような議論ではない。そしてアリストテレスにおいても我々が通常連想するような奴隷とそれを制度とするような思想ではない点は同拙論註10、及び岩田（2010）も参照。

8) 「幸福（目的）」と個別の行為の評価（目的）の関係、そして「究極的な善は自足的」とアリストテレスが述べるときの「自足的」とは本文で示したような意味で「在る」ということだと解する。アリストテレス『ニコマコス倫理学』第1巻7章参照。ちなみに、この同じ箇所で「人が自足的」という場合も、「孤立」ではなく人々との関係を含めて（そう言う）、と「自然本性的にポリス的動物」との規定を引き合いに解説している。

9) 村上（2003）p.70

10) ibid. p.61

11) 『自然学』第2巻第1章。翻訳は内山勝利訳（2017）に従う。

12) 契約説やロールズ的リベラリズムにおいてはこの点は自明ではない。むしろ社会的協働の担い手として「互恵性」の中で社会の一員に「なる」。だが、それでは社会福祉の活動が十全に評価できない可能性がある。村上（2021）

13) 『ニコマコス倫理学』同上個所。真作・贋作問題の保留はつくが『大道徳学』第1巻第1章も参照。

14) 村上（1993）

15) 社会学がこうした前提を必然的に採用する、と述べているのではない。

16) 『ニコマコス倫理学』同上個所他参照。アリストテレスはこの目的の区別、「それのために求められるもの」と「他のもののために求められるもの」、は重要

であり基本的なものである。「本質」「自体的」な事柄、そしてポリスの善実現の指標の一つである「自足」に関わるのは前者である。

17) 『自然学』同上個所。特に193b.

18) 自然科学（natural science）が、その従事者の意識や判断とは別に、本当に「価値」の問題に関わらないのかどうかはこれも別の問題である。

19) たとえば一番ヶ瀬・古林（2001）p.12

20) 岩田靖夫（2010）は『政治学』の「ポリス」を「共同体」と訳す。しかし、『政治学』の冒頭で「ポリスというものは共同体（koinonia）の一種であり、どんな共同体もなんらかの善なるものを目的として組成されたもの」（牛田徳子訳（2001））と述べられるなど、共同体とは訳しにくい。

21) 「赤ん坊」あるいは「子ども」とはそういう存在だろう。そして「資格をとわない」とは成長しても「ケアを受けられる」ということを含意する。『政治学』第3巻6章（1278b19-29）も参照。

22) 互恵性に「時間軸」を入れて「将来」社会的協働を担える存在として「子ども」を捉え、いわば先行投資としてケアする、という説明は依然として可能ではある。しかし、その「将来」働かない（働けない）としたらそれは「非難する理由がある」となるだろうか。この問題は（重度の）障碍者をどう捉えるかという課題においてより慎重な議論が必要である。cf. Nussbaum（2006）、村上学（2021）

23) 『政治学』（1253a）では、ミツバチなどの他の動物と比べて、人が「よりポリス的動物」だと比較級で述べられる。その理由は「自然は無駄なものは作らない」として、人間が「善と悪を共有する」のに「言語を持つ」ことが指摘される。哲学を含め、議論その他のコミュニケーションを我々が為すのは、何よりもまず善く生きること、そしてそれと相即的に善を共有するためだとされるのである。

24) マッキンタイアなど。

25) 自らを共同体主義（コミュニタリアン）に分類されることをよしとしないサンデル。あるいはヌスバウムなど。

26) ここで言うバラバラの個人とはサンデルの指摘する「負荷なき個人」を念頭においている。cf. Sandel（2009）

27) 支援を受ける側の倫理性・道徳性の問題と連動して、支援を受ける側と支援をする側との間にある種の上下関係がここで生じてしまうことにも注意する必要がある。

28) これは「保育」（子どもの福祉）も「介護」（高齢者福祉）だけでなく、障害者福

祉にも起きている。筆者としては同根の問題としてこれに看護もカウントしたい。

29) 皮肉なことに、重要だからこそ対価が低くても（「やりがい」などの表現で理由づけされて）選ばれることになる。あるいは現在の議論のように「子育て」など、差異ある人と人との間で行われる活動の多くを「ケア」として捉える場合、「対価」は問題にならないか二義的な意味しか持たないことも多い。だからこそ、尚更「感謝」などを含めて、ここでの対価の不当さは「経済」の問題というよりも道徳の問題である。

30) Nussbaum&Sen (1993)。esp. chap. 2.

あとがき

　日本福祉図書文献学会という小さくも温もりを感じられるこの学会が、国家試験対策の本でもハウ・ツー本でもなく、ましてや教科書でもない、親しみや味わいの持てる論集（学術書）、いわば大学院生や若手研究者、学部生にも副読本として手に取って読んでもらえそうな書籍を出版する。これは学会の長年の夢であり希望であったと言っては言い過ぎであろうか。

　学会員や学会員が中心となって出版した書物は数多あるが、実は、「日本福祉図書文献学会」を冠する書籍は本書が初めてである。

　学会の節目に、記念出版することに初めて言及されたのは、2015年3月24日（火）、大阪保健福祉専門学校13F会議室、2014年度の理事会・執行部会議の席上でのことである。当時の出席者は、（議事録の記載順に）中川るみ会員、中野伸彦会員、杉山雅宏会員、勅使河原隆行会員、安田誠人会員、松井圭三会員、森山治会員、小出享一会員、梅木真寿郎会員、谷川和昭会員の以上12名であった。

　そして半年後の2015年9月20日（日）、道都大学（現在の星槎道都大学）における2015年度通常総会では、事業計画の1つとして20周年記念図書刊行プロジェクトを発足することが承認された。この前日に開かれた役員会では、村上学会員をはじめ多くの会員からの示唆を得たことを銘記しておきたい。学会が取り組もうとしている学術書の目指す方向については、当時の議事録で確認できる。そこには学会の立場から、テーマを決めて募集ないしは過去に書かれたもののピックアップ、あるいは今後に向けて読むべきものの紹介、残していくべきものを視野に入れて、学会員全員に執筆を募るといったアイデアが共有されている。

　その1年後、2016年8月27日（土）、千葉商科大学での全国大会を兼ねた

通常総会においては、記念出版企画に関する申し合わせ事項の作成を条件に出版助成が承認された。これを受けて、森山治会員・井上深幸会員・曽我千春会員・谷川和昭会員の4名で企画のたたき台を2016年12月12日に作成した。年度末の理事会・執行部会議での承認を経て、2017年9月2日（土）、長崎国際大学で開催された通常総会で、正式承認となり、事務局を主導として出版企画の遂行に着手していった。ところが、本企画は再三の呼びかけをするも執筆希望者がなかなか思うように集まらず、ペンディングせざるを得なくなった。

　2018年9月8日（日）、聖カタリナ大学ドミニコ館にて開催された通常総会では、苦渋の決断であったが、出版企画の見合わせ、取り下げについて事務局より言及がなされた。前述のとおり企画継続が困難となったためである。しかし、安田誠人会員の発声により、既にそれまで申し出のあった学会員12名の心情もあり、今後の善後策を検討することになった。企画当初より助言をいただき、早くにモデル原稿を脱稿協力いただいていた森山治会員、村田隆史会員も斬新な提案をされ、その結果、学会機関誌で毎号特集を組むなどして出版に備えるという支持が強まった。すなわち、出版そのものを完全に取りやめることはしないで、学会員の企画提案や意見を踏まえて、別の何らかの形で出版を目指すことになったのである。

　このようにして編集委員会は中川るみ代表理事・中野伸彦副代表理事の了承のもとメンバーの入れ替えがなされ、谷川和昭会員・森山治会員・安田誠人会員・村田隆史会員の4名で構成された。ただし、当初、谷川会員は筆頭編集委員になることについて、第33回日本看護福祉学会学術大会・大会長を任命される予定であったため強く固辞していた。しかし、この時期は新たに編集委員の1人に強力な会員が加わっていた。それはサッカーで言えばミッドフィールダー、エースで10番に当たるような人物である。そのおかげで谷川会員は結局、筆頭や委員長を引き受ける器ではないことは重々承知の上で役割を首肯することとなったのである。

　ちなみにエースで10番とは村田隆史会員のことである。実務的にも村田会員がいなければ、この記念出版は実現しなかったであろう。彼の企画・構想の叩きも適確なものであったと思う。それは本書の目次をご覧になれば一目瞭然で

あろう。森山会員も安田会員も、想いは同じである。このような学術書の司令塔として主に時間と労力を割いてくれたことをここに明記して労いたい。

新しい出版企画はこうして紆余曲折しながら、2020年9月12日から同年9月30日までのオンライン通常総会において承認され、原稿も無事に執筆者より届き、出版への道筋がついていった。

本書出版に際して感謝を申し上げなければならない方は数え切れないのであるが、まずは出版助成をご了承いただいた学会員の皆様に御礼を申し上げる。

つぎに、間接的には学生にも感謝したい。たとえば事務局業務では、本学会の会員数が必ずしも多いとは言えないが、組織規模の大小にかかわらず、ある意味やらなくてはならないことというのは一緒であり、本当に辛いときもあるのである。しかし、「辛い」に「一」を加えると「幸せ」となる。その「一」になってくれた方々が大勢おり、学生もその大勢のなかの1人なのである。10年以上も前になるが、とりわけ発送業務を夜遅くまで手伝ってくれた学生たちの顔が浮かぶ。学会運営も大会開催も学生の力あってこそで、感謝したい。

つづいて、そもそも学会執行部に対して御礼を申し上げなければ罰が当たるというものである。とりわけ事務局、財務局、渉外広報局、学術研究局など、役割を果たしてくださる会員がいればこその記念出版である。一部のみであるが、感謝の意味でお名前やエピソードを明記することをお許しいただきたい。

事務局は2007年頃から2015年春頃まで、切り盛りするのは本当にたいへんであった。また、2014年度から2020年度までの約6年間、殊に発送業務に関しては事務局次長の小出享一会員がバックアップしてくださった。財務局は、2011年8月からはそれまでの坂本雅俊会員に代わって梅木真寿郎会員が財務を管理してこられている。渉外広報局は学会だよりを、創刊号から第10号まで中野伸彦会員、第11号から第18号まで谷川和昭会員、2016年8月の第19号からは上原正希会員が担われている（最新は2021年2月の第28号）。上原会員はホームページをノーコストで運営され、頭が下がるばかりである。学術研究局の学会誌は学会の顔ともいえるが、井村圭壯会員、森山治会員といった歴代の編集委員長の差配がなければ、やはり今回の出版は日の目を見ることはなかったであろう。

最後に、本学会の生みの親である初代代表理事・硯川眞旬名誉会員に対しましては、いつまでも変わらぬ変わることのない尊敬と感謝の念を抱いております。そして、育ての親である現在の代表理事・中川るみ会員に対しましては格別のご厚誼に感謝を続けます。

　そして、学術研究出版常務取締役の湯川勝史郎氏にはそのお人柄からか発刊まで懇切丁寧にご対応いただき、心から厚く御礼申し上げます。それから根気のいる編集の労をとってくださった出版事業部の黒田貴子氏、当初の企画段階からご連絡調整に応じてくださった小野高速印刷の青山哲弘氏にお世話になり、衷心より感謝申し上げます。

　温故知新

2021 年 7 月 7 日

編集委員　谷川　和昭・森山　　治

安田　誠人・村田　隆史

編集委員を代表して　　谷川　和昭

著者一覧（執筆順）

第1部担当

中川　るみ（大阪地方検察庁 再犯防止対策室）

中野　伸彦（鎮西学院大学）

谷川　和昭（関西福祉大学）

坂本　雅俊（長崎国際大学）

第2部担当

梅木真寿郎（花園大学）

村上　学（東京理科大学）

立石　宏昭（九州産業大学）

第3部担当

森山　治（金沢大学）

村田　隆史（京都府立大学）

森　千佐子（日本社会事業大学）

上原　正希（星槎道都大学）

山田　克宏（秋田看護福祉大学）

安田　誠人（大谷大学）

谷川　和昭（関西福祉大学）

幸　信歩（大和大学）

浅沼　裕治（松山東雲短期大学）

小出　享一（居住支援法人 株式会社居場所、大阪府立大学（非常勤講師））

梅木真寿郎（花園大学）

立石　宏昭（九州産業大学）

松井　圭三（中国短期大学）

中野　航綺（東京大学大学院）

第4部担当

仲田　勝美（岡崎女子短期大学）

中野　一茂（皇學館大学）

浅沼　裕治（松山東雲短期大学）

村田　隆史（京都府立大学）

村上　学（東京理科大学）

編集委員

谷川　和昭（関西福祉大学社会福祉学部 教授）

森山　　治（金沢大学人間社会環境研究科・地域創造学類 教授）

安田　誠人（大谷大学教育学部 教授）

村田　隆史（京都府立大学公共政策学部 准教授）

伝えたい福祉図書文献

―学会名称変更20周年記念誌―

2021年 9 月30日　初版発行

編　集　日本福祉図書文献学会

発行所　学術研究出版

〒670-0933　兵庫県姫路市平野町62

［販売］Tel.079(280)2727　Fax.079(244)1482

［制作］Tel.079(222)5372

https://arpub.jp

印刷所　小野高速印刷株式会社

©Japanese Society for the Study of Welfare
Books and Literature 2021, Printed in Japan
ISBN978-4-910415-77-2